WiSo-KURZLEHRBÜCHER
Reihe Betriebswirtschaft

Bamberg/Baur/Krapp
Arbeitsbuch zur betriebswirtschaftlichen Entscheidungslehre

Arbeitsbuch zur betriebswirtschaftlichen Entscheidungslehre

von

Prof. Dr. Günter Bamberg

PD Dr. Franz Baur

und

Dr. Michael Krapp

Universität Augsburg
Lehrstuhl für Statistik

Verlag Franz Vahlen München

VERLAG
VAHLEN
MÜNCHEN
www.vahlen.de

ISBN 3 8006 2815 5

Satz: DTP-Vorlagen der Autoren
Druck und Bindung:
Druckhaus Nomos, In den Lissen 12, 76547 Sinzheim

Gedruckt auf säurefreiem, alterungsbeständigem Papier
(hergestellt aus chlorfrei gebleichtem Zellstoff)

Vorwort

Das Arbeitsbuch dient der Einübung grundlegender Begriffe und Verfahren der betriebswirtschaftlichen Entscheidungslehre. Es enthält mehr als 100 typische Klausuraufgaben betreffend

- Das Grundmodell der betriebswirtschaftlichen Entscheidungslehre
- Entscheidungen bei Sicherheit und mehrfacher Zielsetzung
- Entscheidungen bei Risiko
- Entscheidungen bei Ungewissheit
- Entscheidungen bei variabler Informationsstruktur
- Grundbegriffe der Spieltheorie
- Gremienentscheidungen
- Mehrstufige Entscheidungen.

Alle Aufgaben wurden jeweils mit einer ausführlichen Musterlösung versehen. Gemäß einem empirisch gut untermauerten Gesetz enthält jedes Buch Druckfehler; unter http://www.wiwi.uni-augsburg.de/ibo (Homepage Bamberg) ist die Liste der nach und nach entdeckten Druckfehler zu finden. Wir hoffen auf eine sehr kurze Liste. Unser Dank gilt Herrn Sobotka und dem Vahlen-Verlag für die verständnisvolle Zusammenarbeit.

Augsburg, Juli 2002

G. Bamberg
F. Baur
M. Krapp

Inhaltsverzeichnis

1. Kapitel
Einführung

Angesichts der Entscheidungsorientierung der heutigen Betriebswirtschaftslehre und angesichts der zunehmenden Eindringung entscheidungstheoretischen Gedankenguts in die betriebliche Praxis ist es nur folgerichtig, dass an den meisten betriebswirtschaftlichen Ausbildungsstätten sowohl innerhalb als auch außerhalb des akademischen Bereichs Entscheidungslehre zum Pflichtbestandteil des Ausbildungsprogramms gehört. Die entscheidungstheoretische Analyse führt in Verbindung mit dem (zweifellos ebenfalls wichtigen) Faktenwissen zu einer klareren Strukturierung des anstehenden betriebswirtschaftlichen Problems und damit schließlich zu einer besseren Lösung.

Die Gliederung der nachfolgenden Kapitel 2 bis 9 folgt der Gliederung des im gleichen Verlag erschienenen Lehrbuchs

Bamberg, G.; Coenenberg, A. G.:
Betriebswirtschaftliche Entscheidungslehre

Die Stoffauswahl ist in allen Auflagen im Wesentlichen dieselbe geblieben. Allerdings sind einige Ergänzungen, die für die Aufgaben relevant sind, erst in späteren Auflagen eingefügt worden, so etwa die stochastische Dominanz in der 10. Auflage oder Abstimmungsprozeduren für Entscheidungsgremien erst in der 11. (und damit aktuellsten) Auflage. Das Lehrbuch enthält zwar ebenfalls Aufgaben nebst Lösungen. Von einigen Lesern wurde jedoch ein Teil dieser Aufgaben als zu schwierig eingestuft und der Wunsch geäußert, weiteres Übungsmaterial zur Verfügung zu haben. Diesem Wunsch soll das Arbeitsbuch Rechnung tragen.

Die Aufgaben sind bewusst vom Typus „Klausuraufgabe“ konzipiert und damit keine Fallstudien, die gleichzeitig eine Vielzahl von methodischen Problemen beinhalten. Es werden auch keine weitergehenden Spezialkenntnisse, etwa aus den Gebieten Steuern, Bilanzierung, Operations Research und dergleichen vorausgesetzt.

Ob eine Aufgabe als schwer oder leicht einzustufen ist, hängt weitgehend von den individuellen Vorkenntnissen sowie von der Schwerpunktsetzung des jeweiligen Entscheidungslehre-Kurses ab. Ferner hängt der Schwierigkeitsgrad einer Aufgabe – als Klausuraufgabe betrachtet – entscheidend von dem zur Verfügung stehenden Zeitbudget und von den zugelassenen Hilfsmitteln ab. Infolgedessen wurde auf eine Kennzeichnung des Schwierigkeitsgrades mittels einer Punktzahl verzichtet. Stattdessen wurde eine Reihe von Aufgaben durch ein Sternchensymbol als etwas schwieriger eingestuft. Zur Erhöhung der Übersichtlichkeit wurde oft auf zwei Nachkommastellen gerundet. Falls in einer Lösung gerundete Zwischenergebnisse notiert wurden, beruht die weitere Rechnung – der leichteren Nachvollziehbarkeit halber – auf diesen gerundeten Zwischenergebnissen.

2. Kapitel
Aufgaben zum Grundmodell der betriebswirtschaftlichen Entscheidungslehre

Vorbemerkung

Zahlreiche Aufgaben – insbesondere diejenigen zu den Kapiteln 3 und 5 – beinhalten Aufgabenteile, die sich mit der Aufstellung des Aktionenraums A, des Zustandsraums Z und der Entscheidungsmatrix $\mathbf{U}$ befassen. Es ist deswegen zweckmäßig, zu Kapitel 2 nur wenige ergänzende Aufgaben vorzusehen.

Aufgabe 2.1

Die Geschäftsführung eines Herstellers für Scheibenbremsen erwägt eine Umstellung auf Scheiben aus Spezialkeramik. Die technologischen Risiken und die fragliche Akzeptanz des höheren Preises auf dem Markt lassen bei Umstellung ein Ergebnis (in Mio. €) erwarten, das entweder 50 oder 350 beträgt. Die Beibehaltung und lediglich marginale Verbesserung der bisherigen Metallscheiben lassen nach den gewonnenen Erfahrungen ein weniger volatiles Ergebnis erwarten, das entweder 100 oder 200 beträgt.

Führen Sie geeignete Zustände ein und stellen Sie die Entscheidungsmatrix auf.

Aufgabe 2.2

Dem Hersteller von Scheibenbremsen aus Aufgabe 2.1 sei zusätzlich bekannt, dass für jede Entscheidung die beiden möglichen Ergebnisse gleich wahrscheinlich sind.

a) Ist durch diese ergänzende Information die Zustandsverteilung eindeutig bestimmt?

b) Wenn nein, bestimmen Sie alle denkbaren Zustandsverteilungen.

Aufgabe 2.3

Die Fuchs AG muss sich zwischen drei Investitionsvorhaben a_1, a_2, a_3 entscheiden. Die für die Zeitperioden $t = 0, 1, 2, 3$ ermittelten Einzahlungsüberschüsse sind folgender Tabelle (in Mio. €) zu entnehmen:

	Periode			
	$t = 0$	$t = 1$	$t = 2$	$t = 3$
a_1	−8	3	4	5
a_2	−8	3	4	6
a_3	−4,7	2	3	4

Nach der Periode 3 sind alle Einzahlungsüberschüsse gleich null.

a) Welche Investitionsvorhaben sind zeitlich effizient?

b) Da die Kreditverhandlungen mit der Hausbank noch nicht abgeschlossen sind und die Wiederanlageprämisse für die Perioden 1, 2, 3 noch nicht abgeklärt ist, erachtet die Fuchs AG die zwei Kalkulationszinsfüße von 8 % und 10 % noch für relevant. Berechnen Sie jeweils die Kapitalwerte und die resultierende Bewertungsrangfolge für die Investitionsprojekte.

c) Berücksichtigen Sie die beiden Kalkulationszinsfüße 8 % und 10 % gleichermaßen, stellen Sie die entsprechende zweispaltige Entscheidungsmatrix auf und klären Sie, welche Investitionsvorhaben nun effizient sind.

Aufgabe 2.4

Ein Unternehmen produziert Kühlschränke in zwei verschiedenen Qualitätsstufen I und II. Der letzte vorliegende Monatsbericht zeigt folgende Daten:

		Qualitätsstufe	
		I	II
Absatzmenge		3 000 Stück	5 000 Stück
Abgabepreis	pro Stück	320 €	220 €
variable Kosten	pro Stück	260 €	180 €

Ferner entstanden in diesem Monat Fixkosten in Höhe von 200 000 €.

Natürlich ist das Unternehmen bestrebt, einen möglichst hohen Gewinn zu erwirtschaften (Ziel k_1); zur Stärkung seiner Marktposition möchte es aber auch einen möglichst hohen Gesamtabsatz erzielen (Ziel k_2).

Für den nächsten Monat geht die Unternehmensleitung davon aus, dass obige Fixkosten weiterhin Gültigkeit haben. Bezüglich der variablen Kosten werden zwei Fälle als möglich erachtet, nämlich dass sie gegenüber obigem Monatsbericht unverändert bleiben (Zustand z_1) oder dass sie bei Qualitätsstufe I um 10 € steigen und bei Qualitätsstufe II um 10 € sinken (Zustand z_2).

Die Unternehmensleitung überlegt nun, ob sie für den neuen Monat verkaufsfördernde Maßnahmen durchführen soll.

Zum einen steht zur Debatte, den Abgabepreis pro Stück bei Qualitätsstufe I um 20 € zu senken. Diese Preisänderungsmaßnahme hätte zur Folge, dass im Vergleich mit dem letzten Monatsbericht der Absatz bei I um 1 000 Stück steigt und bei II um 400 Stück fällt.

Zum anderen hält die Unternehmensleitung zwei verschiedene Werbemaßnahmen für überlegenswert:

Maßnahme 1 besteht in einer Intensivierung der (bisherigen) Werbung für beide Qualitätsstufen. Dies würde – bei zusätzlichen Kosten in Höhe von 80 000 € für jeden der beiden Kühlschranktypen eine 10-prozentige Absatzsteigerung gegenüber den Werten des letzten Monatsberichts bedeuten.

Als Maßnahme 2 kommt eine Zusatzwerbung allein für Qualitätsstufe 2 infrage. Dies würde 35 000 € kosten und hätte zur Folge, dass der Absatz bei II gegenüber obigem Bericht um 800 Stück steigt; der Absatz bei I bliebe dabei unverändert.

Von den beiden Werbemaßnahmen kann höchstens eine durchgeführt werden. Diese kann aber mit der oben beschriebenen Preisänderungsmaßnahme kombiniert werden; die jeweils angegebenen Auswirkungen auf die Absatzzahlen würden sich dann addieren.

Wird auf jede verkaufsfördernde Maßnahme verzichtet, so kann davon ausgegangen werden, dass im neuen Monat dieselben Mengen abgesetzt werden wie im letzten Monatsbericht.

a) Beschreiben Sie alle möglichen Aktionen.

b) Erstellen Sie die Ergebnismatrix. Als Ergebnis zu jeder Aktion a_i und jedem Zustand z_j ist dabei ein Zahlenpaar anzusetzen, dessen Komponenten den beiden Zielen entsprechen.

c) Nun sei allein das Gewinnziel k_1 relevant. Erstellen Sie zur zugehörigen Nutzenmatrix **U** (mit Nutzeneinheit = 1 000 €) die Opportunitätskostenmatrix **S**. Zeigen Sie ferner, dass ein Rückschluss von **S** auf **U** nicht möglich ist, indem Sie eine von **U** verschiedene Nutzenmatrix $\tilde{\mathbf{U}}$ angeben, deren Opportunitätskostenmatrix mit **S** übereinstimmt.

Lösungen zu Kapitel 2

Lösung zu Aufgabe 2.1

Es sind vier Zustände einzuführen, nämlich

z_1 : Keramikscheiben mit Erg. 50 und Metallscheiben mit Erg. 100
z_2 : Keramikscheiben mit Erg. 50 und Metallscheiben mit Erg. 200
z_3 : Keramikscheiben mit Erg. 350 und Metallscheiben mit Erg. 100
z_4 : Keramikscheiben mit Erg. 350 und Metallscheiben mit Erg. 200

Da ferner die beiden Aktionen

a_1 : Umstellung auf Keramikscheiben
a_2 : bisheriges Produktionsprogramm

zur Debatte stehen, resultiert folgende Entscheidungsmatrix **U** mit zwei Zeilen und vier Spalten

$$\mathbf{U} = \begin{pmatrix} 50 & 50 & 350 & 350 \\ 100 & 200 & 100 & 200 \end{pmatrix}.$$

Lösung zu Aufgabe 2.2

a) Die den vier Zuständen zuzuordnenden Realisationswahrscheinlichkeiten werden mit p_1, p_2, p_3, p_4 bezeichnet. Die ergänzende Information besagt:

$$p_1 + p_2 = \tfrac{1}{2}, \quad p_3 + p_4 = \tfrac{1}{2},$$
$$p_1 + p_3 = \tfrac{1}{2}, \quad p_2 + p_4 = \tfrac{1}{2}.$$

Damit sind die vier Wahrscheinlichkeiten jedoch noch nicht eindeutig bestimmt. Es sind beispielsweise die beiden verschiedenen Zustandsverteilungen

$$(p_1, p_2, p_3, p_4) = (\tfrac{1}{4}, \tfrac{1}{4}, \tfrac{1}{4}, \tfrac{1}{4})$$

oder

$$(p_1, p_2, p_3, p_4) = (\tfrac{1}{8}, \tfrac{3}{8}, \tfrac{3}{8}, \tfrac{1}{8})$$

möglich.

b) Die Auflösung obiger Gleichungen lässt einen Freiheitsgrad, zum Beispiel die Wahl von p_1. In Abhängigkeit von dieser Wahl sind alle Zustandsverteilungen

$$p_1; \quad p_2 = \tfrac{1}{2} - p_1; \qquad p_3 = \tfrac{1}{2} - p_1; \quad p_4 = p_1$$

möglich, wobei natürlich $0 \leqq p_1 \leqq \frac{1}{2}$ zu gelten hat.

Lösung zu Aufgabe 2.3

a) Da die Einträge bei a_2 zu allen Zeitpunkten mindestens so hoch sind wie bei a_1, im Zeitpunkt $t = 3$ sogar höher, wird a_1 von a_2 dominiert und ist daher zeitlich ineffizient. Wie ein Vergleich der Werte a_2 und a_3 in den Zeitpunkten $t = 0$ beziehungsweise $t = 3$ zeigt, wird weder a_2 von a_3 dominiert noch umgekehrt. Somit sind a_2 und a_3 zeitlich effizient.

b) Mit dem Kalkulationszinsfuß von 8 % erhält man zu a_1 den Kapitalwert

$$-8 + \frac{3}{1{,}08} + \frac{4}{1{,}08^2} + \frac{5}{1{,}08^3} = 2{,}18;$$

zu a_2 beziehungsweise zu a_3 ergeben sich entsprechend die Kapitalwerte 2,97 beziehungsweise 2,90. Die resultierende Bewertungsreihenfolge lautet somit $a_2 \succ a_3 \succ a_1$.

Die Kapitalwertberechnung zum Kalkulationszinsfuß von 10 % liefert die Ergebnisse 1,79 zu a_1, 2,54 zu a_2 sowie 2,60 zu a_3, woraus sich die Bewertungsreihenfolge $a_3 \succ a_2 \succ a_1$ ergibt.

c) In der zu erstellenden Entscheidungsmatrix sind die Zeilen den Aktionen (= Investitionsvorhaben) und die Spalten den Zuständen (= Zinsfüßen) zugeordnet; als Nutzenwerte werden die in b) errechneten Kapitalwerte verwendet; somit erhält man

U	8 %	10 %
a_1	2,18	1,79
a_2	2,97	2,54
a_3	2,90	2,60

Wie in a) sind auch in **U** die Aktionen a_2 und a_3 effizient; a_1 wird nun nicht nur von a_2 dominiert (wie unter a)), sondern auch von a_3.

Lösung zu Aufgabe 2.4

a) Laut Text sind folgende Aktionen möglich:

a_1 : Verzicht auf jede verkaufsfördernde Maßnahme
a_2 : Durchführung nur der Preisänderungsmaßnahme
a_3 : Durchführung nur der Werbemaßnahme 1
a_4 : Durchführung nur der Werbemaßnahme 2
a_5 : Kombination von Preisänderungsmaßnahme und Werbemaßnahme 1
a_6 : Kombination von Preisänderungsmaßnahme und Werbemaßnahme 2

b) Mit den einzelnen Aktionen sind folgende Absatzzahlen verbunden:

	Aktion					
	a_1	a_2	a_3	a_4	a_5	a_6
Absatz von I	3000	4000	3300	3000	4300	4000
Absatz von II	5000	4600	5500	5800	5100	5400

Somit ergeben sich bei Ziel k_1 (= Gewinn) im Einzelnen folgende Berechnungen:

- $60 \cdot 3000 + 40 \cdot 5000 - 200000$ bei a_1, z_1
- $50 \cdot 3000 + 50 \cdot 5000 - 200000$ bei a_1, z_2
- $40 \cdot 4000 + 40 \cdot 4600 - 200000$ bei a_2, z_1
- $30 \cdot 4000 + 50 \cdot 4600 - 200000$ bei a_2, z_2
- $60 \cdot 3300 + 40 \cdot 5500 - 280000$ bei a_3, z_1
- $50 \cdot 3300 + 50 \cdot 5500 - 280000$ bei a_3, z_2
- $60 \cdot 3000 + 40 \cdot 5800 - 235000$ bei a_4, z_1
- $50 \cdot 3000 + 50 \cdot 5800 - 235000$ bei a_4, z_2
- $40 \cdot 4300 + 40 \cdot 5100 - 280000$ bei a_5, z_1
- $30 \cdot 4300 + 50 \cdot 5100 - 280000$ bei a_5, z_2
- $40 \cdot 4000 + 40 \cdot 5400 - 235000$ bei a_6, z_1
- $30 \cdot 4000 + 50 \cdot 5400 - 235000$ bei a_6, z_2

Bei Ziel k_2 (= Gesamtabsatz) ist als Ergebnis stets (das heißt unabhängig vom Zustand z_1, z_2) die Summe obiger Absatzwerte anzusetzen. Insgesamt entsteht so folgende Ergebnismatrix:

	z_1		z_2	
	k_1	k_2	k_1	k_2
a_1	180000	8000	200000	8000
a_2	144000	8600	150000	8600
a_3	138000	8800	160000	8800
a_4	177000	8800	205000	8800
a_5	96000	9400	104000	9400
a_6	141000	9400	155000	9400

c) Aus der Nutzenmatrix

$$\mathbf{U} = \begin{pmatrix} 180 & 200 \\ 144 & 150 \\ 138 & 160 \\ 177 & 205 \\ 96 & 104 \\ 141 & 155 \end{pmatrix}$$

resultiert die Opportunitätskostenmatrix

$$\mathbf{S} = \begin{pmatrix} 0 & 5 \\ 36 & 55 \\ 42 & 45 \\ 3 & 0 \\ 84 & 101 \\ 39 & 50 \end{pmatrix}.$$

Dieselbe Opportunitätskostenmatrix ergibt sich beispielsweise auch aus

$$\tilde{\mathbf{U}} = \begin{pmatrix} 80 & 50 \\ 44 & 0 \\ 38 & 10 \\ 77 & 55 \\ -4 & -46 \\ 41 & 5 \end{pmatrix}$$

(sowie aus jeder Nutzenmatrix, in der sich jeweils alle Elemente der j-ten Spalte um eine additive Konstante c_j von denen der j-ten Spalte von $\mathbf{U}$ unterscheiden).

3. Kapitel
Aufgaben zu Entscheidungen bei Sicherheit und mehrfacher Zielsetzung

Aufgabe 3.1

Eine Firma, die Herrenhemden herstellen will, hat dazu eine von drei möglichen Stoffarten a_i auszuwählen. Von einem Expertengremium wurden die drei möglichen Stoffarten bezüglich der vier Eigenschaften k_1: Reißfestigkeit, k_2: Knitterverhalten, k_3: Wasserdampfdurchlässigkeit und k_4: Waschechtheit bewertet. Dabei konnten jedem a_i bezüglich jeder Eigenschaft k_p zwischen 0 und 10 Punkte zugeordnet werden (mit Punktezahl 10 als bester und 0 als schlechtester Wertung). Das Gremium kam zu folgendem Ergebnis, das den nachstehenden Fragen a) bis d) zu Grunde gelegt ist:

	k_1	k_2	k_3	k_4
a_1	9	7	5	8
a_2	8	7	5	7
a_3	9	7	8	6

a) Gibt es ineffiziente Möglichkeiten der Stoffauswahl? Wenn ja, welche?

b) Zu welcher Bewertungsreihenfolge führt die lexikographische Ordnung, wenn bezüglich der Wichtigkeit der Eigenschaften $k_1 \succ k_2 \succ k_3 \succ k_4$ angenommen wird?

c) Welche Reihenfolge der a_i liefert die Körth-Regel?

d) Welche Reihenfolge ergibt sich beim Goal-Programming-Ansatz, wenn als Zielvorgabe $\hat{u}_p$ für jedes p die Höchstpunktezahl 10 angesetzt wird?

Aufgabe 3.2

Die Regierung eines Landes hat aus vier in die Endauswahl gelangten Bewerbern $a_1, \ldots, a_4$ den Ort der nächsten Landesgartenschau auszuwählen. Folgende Nutzenmatrix liegt dieser Auswahl zu Grunde:

	k_1	k_2	k_3
a_1	3	5	2
a_2	5	4	2
a_3	5	3	1
a_4	4	4	2

Die unter k_1 beziehungsweise k_2 stehenden Zahlen sind dabei Punktebewertungen, die von je einem Gutachtergremium über die gärtnerische beziehungsweise städtebauliche Qualität der eingereichten Bewerbungen abgegeben wurden (mit 5 als bestmöglicher, ..., 1 als schlechtestmöglicher Wertung). In der Spalte unter k_3 kommt zum Ausdruck, ob die Entfernung eines Bewerbers zum Ort der letzten Landesgartenschau gering ($\widehat{=}$ Nutzenwert 1) oder hinreichend groß ($\widehat{=}$ Nutzenwert 2) ist.

a) Gibt es ineffiziente Bewerber? Wenn ja, welche?

b) Welche Bewertungsreihenfolge der 4 Orte ergibt sich nach der lexikographischen Ordnung unter der Annahme $k_1 \succ k_2 \succ k_3$?

c) Zu welcher Bewertungsreihenfolge der 4 Orte führt die Anwendung der Körth-Regel?

d) Nehmen Sie an, in der entscheidenden (nicht-öffentlichen) Kabinettssitzung werde zusätzlich zu k_1, k_2, k_3 als vierte Zielgröße die Parteizugehörigkeit der Oberbürgermeister der Bewerberstädte eingeführt; dabei werde den Orten a_1 und a_4, in denen der Oberbürgermeister der Regierungspartei angehört, jeweils ein doppelt so hoher (positiver) Nutzenwert zugeordnet wie jedem der beiden anderen Orte, in denen dies nicht der Fall ist.

   1. Welche Stadt bekäme unter dieser Annahme die nächste Landesgartenschau bei Anwendung der Körth-Regel?
   2. Ergibt sich in der Frage der Ineffizienz eine Änderung gegenüber a)?

Aufgabe 3.3

Eine Unternehmung der Kunststoffbranche stellt Polyurethan-Schaum her, den sie teils zu Hartschaumplatten und teils zu Weichschaumplatten verarbeitet. Die Hartschaumplatten dienen zur Wärmedämmung von Gebäuden; die Weichschaumplatten, die in den Typen A und B hergestellt werden, dienen zur Verpackung empfindlicher Maschinen. Aus den für die nächste Zeitperiode vertraglich zugesicherten Rohstoffen können je nach Einsatz des Produktionsprogrammes $a_1, \ldots, a_5$ folgende Stückzahlen hergestellt werden:

	Hartschaumplatten	Weichschaumplatten Typ A	Weichschaumplatten Typ B
a_1	1000000	0	0
a_2	700000	250000	300000
a_3	500000	400000	500000
a_4	500000	500000	400000
a_5	0	1000000	1000000

a) Welche Aktionen, d.h. welche Produktionsprogramme, sind effizient?

b) Der Markt für Hartschaumplatten werde wegen steuerlicher Vergünstigungen, die die Regierung für wärmedämmende Maßnahmen gewährt, für wichtiger gehalten als der Markt für Verpackungsmaterial. Unter den Weichschaumplatten gilt der Typ A als der aussichtsreichere. Welche Bewertungsreihenfolge der Aktionen ergibt sich bezüglich der lexikographischen Ordnung?

c) Welche Bewertungsreihenfolge der Aktionen ergibt sich bei der Zielvorgabe: „1 000 000 Stück Hartschaumplatten und jeweils 300 000 Stück der Weichschaumplatten der Typen A und B“? Dabei gelte eine Aktion a besser als eine Aktion a', wenn die Summe der absoluten Abweichungen von den Zielvorgaben bei a kleiner als bei a' ist.

d) Die Deckungsbeiträge pro Stück seien:

   5,00 € für die Hartschaumplatten
   2,50 € für die Weichschaumplatten Typ A
   2,00 € für die Weichschaumplatten Typ B

   Welches Produktionsprogramm maximiert den gesamten Deckungsbeitrag?

e) Die Beurteilung gemäß d) entspricht einer Zielgewichtung. Wie lauten die zugehörigen Gewichte g_i, $i = 1, 2, 3$, wenn dabei $g_1 + g_2 + g_3 = 1$ gefordert wird?

Aufgabe 3.4

Zur Durchführung eines bestimmten Auftrages stehen einer Firma drei verschiedene Handlungsalternativen zur Verfügung. Folgende Tabelle gibt an, welche Menge eines Rohstoffes R dabei verbraucht wird, wie lange eine Maschine M laufen muss, beziehungsweise welchen Gewinn die Firma erwarten kann:

bei Alternative	Verbrauch von R (in kg)	Laufzeit von M (in Std.)	Gewinn in 1 000 €
1	40	80	15
2	40	60	10
3	60	40	15

Die Firma ist nicht nur an möglichst hohem Gewinn interessiert (Ziel k_1), sondern auch an möglichst sparsamem Umgang mit dem Rohstoff beziehungsweise der Maschinenzeit (Ziele k_2 beziehungsweise k_3).

Dabei wird der Nutzen gemessen

- bei k_1 durch die angegebenen Gewinnwerte (in 1 000 €),
- bei k_2 durch die nach Durchführung des Auftrages verbleibende Rohstoffmenge (in kg), wobei vor Durchführung des Auftrages 100 kg von R vorhanden sind,
- bei k_3 durch die Differenz zwischen der maximal auftretenden Laufzeit von M (= 80 Std.) und der bei Alternative i tatsächlich auftretenden Laufzeit (in Std.).

a) Erstellen Sie die Entscheidungsmatrix.

b) Gibt es ineffiziente Alternativen? Wenn ja, welche?

c) Zu welcher Bewertungsreihenfolge der drei Alternativen führt die lexikographische Ordnung, wenn $k_1 \succ k_2 \succ k_3$ die Reihenfolge der Ziele bezüglich ihrer Wichtigkeit beschreibt?

d) Welche Bewertungsreihenfolge liefert eine Zielgewichtung, wenn für die drei Ziele (bei den oben festgelegten Maßeinheiten der einzelnen Nutzenmessungen) eine Dringlichkeitsordnung im Verhältnis $k_1 : k_2 : k_3 = 8 : 1 : 1$ gegeben ist?

e) Welche Handlungsalternative ist optimal nach der Körth-Regel?

f) Zu welcher Bewertungsreihenfolge führt der Goal-Programming-Ansatz, wenn als Zielvorgaben die Spaltenmaxima der Entscheidungsmatrix gewählt werden?

Aufgabe 3.5

Mit einem bestimmten Geldbetrag kann genau eines der drei Wertpapiere a_1, a_2, a_3 erworben werden. Die Verteilungsfunktionen F_1, F_2, F_3 der zugehörigen (und bereits diskontierten) Gewinne X_1, X_2, X_3 seien

$$F_1(x) = \begin{cases} 0 & \text{für} \quad x < -1000 \\ 0{,}2 & \text{für} \quad -1000 \leqq x < 0 \\ 0{,}4 & \text{für} \quad 0 \leqq x < 1000 \\ 0{,}7 & \text{für} \quad 1000 \leqq x < 2000 \\ 1 & \text{für} \quad 2000 \leqq x \end{cases}$$

$$F_2(x) = \begin{cases} 0 & \text{für} \quad x < 0 \\ \frac{x}{2000} & \text{für} \quad 0 \leqq x < 2000 \\ 1 & \text{für} \quad 2000 \leqq x \end{cases}$$

$$F_3(x) = \begin{cases} 0 & \text{für} \quad x < -1000 \\ \frac{x+1000}{5000} & \text{für} \quad -1000 \leqq x < 4000 \\ 1 & \text{für} \quad 4000 \leqq x \end{cases}$$

Der Anleger verfolgt drei Zielsetzungen:

Maximierung des Gewinnerwartungswertes	μ	(= Ziel k_1)
Minimierung der Gewinnvarianz	σ^2	(= Ziel k_2)
Minimierung der Verlustwahrscheinlichkeit	λ	(= Ziel k_3)

a) Erstellen Sie die Entscheidungsmatrix, indem Sie als Nutzenwerte

- bei k_1 die Gewinnerwartungswerte,
- bei k_2 die Beträge der Differenzen aus der jeweiligen Gewinnvarianz und der maximal auftretenden Gewinnvarianz, beziehungsweise
- bei k_3 die Werte (1 – Verlustwahrscheinlichkeit)

ansetzen.

b) Welche der drei Wertpapierkäufe sind effizient?

c) Welche Rangfolge ergibt sich bei Zugrundelegung der lexikographischen Zielordnung $k_1 \succ k_2 \succ k_3$?

d) Frau Reich beurteilt die drei Wertpapiere gemäß der (zu maximierenden) Bewertungsfunktion $\Phi(a_i) = \mu_i - 0{,}001 \cdot \sigma_i^2$.

1. Welche Bewertungsreihenfolge ergibt sich?
2. Weisen Sie nach, dass die Beurteilung gemäß Φ – bis auf eine additive Konstante – einer speziellen, auf die Entscheidungsmatrix aus a) angewandten Zielgewichtung entspricht, und geben Sie an, wie sich dabei die Gewichte g_p der Ziele k_p, $p = 1, 2, 3$, zueinander verhalten.

Aufgabe 3.6

Die Zeitschrift RadWelt, das ADFC-Magazin, enthielt in der Ausgabe 3 / 00 vom Mai / Juni des Jahres 2000 die auf Seite 16 abgedruckte Tabelle.

Stellen Sie sich vor, Sie haben sich für eines der angegebenen Verkehrsmittel (a_1: PKW ohne Katalysator, a_2: PKW mit Katalysator, ..., a_6: Zug) zu entscheiden und dabei als Zielgrößen ausschließlich die in der Tabelle enthaltenen ökologisch relevanten Parameter (k_1: Platzverbrauch, ..., k_8: induziertes Unfallrisiko) zu berücksichtigen.

Beachten Sie, dass es sich bei den Zahlen in der Tabelle nicht um Nutzen-, sondern um Schadenswerte handelt, genauer um relative Schadenswerte, da sie jeweils auf die Ergebnisse beim PKW ohne Katalysator („Basis 100") bezogen sind. Dies bedeutet: wenn man mit s_{ip} die bei Zielgröße k_p und Verkehrsmittel a_i auftretenden absoluten Schadenswerte bezeichnet (die zum Beispiel bei k_3: „Kohlendioxid" in Gramm pro Person und Kilometer gemessen sein könnten), so enthält die Tabelle die Ergebnisse $100 \cdot s_{ip}/s_{1p}$; $i = 1,\ldots,6$; $p = 1,\ldots,8$; die s_{ip} selber sind nicht angegeben, sollten aber gedanklich der Beantwortung der folgenden zwei Fragen zu Grunde gelegt werden.

a) Welche Verkehrsmittel sind effizient, welche ineffizient?

b) Welche Bewertungsreihenfolge der sechs Verkehrsmittel liefert eine „sinngemäße Übertragung der Körth-Regel" auf obiges Entscheidungsproblem? Verwenden Sie dabei die Matrix der „zielspezifischen Schadensgrade"

$$\frac{s_{ip}}{\max\limits_{h} s_{hp}}; \quad i = 1, \ldots, 6; \quad p = 1, \ldots, 8.$$

Mobilitätswunder Fahrrad

Vergleich der ökologisch relevanten Parameter der verschiedenen Verkehrsmittel mit dem Privatauto bei gleicher Zahl von Personenkilometern (Basis 100 (PKW ohne Katalysator))

	PKW	PKW / Kat	Bus	Rad	Flugzeug	Zug
Platzverbrauch	100	100	10	8	1	6
Primärenergieverbrauch	100	100	30	0	405	34
Kohlendioxid	100	100	29	0	420	30
Stickoxide	100	15	9	0	290	4
Kohlenwasserstoffe	100	15	8	0	140	2
Kohlenmonoxid	100	15	2	0	93	1
Luftverschmutzung*	100	15	9	0	250	3
Induziertes Unfallrisiko	100	100	9	2	12	3

(aus: Fahrradfreundliche Städte: Vorwärts im Sattel, Europäische Kommission, Datenquelle: UPI, Heidelberg)

*) Es ist davon auszugehen, dass unter „Luftverschmutzung" die in den Zeilen 3 bis 6 einzeln genannten Stoffe nicht mehr mitgerechnet wurden.

Aufgabe 3.7

Ein Student steht nach Abschluss des Vordiploms vor dem Problem, sich für (genau) einen von drei infrage kommenden Studiengängen a_1, a_2 oder a_3 entscheiden zu müssen. Für den Studenten sind dabei vier Zielsetzungen $k_1, \ldots, k_4$ relevant; er überlegt sich nämlich, inwieweit jeder der drei Studiengänge

- seinen persönlichen Neigungen nahe kommt (k_1)
- ein gutes Diplomzeugnis erwarten lässt (k_2)
- Aussichten bietet, nach Beendigung des Studiums eine Anstellung zu finden (k_3)
- von einem sympathischen Lehrstuhlinhaber angeboten wird (k_4).

Der Student versucht, eine subjektive Punktebewertung u_{ip} für die einzelnen Studiengänge a_i beziehungsweise die Ziele k_p anzugeben. Die Punktezahlen seien Elemente aus $\{0; 1; \ldots; 10\}$, wobei gelten soll: je höher die Punktezahl, desto besser die Bewertung. Folgende Matrix enthält alle Bewertungen, die der Student anzugeben vermag:

$$\begin{pmatrix} 8 & 6 & 2 & 7 \\ 8 & 4 & 5 & 4 \\ 6 & 7 & & 9 \end{pmatrix}$$

Der Student sieht sich nicht in der Lage, den fehlenden Wert u_{33} (wobei $u_{33} \in \{0; 1; \ldots; 10\}$) festzulegen.

In den folgenden Fragen a), ..., d) seien die u_{ip} als kardinale Ausprägungen anzusehen.

a) Gibt es einen Wert für u_{33}, so dass a_3 ineffizient ist?

b) Die Ziele seien lexikographisch geordnet gemäß $k_1 \succ k_3 \succ k_2 \succ k_4$. Lässt sich die daraus resultierende Bewertungsreihenfolge der Studiengänge ohne Kenntnis von u_{33} angeben? Wenn ja, welche Reihenfolge ergibt sich?

c) Nun seien die Studiengänge nach der Zielgewichtung $k_1 : k_2 : k_3 : k_4 = 3 : 3 : 3 : 1$ zu bewerten. Wie groß muss u_{33} mindestens sein, damit a_3 bei dieser Bewertung optimal wird?

d) Welcher Studiengang ist nach der Körth-Regel optimal, falls $u_{33} \geqq 5$ angenommen wird?

e) Geben Sie eine der unter b), ..., d) benutzten Bewertungsregeln an, die sinnvoll bleibt, wenn die u_{ip} nur als ordinal gemessene Daten angesehen werden dürfen.

Aufgabe 3.8

Ein Investor erhält per Telefax die Unterlagen für die endgültige Auswahl einer von vier Anlagealternativen. Dabei wurden durch eine Leitungsstörung bei den Bewertungen der vier Ziele

k_1 : Sicherheit
k_2 : Rendite
k_3 : Flexibilität der Kapitalbindung
k_4 : Abwägbarkeit des technologischen Risikos

zwei Werte nicht übertragen.

Die unvollständige kardinale Nutzenmatrix besitzt die folgende Gestalt:

	k_1	k_2	k_3	k_4
a_1	3	4	1	u_{14}
a_2	4	3	0	1
a_3	5	1	2	1
a_4	u_{41}	4	1	2

a) Kann a_1 ineffiziente Alternative sein? Welche Bedingungen sind dann an u_{14} und u_{41} zu stellen?

b) Für welche u_{14} und u_{41} reduziert sich die Alternativenmenge auf zwei undominierte Alternativen?

Der Investor gewichtet die vier Ziele im Verhältnis $k_1 : k_2 : k_3 : k_4$ gemäß $1:4:3:2$.

c) Bestimmen Sie $\Phi(a_i)$ für $i = 1,\ldots,4$ unter Verwendung dieser Zielgewichtung. Für welche Bedingung wird a_1 der Alternative a_4 vorgezogen?

d) Für welche Bedingung an u_{14} und u_{41} wird a_1 der Alternative a_4 bei Verwendung der lexikographischen Ordnung vorgezogen, wenn die Reihenfolge der Ziele bezüglich ihrer Wichtigkeit aus obiger Gewichtung abgelesen wird?

e) Der Investor gibt für alle vier Ziele einen Zielwert von $4 = \hat{u}_p$ vor. Bestimmen Sie unter der Kenntnis von $0 \leqq u_{14} = u_{41} < 2$ die Rangfolge aller Alternativen mittels Goal-Programming.
(*Hinweis:* Fallunterscheidung erforderlich!)

Aufgabe 3.9

Ein Reiseveranstalter steht vor der Entscheidung, eines von mehreren möglichen Zielgebieten als Jahresschwerpunkt für den nächsten Sommerkatalog festzulegen. Auf einer Skala von 1 (≙ mangelhaft) bis 5 (≙ hervorragend) bewertet er dabei die Zielgebiete a_1: Costa Brava, a_2: türkische Riviera, a_3: Dominikanische Republik und a_4: oberitalienische Seen nach den Zielkriterien k_1: Preiswürdigkeit, k_2: Wettersicherheit, k_3: Wasserqualität, k_4: Umweltverträglichkeit der Anreise sowie k_5: Sozialverträglichkeit für die Bereisten wie folgt:

	k_1	k_2	k_3	k_4	k_5
a_1	3	4	4	3	4
a_2	4	5	y	2	2
a_3	5	4	x	1	2
a_4	2	3	4	4	5

mit $x, y \in \{1;\ldots;5\}$

Die Werte in der Matrix lassen sich unmittelbar als Nutzenwerte interpretieren.

a) Gibt es Werte x, y (und falls ja, welche), so dass bei Anwendung der Zielgewichtung mit $g_1 = g_2 = g_4$ sowie $g_3 = g_5 = \frac{1}{6}$ die Alternative a_3 besser abschneidet als a_2?

Der Reiseveranstalter legt im Folgenden die (zu maximierende) Bewertungsfunktion

$$\Phi(a_i) = \text{Summe der drei höchsten für Alternative } a_i \text{ vergebenen Nutzenwerte}$$

zu Grunde.

b) Für welche x, y bewertet Φ jede der beiden Alternativen a_2, a_3 besser als a_1 und als a_4?

c) Für welche x, y bewertet Φ jede der beiden Alternativen a_2, a_3 schlechter als a_1 und als a_4?

d) Untersuchen Sie (unabhängig von den speziellen Werten in obiger Matrix), ob die Bewertungsfunktion Φ die Eigenschaft

$$(*): \quad \text{aus} \quad \text{„}a_i \text{ dominiert } a_k\text{“} \quad \text{folgt} \quad \Phi(a_i) > \Phi(a_k)$$

besitzt.

Aufgabe 3.10

Ein Betrieb hat am Morgen eines Tages festzulegen, wie viele Mengeneinheiten a eines bestimmten Produktes bis zum Abend hergestellt werden sollen. Dabei sind zwei Fälle zu unterscheiden:

- Fall (I): Das Produkt ist nur in ganzzahligen Stückzahlen herstellbar, wobei am betrachteten Tag ein, zwei, drei oder vier Stück produziert werden können.
- Fall (II): Bei dem Produkt handelt es sich um ein beliebig teilbares Gut, und am betrachteten Tag ist für a jede Zahl zwischen 0 und 5 möglich.

Neben dem Ziel k_1, einen möglichst hohen Gewinn zu erreichen, ist auch noch folgendes Ziel k_2 relevant: Von dem im Betrieb lagernden Vorrat eines gewissen, zur Herstellung des Produktes benötigten Rohstoffes soll am Abend des betrachteten Tages noch möglichst viel vorhanden sein.

In jedem der beiden obigen Fälle (I), (II) führe die Erzeugung von a Mengeneinheiten bei Ziel k_j zum Nutzen $u_j(a)$, $j = 1, 2$, mit

$$u_1(a) = \begin{cases} a, & \text{für } a \leqq 3, \\ 3, & \text{für } a > 3; \end{cases}$$

$$u_2(a) = 5 - a.$$

a) Erstellen Sie in Fall (I) die Nutzenmatrix beziehungsweise skizzieren Sie in Fall (II) über dem Aktionenraum A die beiden Nutzenfunktionen u_1, u_2.

b) Geben Sie für beide Fälle die Menge der effizienten Aktionen an.

Aufgabe 3.11*

Es werde wieder die Fragestellung von Aufgabe 3.10 betrachtet. Bestimmen Sie in Fall (I) die Bewertungsreihenfolge der Aktionen beziehungsweise in Fall (II) die optimale(n) Aktion(en)

a) bei lexikographischer Ordnung, wobei k_1 wichtiger ist als k_2;

b) bei Zielgewichtung, wobei eine Nutzeneinheit bei k_1 ebenso hoch eingeschätzt wird wie zwei Nutzeneinheiten bei k_2;

c) bei Verwendung der Körth-Regel;

d) bei Anwendung des Goal-Programming mit den Zielvorgaben $\hat{u}_1 = \hat{u}_2 = 4$.

Aufgabe 3.12

In einer Unternehmung können die beiden Produkte I, II hergestellt werden. Insgesamt muss die Unternehmung von beiden Produkten zusammen genau 840 Mengenheinheiten produzieren. Ferner sind von Produkt I mindestens 280 Mengeneinheiten zu erzeugen.

Pro Mengeneinheit ist bei Produkt I ein Deckungsbeitrag von 2 €, bei Produkt II ein Deckungsbeitrag von 5 € zu erzielen. Neben dem Ziel 1 der Deckungsbeitragsmaximierung verfolgt die Unternehmung auch noch das Ziel 2, möglichst viele Mengeneinheiten von Produkt I herzustellen.

a) Skizzieren Sie den Aktionenraum A in der (x, y)-Ebene, wobei x beziehungsweise y die von Produkt I beziehungsweise II produzierten Mengeneinheiten bezeichnet.

b) Sind die beiden Ziele zueinander neutral, komplementär oder konkurrierend?

c) Welche Aktion ist optimal nach der lexikographischen Ordnung, wenn Ziel 1 für wichtiger erachtet wird als Ziel 2?

Aufgabe 3.13*

Es ist wieder von der Problemstellung der Aufgabe 3.12 auszugehen. Welche Aktion ist optimal nach der Körth-Regel? Tragen Sie diese Aktion in die in der Lösung von Aufgabe 3.12 a) erstellte Skizze ein und geben Sie den dadurch gewährleisteten (Mindest-)Zielerreichungsgrad an.

Aufgabe 3.14

Ein Handelsunternehmen vertreibt zwei hochwertige Markenartikel X und Y zu x beziehungsweise y Mengeneinheiten. Der Markenartikel X erzielt einen Deckungsbeitrag von 2 T€ je Einheit, Artikel Y einen halb so hohen Deckungsbeitrag je Einheit. Von beiden Marken sind in der betrachteten Periode jeweils maximal 40 Einheiten absetzbar. Im Versand des Unternehmens besteht derzeit ein Kapazitätsengpass. Zum Versand einer Einheit von X (beziehungsweise von Y) werden 10 Minuten (beziehungsweise 15 Minuten) benötigt, wobei maximal 15 Stunden für den Versand der Artikel in der Periode bereit gestellt werden können. Ferner stehen von den für beide Marken identisch benötigten Kartons nur 60 Stück bereit, wobei für den Versand einer Einheit von X beziehungsweise Y jeweils genau ein Karton gebraucht wird.

Das Handelsunternehmen sieht für die Marke Y das größere dauerhafte Marktpotenzial. Es möchte daher neben einer Deckungsbeitragsmaximierung zugleich den Absatz von Marke Y möglichst weit vorantreiben.

Skizzieren Sie den Aktionenraum A, geben Sie die beiden Nutzenfunktionen an und bestimmen Sie die Menge aller effizienten Aktionen.

Aufgabe 3.15

Wieder ist die Absatzplanung des Handelsunternehmens aus Aufgabe 3.14 zu analysieren.

a) Wie lautet der optimale Absatzplan, wenn die Maximierung des minimalen Zielerreichungsgrades angestrebt wird? Benutzen Sie zur Ermittlung des Absatzplanes die im Anschluss an die Lösung von Aufgabe 3.13* formulierte Aussage 2.

b) Zu welchem optimalen Absatzplan führt der Goal-Programming-Ansatz, wenn als Zielvorgaben die maximal erreichbaren Werte des Deckungsbeitrages beziehungsweise des Absatzes von Marke Y gewählt werden, und wenn dabei eine Abweichung um 3 T€ von der Zielvorgabe beim Deckungsbeitrag gleich hoch eingeschätzt wird wie eine Abweichung um eine Mengeneinheit von der Zielvorgabe beim Absatz der Marke Y?

Aufgabe 3.16

Die von der Nautilus AG in größerer Stückzahl herzustellende Luxusyacht befindet sich in der Planungsphase. Nahe der Wasserlinie sollen rechteckige Fenster eingebaut werden. Die Seitenlängen x, y eines Fensters müssen den konstruktionsbedingten Restriktionen $1 \leqq x \leqq y \leqq 4$ genügen. Die Fensterfläche soll möglichst groß (Ziel k_1) und der Umfang möglichst klein werden (Ziel k_2). Letzteres ergibt sich daraus, dass die Abdichtung wegen der erforderlichen Resistenz gegen Salzwasser, UV-Versprödung und Vibrationen sehr kostenintensiv ist. Als Nutzenfunktion verwendet die Nautilus AG

- bei k_1 die Differenz zwischen der Fläche des Fensters mit den Seitenlängen x, y und der – unter obigen Bedingungen – minimal erreichbaren Fensterfläche
- bei k_2 die Differenz zwischen dem – unter obigen Bedingungen – maximal erreichbaren und dem zu den Seitenlängen x, y gehörenden Fensterumfang.

a) Skizzieren Sie den Aktionenraum A und geben Sie die beiden Nutzenfunktionen an.

b) Verifizieren Sie, dass jedes $(x,y) \in A$ mit $1 \leqq x < y \leqq 4$ dominiert wird von $(\frac{1}{2}(x+y), \frac{1}{2}(x+y))$, und geben Sie die Menge aller effizienten Punkte aus A an.

Aufgabe 3.17

In der Fragestellung von Aufgabe 3.16 sollen nun nach zweierlei Kriterien Optimallösungen gefunden werden.

a) Es sei eine Zielgewichtung vorzunehmen, wobei (bei Zugrundelegung der angegebenen Nutzenfunktionen) von Gewichtungsfaktoren g_1, $g_2 > 0$ mit $g_1 + g_2 = 1$ auszugehen sei. Bestimmen Sie – unter Beachtung der Lösung von Aufgabe 3.16 b) – für jeden möglichen Wert von g_1 alle Optimallösungen zu dieser Zielgewichtung und geben Sie jeweils Fläche und Umfang des resultierenden Fensters an.

b) Bestimmen Sie – unter Ausnutzung der im Anschluss an die Lösung von Aufgabe 3.13* formulierten Aussage 1 – eine Optimallösung nach der Körth-Regel; geben Sie auch hierzu Fläche und Umfang des resultierenden Fensters an.

Aufgabe 3.18

Eine Familie ist gerade beim Kuchenbacken und hat sich dabei zu entscheiden, wieviel von zwei möglichen Zutaten, nämlich Rosinen beziehungsweise gemahlenen Haselnüssen, in den Teig gegeben werden soll. Verfügbar sind 125 g Rosinen und 100 g gemahlene Haselnüsse; von beiden Zutaten zusammen sollen allerdings nicht mehr als 150 g in den Kuchen gelangen.

Die Familie hat drei Kinder; deren Wünsche sollen – als je eine Zielgröße – zur Entscheidungsfindung herangezogen werden. Die beiden älteren Kinder sind beim Kuchenbacken anwesend; eines der beiden möchte, dass möglichst viele Rosinen, das andere, dass möglichst viele gemahlene Haselnüsse für den Kuchen verwendet werden. Vom jüngsten Kind, das gerade Mittagsschlaf hält, ist bekannt, dass es (als einziges der drei Geschwister) sehr gerne die übrig bleibenden Rosinen verspeist; es wünscht sich daher, es sollen möglichst viele Rosinen nach dem Kuchenbacken übrig bleiben.

Um keinen Streit aufkommen zu lassen, soll ein zur Entscheidung bei mehrfacher Zielsetzung geeignetes Verfahren angewandt werden.

a) Skizzieren Sie den Aktionenraum A und geben Sie die drei (jeweils in g gemessenen) Nutzenfunktionen an.

b) Zunächst seien nur die Wünsche der beiden beim Backen anwesenden Kinder zu berücksichtigen.

   1. Geben Sie die Menge aller effizienten Aktionen an.
   2. Bestimmen Sie die Menge aller nach der Körth-Regel optimalen Aktionen sowie – für jedes der beiden Kinder – den dabei erreichten Zielerreichungsgrad.

Aufgabe 3.19*

In der Situation der Aufgabe 3.18 seien jetzt die Wünsche aller drei Kinder für die Entscheidungsfindung relevant.

a) Weisen Sie nach, dass genau die Punkte aus dem „oberen Rand" von A (also aus der Vereinigung der beiden Strecken zwischen $(0,100)$ und $(50,100)$ sowie zwischen $(50,100)$ und $(125,25)$) effizient sind.

b) Gibt es Aktionen aus A, die für jedes der drei Kinder denselben Zielerreichungsgrad liefern?

c) Bestimmen Sie die Menge aller nach der Körth-Regel optimalen Aktionen sowie – für jedes der drei Kinder – den dabei erreichten Zielerreichungsgrad.

d) Welche Aktionen sind optimal bei einer Zielgewichtung mit gleichen Gewichtungsfaktoren für die drei Kinder?

Aufgabe 3.20*

Eine Unternehmung stellt auf einer Anlage zwei Produkte her. Die Fertigung einer Mengeneinheit (= ME) beansprucht bei Produkt 1 zwei Stunden, bei Produkt 2 drei Stunden auf dieser Anlage. Von einem bestimmten Rohstoff werden 4 (beziehungsweise 2) Mengeneinheiten verbraucht, um eine ME von Produkt 1 (beziehungsweise von Produkt 2) herzustellen.

Die Unternehmung weiß, dass in einer vorgegebenen Zeitperiode von beiden Produkten zusammen nicht mehr als 200 ME absetzbar sind; deshalb sollen nicht mehr als 200 ME hergestellt werden.

Die Unternehmung verfolgt zwei als gleich wichtig erachtete Ziele, zu denen für die betrachtete Zeitperiode folgende Zielfunktionswertvorgaben, die Herstellung der beiden Produkte betreffend, festgelegt sind:

1. Die Anlage soll möglichst 360 Stunden lang in Betrieb sein.
2. Vom Rohstoff sollen möglichst 600 Mengeneinheiten verbraucht werden.

Lösen Sie dieses Problem mit Goal-Programming. Formulieren Sie dazu ein passendes lineares Optimierungsproblem mit Hilfsvariablen a_j^+ beziehungsweise a_j^- für die Über- beziehungsweise Unterschreitung der zu Ziel j gehörenden Zielvorgaben, $j = 1, 2$ (siehe auch die Lösung der Aufgabe 4 von Kapitel 3 in Bamberg / Coenenberg, 2002) und lösen Sie dieses Optimierungsproblem mit dem Simplexverfahren. Wie viele Mengeneinheiten sind im Optimum von Produkt 1 beziehungsweise 2 herzustellen, welche Zielfunktionswertvorgaben werden dabei unterschritten, überschritten beziehungsweise exakt eingehalten?

Aufgabe 3.21*

Wieder ist die Situation der Aufgabe 3.20* zu betrachten. Zusätzlich (und gleichrangig) zu den bisherigen zwei Zielen werde nun als drittes Ziel angesetzt, die insgesamt von beiden Produkten erzeugten ME sollen dem – durch die Produktionsrestriktion gegebenen – Maximalwert 200 möglichst nahe kommen, wobei die Produktionsrestriktion weiterhin gültig sein soll. Wie viele Mengeneinheiten sind nun optimalerweise von beiden Produkten herzustellen, welche Zielvorgaben werden hierbei unterschritten, überschritten beziehungsweise exakt eingehalten?

Lösungen zu Kapitel 3

Lösung zu Aufgabe 3.1

a) Stoffart a_2 ist ineffizient, da sie von a_1 dominiert wird; a_1 und a_3 sind effizient.

b) $a_3 \succ a_1 \succ a_2$
(Dass a_2 schlechteste Alternative ist, folgt dabei bereits aus Spalte 1;
$a_3 \succ a_1$ folgt erst aus Spalte 3.)

c) Es ist die Matrix der Zielerreichungsgrade aufzustellen und auszuwerten:

$$\left(\frac{u_{ip}}{\max\limits_h u_{hp}}\right)_{\substack{i=1,2,3\\p=1,\ldots,4}} = \begin{pmatrix} 1 & 1 & \frac{5}{8} & 1 \\ \frac{8}{9} & 1 & \frac{5}{8} & \frac{7}{8} \\ 1 & 1 & 1 & \frac{6}{8} \end{pmatrix} \qquad \begin{matrix} \text{Zeilen-} \\ \text{minimum} \\ \hline \frac{5}{8} \\ \frac{5}{8} \\ \frac{6}{8} \end{matrix}$$

Damit resultiert die Reihenfolge $a_3 \succ a_1 \sim a_2$.

d)
$$\left.\begin{matrix} \Phi(a_1) = 1+3+5+2 = 11 \\ \Phi(a_2) = 2+3+5+3 = 13 \\ \Phi(a_3) = 1+3+2+4 = 10 \end{matrix}\right\} \Rightarrow a_3 \succ a_1 \succ a_2.$$

Ein alternativer Lösungsweg ist in Bamberg / Coenenberg (2002, S. 60) aufgezeigt. Danach gelangt man durch Zielgewichtung mit gleichen Gewichten zum selben Ergebnis. Hier folgt aus $g_1 = \cdots = g_4 = \frac{1}{4}$:

$$\sum_{p=1}^{4} g_p u_{ip} = \left\{\begin{matrix} \frac{29}{4}, & \text{für } i = 1 \\ \frac{27}{4}, & \text{für } i = 2 \\ \frac{30}{4}, & \text{für } i = 3 \end{matrix}\right\} \Rightarrow a_3 \succ a_1 \succ a_2.$$

Lösung zu Aufgabe 3.2

a) Genau a_3 und a_4 werden dominiert (von a_2) und sind daher ineffizient.

b) $a_2 \succ a_3 \succ a_4 \succ a_1$.

c) Aus der Matrix

$$\begin{pmatrix} 0{,}6 & 1 & 1 \\ 1 & 0{,}8 & 1 \\ 1 & 0{,}6 & 0{,}5 \\ 0{,}8 & 0{,}8 & 1 \end{pmatrix} \quad \text{der Zielerreichungsgrade erhält man} \quad \begin{pmatrix} 0{,}6 \\ 0{,}8 \\ 0{,}5 \\ 0{,}8 \end{pmatrix}$$

als Vektor der Zeilenminima und folglich $a_2 \sim a_4 \succ a_1 \succ a_3$.

d) Die erweiterte Nutzenmatrix ist

	k_1	k_2	k_3	k_4
a_1	3	5	2	$2c$
a_2	5	4	2	c
a_3	5	3	1	c
a_4	4	4	2	$2c$

mit $c > 0$.

1. Als vierte Spalte in der Matrix der Zielerreichungsgrade ergibt sich somit

$$\begin{pmatrix} 1 \\ 0{,}5 \\ 0{,}5 \\ 1 \end{pmatrix}, \quad \text{so dass nun der Vektor der Zeilenminima} \quad \begin{pmatrix} 0{,}6 \\ 0{,}5 \\ 0{,}5 \\ 0{,}8 \end{pmatrix}$$

lautet; die Landesgartenschau ginge also nach a_4.

2. Jetzt ist nur noch a_3 dominiert von a_2 und somit ineffizient (und das unabhängig vom speziellen Wert c in der Spalte unter k_4).

Lösung zu Aufgabe 3.3

a) Alle Produktionsprogramme sind effizient.

b) $k_1 \succ k_2 \succ k_3 \Rightarrow a_1 \succ a_2 \succ a_4 \succ a_3 \succ a_5$.

c) Aus der Matrix der $|u_{ip} - \hat{u}_p|$ beziehungsweise den zugehörigen Zeilensummen, also aus

$$1\,000 \cdot \begin{pmatrix} 0 & 300 & 300 \\ 300 & 50 & 0 \\ 500 & 100 & 200 \\ 500 & 200 & 100 \\ 1\,000 & 700 & 700 \end{pmatrix} \quad \text{beziehungsweise} \quad 1\,000 \cdot \begin{pmatrix} 600 \\ 350 \\ 800 \\ 800 \\ 2\,400 \end{pmatrix}$$

erhält man (nach Goal-Programming) die Bewertungsreihenfolge $a_2 \succ a_1 \succ a_3 \sim a_4 \succ a_5$.

d) Die Gesamtdeckungsbeiträge der einzelnen Aktionen sind:

$$\begin{array}{c|l} a_1 & 5\,000\,000 + 0 + 0 = 5\,000\,000 \\ a_2 & 3\,500\,000 + 625\,000 + 600\,000 = 4\,725\,000 \\ a_3 & 2\,500\,000 + 1\,000\,000 + 1\,000\,000 = 4\,500\,000 \\ a_4 & 2\,500\,000 + 1\,250\,000 + 800\,000 = 4\,550\,000 \\ a_5 & 0 + 2\,500\,000 + 2\,000\,000 = 4\,500\,000 \end{array} ;$$

folglich ist a_1 die optimale Aktion.

e) $g_1 : g_2 : g_3 = 5 : 2{,}5 : 2 \Rightarrow g_1 = \frac{10}{19},\ g_2 = \frac{5}{19},\ g_3 = \frac{4}{19}$.

Lösung zu Aufgabe 3.4

a)

	k_1	k_2	k_3
a_1	15	60	0
a_2	10	60	20
a_3	15	40	40

b) Alle drei Alternativen sind effizient.

c) $a_1 \succ a_3 \succ a_2$.

d) Wegen $g_1 = 0{,}8$; $g_2 = g_3 = 0{,}1$ gilt

$$\left.\begin{aligned}\Phi(a_1) &= 12+6+0=18\\ \Phi(a_2) &= \;\;8+6+2=16\\ \Phi(a_3) &= 12+4+4=20\end{aligned}\right\} \Rightarrow a_3 \succ a_1 \succ a_2.$$

e)

$$\left(\frac{u_{ip}}{\max\limits_h u_{hp}}\right)_{\substack{i=1,2,3\\ p=1,2,3}} = \begin{pmatrix} 1 & 1 & 0\\ \frac{2}{3} & 1 & \frac{1}{2}\\ 1 & \frac{2}{3} & 1\end{pmatrix} \qquad \begin{array}{c}\text{Zeilen-}\\\text{minimum}\\ \hline 0\\ \frac{1}{2}\\ \frac{2}{3}\end{array}$$

$\Rightarrow a_3$ optimal nach der Körth-Regel.

f)

$$\left.\begin{aligned}\Phi(a_1) &= 0+\;\;0+40=40\\ \Phi(a_2) &= 5+\;\;0+20=25\\ \Phi(a_3) &= 0+20+\;\;0=20\end{aligned}\right\} \Rightarrow a_3 \succ a_2 \succ a_1.$$

Zum selben Ergebnis gelangt man (vgl. Bamberg / Coenenberg, 2002, S. 60) durch Zielgewichtung mit gleichen Gewichten $g_1 = g_2 = g_3 = \frac{1}{3}$:

$$\sum_{p=1}^{3} g_p u_{ip} = \left\{\begin{array}{ll} 25, & \text{für } i=1\\ 30, & \text{für } i=2\\ \frac{95}{3}, & \text{für } i=3\end{array}\right\} \Rightarrow a_3 \succ a_2 \succ a_1.$$

Lösung zu Aufgabe 3.5

a) Da F_1 eine Treppenfunktion ist, muss X_1 offensichtlich diskret verteilt sein wie folgt:

mögliche Realisationen von X_1	$-1\,000$	0	1 000	2 000
zugehörige Wahrscheinlichkeiten (= Stufenhöhen)	0,2	0,2	0,3	0,3

Folglich gilt:

$$\begin{aligned}
\mu_1 &= 0{,}2 \cdot (-1\,000) + 0{,}2 \cdot 0 + 0{,}3 \cdot 1\,000 + 0{,}3 \cdot 2\,000 = 700 \\
\sigma_1^2 &= \mathrm{E}[(X_1 - \mu_1)^2] = \\
&= 0{,}2 \cdot (-1\,000 - 700)^2 + 0{,}2 \cdot (0 - 700)^2 + \\
&\quad 0{,}3 \cdot (1\,000 - 700)^2 + 0{,}3 \cdot (2\,000 - 700)^2 \qquad = 1\,210\,000 \\
\lambda_1 &= P(X_1 < 0) \qquad = 0{,}2.
\end{aligned}$$

X_2 beziehungsweise X_3 sind offensichtlich gleichverteilt über dem Intervall $[0;2\,000]$ beziehungsweise über dem Intervall $[-1\,000;4\,000]$. Folglich (siehe etwa Bamberg / Baur, 2002, Fig. 36) gilt:

$$\begin{aligned}
&\mu_2 = 1\,000;\ \sigma_2^2 = \tfrac{2000^2}{12} = 333\,333;\ \lambda_2 = P(X_2 < 0) = 0; \\
&\mu_3 = 1\,500;\ \sigma_3^2 = \tfrac{5000^2}{12} = 2\,083\,333;\ \lambda_3 = P(X_3 < 0) = \tfrac{0-(-1\,000)}{5\,000} = \tfrac{1}{5}.
\end{aligned}$$

Somit lautet die Entscheidungsmatrix

$$\mathbf{U} = \begin{pmatrix} 700 & 873\,333 & 0{,}8 \\ 1\,000 & 1\,750\,000 & 1 \\ 1\,500 & 0 & 0{,}8 \end{pmatrix}.$$

b) a_2 und a_3 sind effizient; a_1 ist ineffizient, da es von a_2 dominiert wird.

c) $a_3 \succ a_2 \succ a_1$.

d) 1.

$$\left.\begin{aligned}
\Phi(a_1) &= 700 - 1\,210 = -510 \\
\Phi(a_2) &= 1\,000 - 333 = 667 \\
\Phi(a_3) &= 1\,500 - 2\,083 = -583
\end{aligned}\right\} \Rightarrow a_2 \succ a_1 \succ a_3.$$

2. Da für die Werte u_{i2} der zweiten Spalte von $\mathbf{U}$ die Gleichung $u_{i2} = 2\,083\,333 - \sigma_i^2$ gilt, folgt

$$\Phi(a_i) = \mu_i + 0{,}001 \cdot (u_{i2} - 2\,083\,333) = \mu_i + \frac{u_{i2}}{1\,000} - 2\,083;$$

die Beurteilung gemäß $\mathbf{\Phi}$ entspricht also (bis auf die additive konstante Zahl $-2\,083$) einer Zielgewichtung mit $g_1 : g_2 : g_3 = 1 : \frac{1}{1000} : 0$ (beziehungsweise $1\,000 : 1 : 0$).

Lösung zu Aufgabe 3.6

Die Matrix der $100 \cdot s_{ip}/s_{1p}$ ist als Transponierte der gegebenen Tabelle erhältlich, also

	k_1	k_2	k_3	k_4	k_5	k_6	k_7	k_8
a_1	100	100	100	100	100	100	100	100
a_2	100	100	100	15	15	15	15	100
a_3	10	30	29	9	8	2	9	9
a_4	8	0	0	0	0	0	0	2
a_5	1	405	420	290	140	93	250	12
a_6	6	34	30	4	2	1	3	3

a) Da die s_{ip} Schadenswerte sind, ist das Vorliegen einer Dominanzbeziehung so definiert:

$$a_i \text{ dominiert } a_j \iff$$
$$s_{ip} \leqq s_{jp} \qquad \text{für jedes } p = 1,\ldots,8 \text{ (mit „<" für mind. ein } p).$$

Gleichwertig ist natürlich:

$$100 \cdot \tfrac{s_{ip}}{s_{1p}} \leqq 100 \cdot \tfrac{s_{jp}}{s_{1p}} \quad \text{für jedes } p = 1,\ldots,8 \text{ (mit „<" für mind. ein } p).$$

Folglich gilt: a_2 dominiert a_1, a_3 dominiert a_2 und a_4 dominiert a_3; andererseits werden weder a_4 noch a_5 noch a_6 von einem anderen Verkehrsmittel dominiert.

Effizient sind damit das Fahrrad, das Flugzeug und der Zug; ineffizient hingegen der PKW mit oder ohne Katalysator sowie der Bus.

b) Die zielspezifischen Schadensgrade sind wegen

$$\frac{s_{ip}}{\max\limits_h s_{hp}} = \frac{100 \cdot \frac{s_{ip}}{s_{1p}}}{\max\limits_h \left\{100 \cdot \frac{s_{hp}}{s_{1p}}\right\}}$$

unmittelbar durch Quotientenbildung aus den Tabellenwerten bestimmbar; man erhält:

	k_1	k_2	k_3	k_4	k_5	k_6	k_7	k_8	Zeilen-max.
a_1	1	0,247	0,238	0,345	0,714	1	0,4	1	1
a_2	1	0,247	0,238	0,052	0,107	0,15	0,06	1	1
a_3	0,1	0,074	0,069	0,031	0,057	0,02	0,036	0,09	0,1
a_4	0,08	0	0	0	0	0	0	0,02	0,08
a_5	0,01	1	1	1	1	0,93	1	0,12	1
a_6	0,06	0,084	0,071	0,014	0,014	0,01	0,012	0,03	0,084

Eine sinngemäße Übertragung der Körth-Regel bedeutet dann: Als (zu minimierende) Bewertungsfunktion ist das jeweilige Zeilenmaximum der

Matrix der zielspezifischen Schadensgrade anzusetzen (siehe obige Werte). Hieraus resultiert die Bewertungsreihenfolge

$$\text{Fahrrad} \succ \text{Zug} \succ \text{Bus} \succ \text{PKW ohne Kat} \sim \text{PKW mit Kat} \sim \text{Flugzeug}.$$

Lösung zu Aufgabe 3.7

a) Nein; denn wegen $u_{32} = 7 > \max\{u_{12}, u_{22}\}$ kann a_3 nicht von a_1 beziehungsweise a_2 dominiert werden.

b) Ja; $a_2 \succ a_1 \succ a_3$ gilt unabhängig vom Wert u_{33}.

c) Wegen $g_1 = g_2 = g_3 = 0{,}3$; $g_4 = 0{,}1$ gilt

$$\begin{aligned}
\Phi(a_1) &= 0{,}3 \cdot 16 + 0{,}1 \cdot 7 &&= 5{,}5\\
\Phi(a_2) &= 0{,}3 \cdot 17 + 0{,}1 \cdot 4 &&= 5{,}5\\
\Phi(a_3) &= 0{,}3 \cdot (13 + u_{33}) + 0{,}1 \cdot 9 &&= 4{,}8 + 0{,}3 \cdot u_{33};
\end{aligned}$$

also: a_3 optimal $\Longleftrightarrow$

$$0{,}3 \cdot u_{33} \geqq 5{,}5 - 4{,}8 = 0{,}7 \Longleftrightarrow u_{33} \geqq \frac{7}{3} \Longleftrightarrow u_{33} \in \{3; 4; \ldots; 10\}$$

(da u_{33} ganzzahlig).

d)

$$\left(\frac{u_{ip}}{\max\limits_h u_{hp}}\right)_{\substack{i=1,2,3\\ p=1,\ldots,4}} = \begin{pmatrix} 1 & \frac{6}{7} & \frac{2}{u_{33}} & \frac{7}{9}\\ 1 & \frac{4}{7} & \frac{5}{u_{33}} & \frac{4}{9}\\ \frac{3}{4} & 1 & 1 & 1 \end{pmatrix} \quad \begin{array}{l} \underline{\text{Zeilenminimum}}\\ \frac{2}{u_{33}} \ \left(\leqq \frac{2}{5} < \frac{7}{9}\right)\\ \frac{4}{9} \ \left(< \frac{1}{2} \leqq \frac{5}{u_{33}}\right)\\ \frac{3}{4} \end{array}$$

$\Rightarrow a_3$ optimal nach der Körth-Regel.

e) Die lexikographische Ordnung kommt mit ordinalen Daten aus.

Lösung zu Aufgabe 3.8

a) a_1 kann allenfalls von a_4 dominiert werden; diese Dominanz – und damit die Ineffizienz von a_1 – trifft genau dann zu, wenn $u_{41} \geqq 3$ und $u_{14} < 2$ oder wenn $u_{41} > 3$ und $u_{14} \leqq 2$ gilt.

b) a_3 is in jedem Fall effizient, da $u_{33} = 2$ größer ist als alle sonstigen Werte in Spalte 3; andererseits zeigt die zweite Spalte, dass a_3 keine der sonstigen Alternativen dominieren kann.

Damit insgesamt nur zwei undominierte Alternativen vorliegen, muss also eine Aktion aus $\{a_1, a_2, a_4\}$ die beiden anderen aus dieser Menge dominieren; dies kann nur dadurch geschehen, dass a_4 die beiden Alternativen a_1, a_2 dominiert, das heißt genau durch $u_{41} \geqq 4$ und $u_{14} \leqq 2$.

c) Aus $1+4+3+2=10$ erhält man $g_1 = \frac{1}{10}$, $g_2 = \frac{4}{10}$, $g_3 = \frac{3}{10}$, $g_4 = \frac{2}{10}$ und somit

$$\Phi(a_1) = \tfrac{1}{10}(22+2u_{14}),\ \Phi(a_2) = \tfrac{18}{10},\ \Phi(a_3) = \tfrac{17}{10},\ \Phi(a_4) = \tfrac{1}{10}(23+u_{41}).$$

Folglich gilt

$$\Phi(a_1) > \Phi(a_4) \iff 22+2u_{14} > 23+u_{41} \iff u_{41} < 2u_{14}-1.$$

d) Bei $k_2 \succ k_3 \succ k_4 \succ k_1$ steht nach lexikographischer Ordnung a_1 genau dann vor a_4, wenn $u_{14} > 2$ ist, oder wenn $u_{14} = 2$ und $u_{41} < 3$ gilt.

e) Zur Abkürzung setzen wir $u = u_{14} = u_{41}$. Wegen $0 \leqq u < 2$ und $\hat{u}_p = 4$ für jedes $p = 1,\ldots,4$ ergibt sich bei Goal-Programming:

$$\begin{aligned}
\Phi(a_1) &= \quad 1 \quad + 0 + 3 + (4-u) = 8-u\\
\Phi(a_2) &= \quad 0 \quad + 1 + 4 + \quad 3 \quad = 8\\
\Phi(a_3) &= \quad 1 \quad + 3 + 2 + \quad 3 \quad = 9\\
\Phi(a_4) &= (4-u) + 0 + 3 + \quad 2 \quad = 9-u;
\end{aligned}$$

mit Sicherheit ist also $\Phi(a_3)$ maximal und $\Phi(a_1)$ minimal. Ferner gilt $\Phi(a_4) > \Phi(a_2) \iff 9-u > 8 \iff u < 1$. Insgesamt erhält man also die Rangfolgen:

$$\begin{array}{lll}
a_3 \sim a_4 \succ a_2 \sim a_1 & \text{bei} & u=0\\
a_3 \succ a_4 \succ a_2 \succ a_1 & \text{bei} & 0<u<1\\
a_3 \succ a_4 \sim a_2 \succ a_1 & \text{bei} & u=1\\
a_3 \succ a_2 \succ a_4 \succ a_1 & \text{bei} & 1<u<2.
\end{array}$$

Lösung zu Aufgabe 3.9

a) Es gilt: $3g_1 + 2 \cdot \frac{1}{6} = 1$, das heißt $g_1 = \frac{2}{9}$.

Somit schneidet a_3 bei dieser Zielgewichtung genau dann besser als a_2 ab, wenn $\frac{2}{9}\cdot(5+4+1)+\frac{1}{6}\cdot(x+2) > \frac{2}{9}\cdot(4+5+2)+\frac{1}{6}\cdot(y+2)$ gilt, also bei $x+2 > 6\cdot\frac{2}{9}\cdot 1 + (y+2)$ beziehungweise bei $x > y + \frac{4}{3}$.

Wegen $x,\ y \in \{1;\ldots;5\}$ leisten dies genau die Paare

$$(x,y) \in \{(3,1);\ (4,1);\ (5,1);\ (4,2);\ (5,2);\ (5,3)\}.$$

b) Mit $\Phi(a_1) = 4+4+4 = 12$ und $\Phi(a_4) = 5+4+4 = 13$ gilt

$$\begin{aligned}
\min\{\Phi(a_2),\Phi(a_3)\} > \max\{\Phi(a_1),\Phi(a_4)\} = 13 &\iff\\
\Phi(a_2) = 9+\max\{2,y\} > 13 \quad \text{und} \quad \Phi(a_3) = 9+\max\{2,x\} > 13 &\iff\\
\max\{2,y\} > 4 \quad \text{und} \quad \max\{2,x\} > 4 &\iff\\
x = y = 5 \quad (\text{da } x,\ y \in \{1;\ldots;5\}).&
\end{aligned}$$

c)
$$\begin{aligned}
\max\{\Phi(a_2),\Phi(a_3)\} < \min\{\Phi(a_1),\Phi(a_4)\} = 12 &\iff \\
9+\max\{2,y\} < 12 \quad \text{und} \quad 9+\max\{2,x\} < 12 &\iff \\
\max\{2,y\} < 3 \quad \text{und} \quad \max\{2,x\} < 3 &\iff \\
y \leqq 2 \quad \text{und} \quad x \leqq 2 &\iff \\
x,\ y \in \{1;2\}.
\end{aligned}$$

d) Φ besitzt die Eigenschaft $(*)$ nicht, wie folgendes Beispiel zeigt:

Sind in einer Nutzenmatrix die beiden Aktionen a_i beziehungsweise a_k durch die Zeilen $(5 \quad 5 \quad 5 \quad 4 \quad 3)$ beziehungsweise $(5 \quad 5 \quad 5 \quad 3 \quad 3)$ repräsentiert, so gilt a_i dominiert a_k, aber $\Phi(a_i) = 15 = \Phi(a_k)$.

Lösung zu Aufgabe 3.10

a) In Fall (I) (mit $a_i = i,\ i = 1,\ldots,4$) ergibt sich:

	k_1	k_2
a_1	1	4
a_2	2	3
a_3	3	2
a_4	3	1

in Fall (II) ist $A = [0;5]$, und die Nutzenfunktionen verlaufen wie folgt:

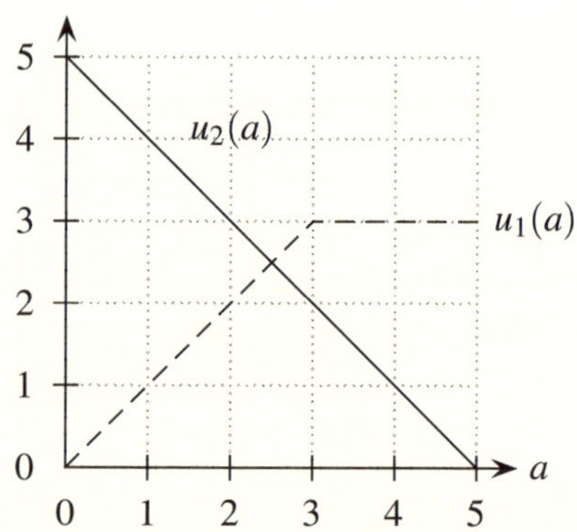

b) In Fall (I) effizient: a_1, a_2, a_3 (a_4 dagegen wird von a_3 dominiert);
in Fall (II) effizient: alle $a \in [0;3]$ (denn mit wachsendem $a \in [0;3]$ wächst $u_1(a)$ und fällt $u_2(a)$; jedes $a \in (3;5]$ hingegen wird von $a = 3$ dominiert).

Lösung zu Aufgabe 3.11*

a) In Fall (I) erhält man $a_3 \succ a_4 \succ a_2 \succ a_1$;
in Fall (II) ist genau $a = 3$ optimal (da u_2 für $a \geqq 3$ streng mon. fällt).

b) Eine Einheit u_1 gleich zwei Einheiten $u_2 \Leftrightarrow g_1 = 2g_2 \Rightarrow g_1 = \frac{2}{3}$, $g_2 = \frac{1}{3}$;
Hieraus folgt
in Fall (I) : $\Phi(a_1) = \frac{6}{3}$, $\Phi(a_2) = \frac{7}{3}$, $\Phi(a_3) = \frac{8}{3}$, $\Phi(a_4) = \frac{7}{3} \Rightarrow$
$a_3 \succ a_2 \sim a_4 \succ a_1$;

in Fall (II) :
$$\Phi(a) = \tfrac{2}{3}u_1(a) + \tfrac{1}{3}u_2(a) = \frac{1}{3}\cdot\begin{cases} 2a + (5-a) & \text{für } a \leqq 3 \\ 6 + (5-a) & \text{für } a > 3 \end{cases} = \frac{1}{3}\cdot\begin{cases} a+5 & \text{für } a \in [0;3] \\ 11-a & \text{für } a \in (3;5]; \end{cases}$$

dabei ist $a+5$ streng monoton wachsend über $[0;3]$,
$11-a$ streng monoton fallend über $(3;5]$, und es gilt
$3+5 = 11-3\ (=8)$; folglich ist genau $a = 3$ optimal.

c) In Fall (I) ist die Matrix der Zielerreichungsgrade gleich

$$\begin{pmatrix} \frac{1}{3} & 1 \\ \frac{2}{3} & \frac{3}{4} \\ 1 & \frac{1}{2} \\ 1 & \frac{1}{4} \end{pmatrix}, \text{ der Vektor der Zeilenminima lautet } \begin{pmatrix} \frac{1}{3} \\ \frac{2}{3} \\ \frac{1}{2} \\ \frac{1}{4} \end{pmatrix},$$

und somit gilt $a_2 \succ a_3 \succ a_1 \succ a_4$.

In Fall (II) folgt wegen $\max\limits_{a\in[0;5]} u_1(a) = 3$; $\max\limits_{a\in[0;5]} u_2(a) = 5$:

$$\Phi(a) = \min\left\{\frac{u_1(a)}{3}; \frac{u_2(a)}{5}\right\} = \begin{cases} \min\{\frac{a}{3}; 1-\frac{a}{5}\} & \text{für } a \in [0;3] \\ \min\{1; 1-\frac{a}{5}\} & \text{für } a \in (3;5]; \end{cases}$$

also (vergleiche Skizze):

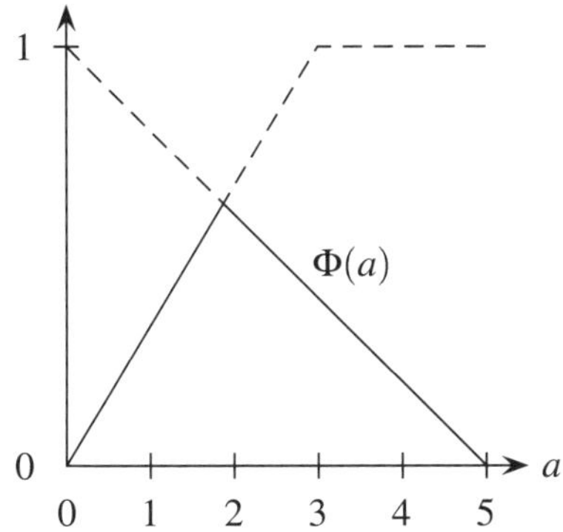

$\Phi(a)$ maximal

$\iff \frac{a}{3} = 1 - \frac{a}{5}$

$\iff \frac{a}{3} + \frac{a}{5} = 1$

$\iff \frac{8}{15}a = 1$

$\iff a = \frac{15}{8} = 1{,}875.$

d) In Fall (I) : $\Phi(a_1) = 3+0 = 3,\ \Phi(a_2) = 2+1 = 3,$
$\Phi(a_3) = 1+2 = 3,\ \Phi(a_4) = 1+3 = 4$
$\Rightarrow a_1 \sim a_2 \sim a_3 \succ a_4;$

in Fall (II) : Auf Grund der Skizze zu 3.10 a) ist ersichtlich:

$$\Phi(a) = 4 - u_1(a) + \begin{Bmatrix} u_2(a) - 4 & \text{für } a \leqq 1 \\ 4 - u_2(a) & \text{für } a > 1 \end{Bmatrix} =$$

$$= \begin{cases} (4-a) + (5-a) - 4 = 5 - 2a & \text{für } a \leqq 1 \\ (4-a) - (5-a) + 4 = 3 & \text{für } a \in (1;3) \\ (4-3) - (5-a) + 4 = a & \text{für } a \geqq 3; \end{cases}$$

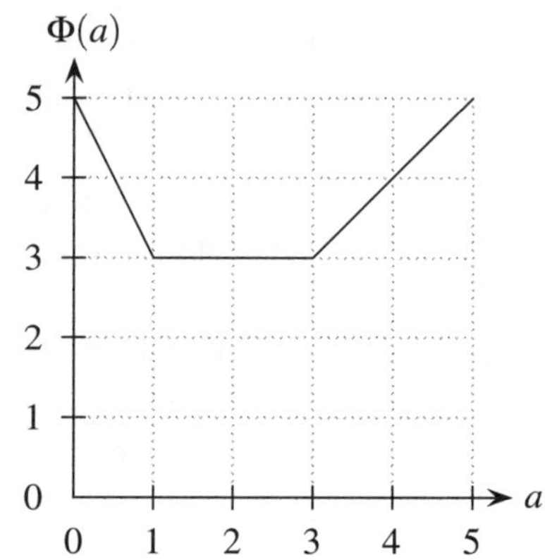

folglich ist jedes $a \in [1;3]$ optimal.

Lösung zu Aufgabe 3.12

a) Skizze des Aktionenraumes A:

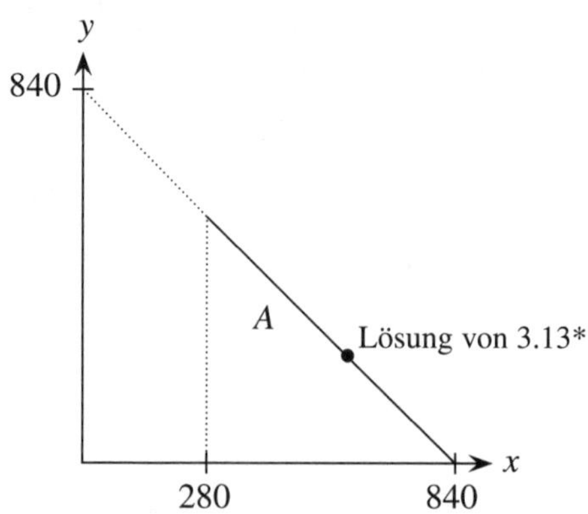

b) Jedes (x,y) mit $280 \leqq x \leqq 840$ und $y = 840 - x$ entspricht einer Aktion aus A. Die beiden für alle $(x,y) \in A$ definierten Nutzenfunktionen sind demnach

$$u_1(x,y) = 2x + 5y = 2x + 5\,(840 - x) = 4200 - 3x,$$
$$u_2(x,y) = x.$$

Wegen des unterschiedlichen Vorzeichens von x bei u_1 beziehungsweise u_2 ist jede Verbesserung bezüglich Ziel 2 mit einer Verschlechterung bezüglich Ziel 1 verknüpft (und umgekehrt). Infolgedessen sind die Ziele konkurrierend.

c) Weil

$$\begin{aligned}\max\{u_1(x,y):\ (x,y) \in A\} &= \max\{4200 - 3x:\ 280 \leqq x \leqq 840\}\\ &= 4200 - 3 \cdot 280 = 3360\end{aligned}$$

gilt (siehe b)), und weil dieser Wert genau für $(x,y) = (280, 560)$ erreicht wird, ist $(x,y) = (280, 560)$ optimal nach lexikographischer Ordnung bei $k_1 \succ k_2$.

Lösung zu Aufgabe 3.13*

Wegen

$$\begin{aligned}&\max\{u_1(x,y):\ (x,y) \in A\} = 3360 \quad \text{(siehe Lösung zu 3.12 c))}\\ \text{und}\quad &\max\{u_2(x,y):\ (x,y) \in A\} = \ \ 840\end{aligned}$$

folgt für jedes $(x,y) \in A$, das heißt für jedes $(x, 840 - x)$ mit $280 \leqq x \leqq 840$:

$$\begin{aligned}\Phi(x,y) &= \min\left\{\frac{2x + 5y}{3360}, \frac{x}{840}\right\}\\ &= \tfrac{1}{3360} \cdot \min\{2x + 5\,(840 - x), 4x\} = \tfrac{1}{3360} \cdot \min\{4200 - 3x, 4x\};\end{aligned}$$

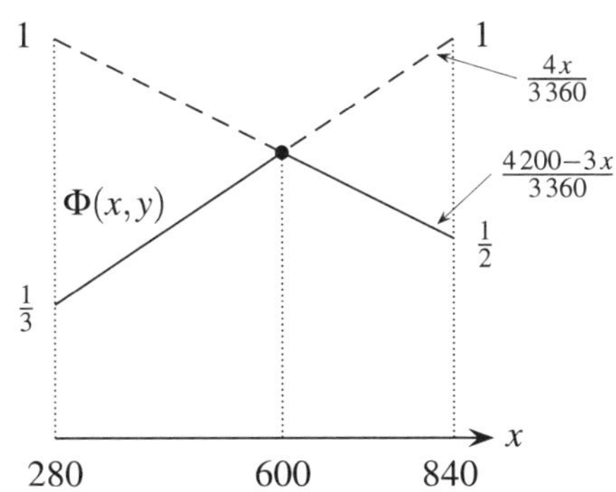

Die Skizze zeigt:

$$\Phi(x,y) \text{ maximal} \iff 4200 - 3x = 4x \iff x = 600;$$

optimal nach der Körth-Regel ist also der Punkt $(x,y) = (600, 840 - 600) = (600, 240)$. Für beide Ziele ergibt sich dabei als Zielerreichungsgrad der Wert $\Phi(600,240) = \frac{4 \cdot 600}{3360} = \frac{5}{7}$.

Bemerkung zu Aufgabe 3.13*

In der Lösung von Aufgabe 3.13* und ebenso in der Lösung von Aufgabe 3.11* c), 3., Fall (II), ergab sich – bei je zwei Zielgrößen – die nach der Körth-Regel optimale Aktion $a \in A$ durch Auflösen der Gleichung

$$\frac{u_1(a)}{\max\limits_{a \in A} u_1(a)} = \frac{u_2(a)}{\max\limits_{a \in A} u_2(a)}.$$

Dass dies kein Zufall ist, zeigen die beiden folgenden Aussagen 1, 2; mit ihnen kann die Lösung mancher Aufgaben (siehe die anschließenden Aufgaben 3.15, 3.17, 3.18, aber auch die Aufgabe 3 aus Bamberg / Coenenberg (2002), Kapitel 3) verkürzt werden. Ausgangssituation zu den beiden Aussagen ist ein Aktionenraum A, über dem r Nutzenfunktionen $u_p(a) \geqq 0$, $p = 1, \ldots, r$ gegeben sind. Zu jedem $u_p(a)$ gebe es ein positives Nutzenmaximum $\bar{u}_p = \max\limits_{a \in A} u_p(a) > 0$. Mit den Funktionen

$$w_p(a) = \frac{u_p(a)}{\bar{u}_p} \quad (= \text{Zielerreichungsgrad der Aktion } a \in A \text{ bei Ziel } k_p)$$

wird dann die Menge

$$M = \{a \in A : \; w_1(a) = \cdots = w_r(a)\}$$

definiert. Dann gilt:

Aussage 1
Ist $a \in A$ effizient und liegt a in M, so ist a optimal nach der Körth-Regel.

Aussage 2
Ist A eine abgeschlossene, beschränkte und konvexe Teilmenge eines $\mathbb{R}^n$, ist $r = 2$, und sind $u_1(a)$, $u_2(a)$ (affin) lineare Funktionen, so gilt auch die Umkehrung von Aussage 1 und damit:

$a \in A$ ist optimal nach der Körth-Regel $\iff$ $a \in A$ ist effizient und liegt in M.

Der Vollständigkeit halber sei auch der Beweis beider Aussagen kurz angegeben.

Zu Aussage 1: Sei $a \in M$ und a nicht optimal nach der Körth-Regel. Dann gibt es ein $a' \in A$ mit $\min\{w_1(a'),\dots,w_r(a')\} > \min\{w_1(a),\dots,w_r(a)\} = w_1(a) = \cdots = w_r(a)$ (wegen $a \in M$). Für jedes $p = 1,\dots,r$ gilt folglich die Ungleichung $w_p(a') > w_p(a)$ und damit auch $u_p(a') > u_p(a)$. Also ist a nicht effizient.

Zu Aussage 2: Nur noch „⇒" ist zu zeigen. Dazu sei $a \in A$ optimal nach der Körth-Regel mit $w = \min\{w_1(a), w_2(a)\}$:

$*$ Nimmt man nun an, a sei nicht effizient. Dann gibt es ein $\hat{a} \in A$ mit $u_1(\hat{a}) \geqq u_1(a)$, $u_2(\hat{a}) \geqq u_2(a)$, wobei mindestens einmal „>" zutrifft; ohne Beschränkung der Allgemeinheit ist dies bei u_1 der Fall, also $u_1(\hat{a}) > u_1(a)$. Folglich ist $w_1(\hat{a}) > w_1(a) \geqq w$, $w_2(\hat{a}) \geqq w_2(a) \geqq w$ (womit auch $\hat{a}$ optimal nach der Körth-Regel ist). Dann muss $w_2(\hat{a}) = w$ gelten, sonst wäre $\min\{w_1(\hat{a}), w_2(\hat{a})\} > w$ und a nicht optimal nach der Körth-Regel.

$**$ Nimmt man an, a sei nicht in M. Dann ist ohne Beschränkung der Allgemeinheit $w_1(a) > w_2(a) = w$.

Unter der Annahme, dass a eine Optimallösung nach der Körth-Regel ist, für die die rechte Seite der behaupteten Äquivalenz nicht zutrifft (das heißt die nicht effizient ist oder nicht in M liegt), gibt es wegen $*$, $**$ ein nach der Körth-Regel optimales $a^* \in A$ (nämlich $a^* = \hat{a}$ bei $*$ beziehungsweise $a^* = a$ bei $**$) mit

$$1 \geqq w_1(a^*) > w_2(a^*) = w.$$

Wegen $A \subset \mathbb{R}^n$ beschränkt und abgeschlossen ist nun ein $a^{(2)} \in A$ so wählbar, dass $u_2(a^{(2)}) = \bar{u}_2$ und daher $w_2(a^{(2)}) = 1$ gilt. Ferner bezeichne g die (ebenfalls lineare) Funktion $w_1 - w_2$. Dann gilt $g(a^{(2)}) = w_1(a^{(2)}) - w_2(a^{(2)}) = w_1(a^{(2)}) - 1 \leqq 0$, und $g(a^*) = w_1(a^*) - w_2(a^*) > 0$.

Es gibt also ein $\lambda \in [0;1)$, so dass für $a_\lambda = \lambda\, a^* + (1-\lambda)\, a^{(2)}$ gilt: $g(a_\lambda) = 0$ und $a_\lambda \in A$ (da A konvex).

Weil w_2 eine lineare Funktion ist, und wegen $w_2(a^*) = w$, $w_2(a^{(2)}) = 1$, folgt dabei $w_1(a_\lambda) = w_2(a_\lambda) = \lambda w_2(a^*) + (1-\lambda)\, w_2(a^{(2)}) = \lambda w + (1-\lambda) > w$ (wegen $w < 1$ und $\lambda < 1$). Folglich ist $\min\{w_1(a_\lambda), w_2(a_\lambda)\} > w$, und dies steht in Widerspruch zur Definition von w. □

Lösung zu Aufgabe 3.14

Der Aktionenraum ist

$$A = \{(x,y) \in \mathbb{R}^2_+ :\ x \leqq 40,\ y \leqq 40,\ 10x + 15y \leqq 15 \cdot 60,\ x + y \leqq 60\}$$

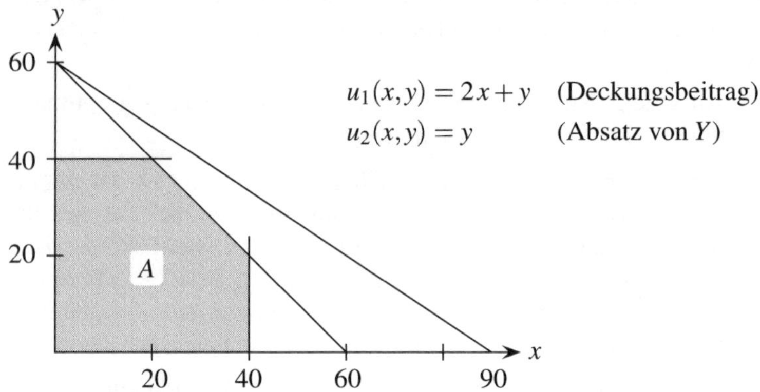

Effizient sind genau die Punkte $(x,y) \in \mathbb{R}^2$ mit $x + y = 60,\ 20 \leqq x \leqq 40$. Denn jedes $(x,y) \in A$ mit $x \leqq 20,\ y \leqq 40,\ (x,y) \neq (20,40)$ wird dominiert von $(20,40)$ (da für solche (x,y) gilt: $u_1(x,y) = 2x + y < 2 \cdot 20 + 40 = 80 = u_1(20,40)$; $u_2(x,y) = y \leqq 40 = u_2(20,40)$), und jedes $(x,y) \in A$ mit $x > 20,\ x + y < 60$ wird dominiert von $(x, 60 - x)$ (da für solche (x,y) gilt: $u_1(x,y) = 2x + y < 2x + (60 - x) = u_1(60, 60 - x)$; $u_2(x,y) = y < 60 - x = u_2(x, 60 - x)$). Auf der Geraden $x + y = 60$ führt ferner wachsendes x zu einem Anstieg bei u_1 (wegen $u_1(x, 60 - x) = 2x + 60 - x = x + 60$) und zu einer Abnahme bei u_2 (wegen $u_2(x, 60 - x) = 60 - x$); auf dieser Geraden können also keine ineffizienten Punkte liegen.

Lösung zu Aufgabe 3.15

a) Maximiert man $u_1(x,y)$ über A (indem man etwa in der Skizze, die zur Lösung von Aufgabe 3.14 erstellt wurde, die durch den Nullpunkt laufende Gerade $2x + y = 0$, das heißt $y = -2x$, so weit nach rechts oben parallel verschiebt, bis A letztmals berührt wird, nämlich im Punkt $(40, 60 - 40)$), so erhält man

$$\bar{u}_1 = \max_{(x,y) \in A} u_1(x,y) = u_1(40,20) = 80 + 20 = 100.$$

Die Nutzenfunktion $u_2(x,y) = y$ nimmt über A ihr Maximum

$$\bar{u}_2 = \max_{(x,y) \in A} u_2(x,y) = 40$$

in jedem Punkt der Strecke $\{(x,40) :\ 0 \leqq x \leqq 20\}$ an.

Da A (vergleiche wieder die Skizze) eine abgeschlossene, beschränkte und konvexe Teilmenge des $\mathbb{R}^2$ ist und u_1, u_2 offensichtlich linear sind, ist nach der im Anschluss an die Lösung der Aufgabe 3.13* formulierten Aussage 2 ein Absatzplan (x,y) genau dann optimal nach dem Prinzip der Maximierung des minimalen Zielerreichungsgrades, das heißt nach der Körth-Regel, wenn er effizient ist und dabei mit

$$w_p(x,y) = \frac{u_p(x,y)}{\bar{u}_p}, \quad p = 1,\ 2,$$

gilt: $w_1(x,y) = w_2(x,y)$.

Nach dem Ergebnis von 3.14 und wegen

$$\begin{aligned} w_1(x,y) = w_2(x,y) &\iff \frac{2x+y}{100} = \frac{y}{40} \iff 80x + 40y = 100y \\ &\iff 4x = 3y \iff x = \tfrac{3}{4}y \end{aligned}$$

ist also (x,y) genau dann optimal nach der Körth-Regel, wenn $x = \frac{3}{4}y$ und $x + y = 60$ (mit $20 \leqq x \leqq 40$) zutrifft. Dies leistet (wegen $\frac{7}{4}y = 60 \iff y = \frac{240}{7}$) genau der Punkt $(x;y) = (25{,}71;34{,}29)$.

b) Mit den Zielvorgaben $\hat{u}_1 = \bar{u}_1 = 100$, $\hat{u}_2 = \bar{u}_2 = 40$ sind nur Zielunterschreitungen ($a_1^- = 100 - u_1(x,y) = 100 - 2x - y \geqq 0$; $a_2^- = 40 - u_2(x,y) = 40 - y \geqq 0$) möglich. Da die Einbuße von drei Nutzeneinheiten bei Ziel k_1 mit der Einbuße einer Nutzeneinheit bei k_2 gleichgesetzt wird, sind die beiden Ziele gemäß $3g_1 = g_2$ zu gewichten, woraus $g_1 = \frac{1}{4}$, $g_2 = \frac{3}{4}$ folgt. Die als Bewertungsfunktion des Goal-Programming zu verwendende gewichtete Summe der absoluten Abweichungen von den Zielvorgaben lautet also $0{,}25 \cdot a_1^- + 0{,}75 \cdot a_2^-$; drückt man darin a_1^-, a_2^- durch x, y aus (siehe oben), so erhält man

$$0{,}25 \cdot a_1^- + 0{,}75 \cdot a_2^- = 0{,}25 \cdot (100 - 2x - y) + 0{,}75 \cdot (40 - y) = 55 - 0{,}5x - y,$$

und dies ist zu minimieren unter $(x,y) \in A$.

Die Optimallösung hierzu ist mithilfe der Skizze aus der Lösung zu Aufgabe 3.14 bestimmbar; denn offensichtlich wird das Maximum von $0{,}5x + y$ über A in $(x,y) = (20,40)$ angenommen. Der gesuchte optimale Absatzplan nach diesem gewichteten Goal-Programming ist demnach gleich $(20,40)$.

(Zum selben Ergebnis gelangt man im Übrigen auch dadurch, dass man $0{,}25 \cdot u_1(x,y) + 0{,}75 \cdot u_2(x,y) = 0{,}5x + y$ über $(x,y) \in A$ maximiert. Dies zeigt: falls bei allen Zielen $\hat{u}_p \geqq \bar{u}_p$ gilt, führen auch bei unterschiedlicher Gewichtung der einzelnen Ziele Zielgewichtung und entsprechend gewichtetes Goal-Programming zur selben Optimallösung, siehe dazu Bamberg / Coenenberg, 2002, S. 60.)

Lösung zu Aufgabe 3.16

a) Jede Aktion ist als Paar (x,y) beschreibbar; A und u_1, u_2 sind dann wie folgt darstellbar:

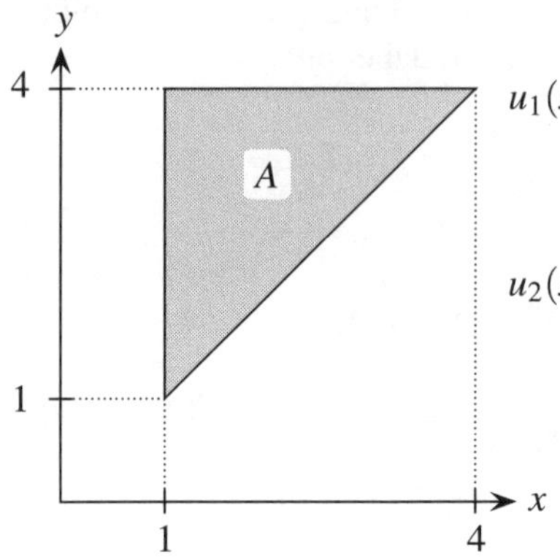

$$u_1(x,y) = x \cdot y - (\min_{(x,y)\in A} x \cdot y) = x \cdot y - 1 \cdot 1 = x \cdot y - 1$$

$$u_2(x,y) = (\max_{(x,y)\in A} (2x+2y)) - (2x+2y) = 2 \cdot 4 + 2 \cdot 4 - 2x - 2y = 16 - 2x - 2y.$$

b) Sei $1 \leqq x < y \leqq 4$; dann gilt

$$\begin{aligned} u_1(\tfrac{1}{2}(x+y), \tfrac{1}{2}(x+y)) - u_1(x,y) &= (\tfrac{1}{4}(x+y)^2 - 1) - (x \cdot y - 1) \\ &= \tfrac{1}{4}(x^2 + 2xy + y^2 - 4xy) \\ &= \tfrac{1}{4}(x-y)^2 > 0 \quad \text{(wegen } x < y\text{), und} \\ u_2(\tfrac{1}{2}(x+y), \tfrac{1}{2}(x+y)) - u_2(x,y) &= (16 - 2(x+y)) - (16 - 2x - 2y) = 0, \end{aligned}$$

womit die behauptete Dominanz klar ist. Bei $x = y$ sorgt ferner wachsendes x für eine Erhöhung von u_1 und eine Verringerung von u_2. Die Menge der effizienten Punkte ist demnach $\{(x,y) \in \mathbb{R}^2 : 1 \leqq x = y \leqq 4\}$, woraus folgt, dass die zugehörigen Rechtecke Quadrate sind; nur quadratische Fenster sind also effizient.

Lösung zu Aufgabe 3.17

a) Mit den Gewichten g_1 und $g_2 = 1 - g_1$ erhält man die Bewertungsfunktion

$$\Phi(x,y) = g_1(xy - 1) + (1 - g_1)(16 - 2x - 2y).$$

Klar ist (wegen $g_1, g_2 > 0$), dass ein ineffizientes (x,y) nicht Optimallösung der Zielgewichtung sein kann. Also muss für eine Optimallösung $x = y$ gelten. Da $\Phi(x,x) = g_1 \cdot x^2 - 4(1-g_1) \cdot x + 16 - 17g_1$ in Abhängigkeit von x ($\in [1;4]$) eine konvexe Parabel darstellt (das quadratische Glied hat nämlich ein positives Vorzeichen), kann das Maximum nur über einem der Randwerte $x = 1$ oder $x = 4$ liegen. Wegen

$$\Phi(1,1) = 12 - 12g_1, \quad \Phi(4,4) = 15g_1,$$

und wegen

$$12 - 12g_1 \leqq 15g_1 \iff g_1 \geqq \tfrac{12}{27} = \tfrac{4}{9}$$

folgt also:

- für $\frac{4}{9} < g_1 < 1$ ist genau $(x,y) = (4,4)$ optimal, also das quadratische Fenster mit Fläche 16 und Umfang 16;
- für $0 < g_1 < \frac{4}{9}$ ist genau $(x,y) = (1,1)$ optimal, also das quadratische Fenster mit Fläche 1 und Umfang 4;
- für $g_1 = \frac{4}{9}$ sind sowohl $(x,y) = (4,4)$ als auch $(x,y) = (1,1)$ optimal.

b) Wegen

$$\bar{u}_1 = \max_{(x,y)\in A} u_1(x,y) = 4 \cdot 4 - 1 = 15;$$
$$\bar{u}_2 = \max_{(x,y)\in A} u_2(x,y) = 16 - 2 - 2 = 12$$

sind zu $(x,y) \in A$ die Zielerreichungsgrade gegeben durch

$$w_1(x,y) = \frac{x \cdot y - 1}{15}; \quad w_2(x,y) = \frac{8 - x - y}{6}.$$

Gibt es nun einen effizienten Punkt $(x,y) \in A$ mit $w_1(x,y) = w_2(x,y)$, so ist dieser nach der Aussage 1 der Bemerkung zu Aufgabe 3.13* optimal nach der Körth-Regel. Es gilt:

$$\begin{aligned}
&(x,y) \text{ effizient, und } w_1(x,y) = w_2(x,y) \\
&\quad \iff x = y,\ 1 \leqq x \leqq 4 \text{ und } 6x^2 - 6 = 120 - 30x \\
&\quad \iff x = y,\ 1 \leqq x \leqq 4 \text{ und } x^2 + 5x - 21 = 0 \\
&\quad \iff x = y = \tfrac{1}{2}[-5 \overset{+}{(-)} \sqrt{25+84}] = \tfrac{1}{2}(\sqrt{109} - 5) = 2{,}72;
\end{aligned}$$

also ist $(2{,}72; 2{,}72)$ optimal nach der Körth-Regel. Das resultierende (quadratische) Fenster hat die Fläche $\frac{1}{4}(\sqrt{109} - 5)^2 = 7{,}40$; sein Umfang ist gleich $2 \cdot \sqrt{109} - 10 = 10{,}88$.

Lösung zu Aufgabe 3.18

a)

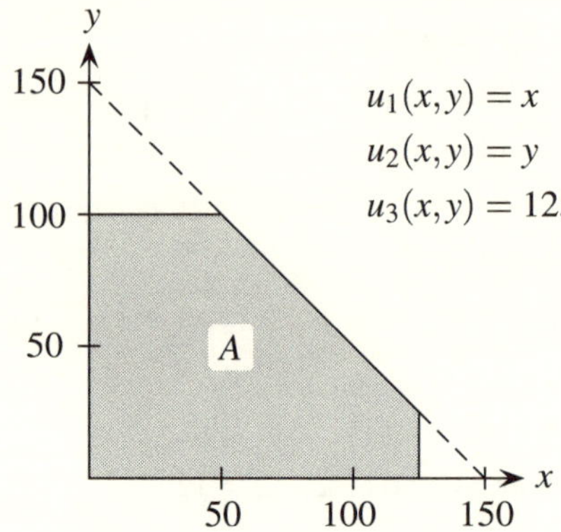

$u_1(x,y) = x$ (Rosinen)
$u_2(x,y) = y$ (gemahlene Haselnüsse)
$u_3(x,y) = 125 - x.$

b) 1. Die Menge der effizienten Aktionen ist genau die Strecke zwischen $(50,100)$ und $(125,25)$, das heißt die Menge

$$\{(x,y) \in \mathbb{R}^2 : x+y = 150,\ 50 \leqq x \leqq 125\}.$$

Denn jedes $(x,y) \in A$ mit den Eigenschaften $0 \leqq x \leqq 50$, $0 \leqq y \leqq 100$ und $(x,y) \neq (50,100)$ wird (siehe u_1, u_2 aus a)) dominiert von $(50,100) \in A$, und jedes $(x,y) \in A$ mit $50 < x \leqq 125$ und $x+y < 150$ wird dominiert von $(x, 150-x) \in A$. Andererseits wird kein $(x,y) \in A$ mit $x+y = 150$ von einem $(x',y') \in A$ dominiert (sonst müsste $x' \geqq x$, $y' > y$ oder $x' > x$, $y' \geqq y$ und damit $x'+y' > x+y = 150$ gelten).

2. Aus a) ist ersichtlich, dass A abgeschlossen, beschränkt und konvex ist, und dass u_1, u_2 lineare Funktionen sind. Eine Aktion $(x,y) \in A$ ist daher (vergleiche die Aussage 2 im Anschluss an die Lösung von Aufgabe 3.13*) genau dann optimal nach der Körth-Regel, wenn (x,y) effizient ist, und wenn mit

$$w_p(x,y) = \frac{u_p(x,y)}{\max\limits_{(x,y)\in A} u_p(x,y)}, \quad p = 1,\ 2,$$

die Gleichung $w_1(x,y) = w_2(x,y)$ erfüllt ist, das heißt wenn (vergleiche 1. und a)) $x+y = 150$, $50 \leqq x \leqq 125$, und $\frac{x}{125} = \frac{y}{100}$ ($\iff y = 0{,}8x$) zutrifft. Optimallösung nach der Körth-Regel ist also (wegen $x + 0{,}8x = 150 \iff x = 83{,}33$) genau der Punkt $(x;y) = (83{,}33; 66{,}67)$. Er liefert die Zielerreichungsgrade $w_1(x,y) = w_2(x,y) = \frac{2}{3}$ $(= \frac{83{,}33}{125} = \frac{66{,}67}{100})$.

Lösung zu Aufgabe 3.19*

a) Bei $0 \leqq x \leqq 50$ wird jeder Punkt $(x,y) \in A$ mit $y < 100$ dominiert von $(x,100)$ (wegen $x = u_1(x,y) = u_1(x,100)$; $y = u_2(x,y) < u_2(x,100)$ und $125 - x = u_3(x,y) = u_3(x,100)$).

Bei $50 < x \leqq 125$ wird jeder Punkt $(x,y) \in A$ mit $x + y < 150$ dominiert von $(x, 150 - x)$ (wegen $x = u_1(x,y) = u_1(x, 150 - x)$; $y = u_2(x,y) < u_2(x, 150 - x) = 150 - x$ und $125 - x = u_3(x,y) = u_3(x, 150 - x)$).

Andererseits ist jeder Punkt (x,y) aus dem oberen Rand von A undominiert (denn sonst müsste ein $(x',y') \in A$ existieren, welches (x,y) dominiert; wegen u_1, u_3 müsste dabei $x' \geqq x$ und $125 - x' \geqq 125 - x$ gelten, das heißt, es müsste $x = x'$ sein, und somit wäre – siehe u_2 – notwendigerweise $y' > y$ im Widerspruch zur Tatsache, dass bereits (x,y) im oberen Rand liegt).

b) Die Funktionen $w_p(x,y)$, $p = 1, 2, 3$, der Zielerreichungsgrade lauten $w_1(x,y) = \frac{x}{125}$; $w_2(x,y) = \frac{y}{100}$ (vergleiche die Lösung von 3.18 b)) sowie $w_3(x,y) = \frac{125-x}{125}$ (da 125 auch das Maximum von $u_3(x,y)$ über A darstellt).

$w_1(x,y) = w_3(x,y)$ ist demnach äquivalent mit $x = 125 - x$, das heißt mit $x = 62{,}5$; aus der Lösung von 3.18 b) wissen wir bereits, dass $w_1(x,y) = w_2(x,y)$ bedeutet, dass $y = 0{,}8x$ gilt.

Übereinstimmung der drei Zielerreichungsgrade liegt also genau beim Punkt $(x;y) = (62{,}5;50)$ vor.

c) Der in b) gefundene Punkt $(62{,}5;50)$ ist wegen a) nicht effizient; die im Anschluss an die Lösung der Aufgabe 3.13* angegebene Aussage 2 hilft hier also nicht weiter bei der Suche nach Optimallösungen bezüglich der Körth-Regel. Im Folgenden werden wir die Menge aller solchen Optimallösungen auf zweierlei Arten bestimmen:

- *Erste* (auf die spezielle Situation dieser Aufgabe zugeschnittene) *Möglichkeit*:

  Ein Blick allein auf die beiden Nutzenfunktionen u_1, u_3 zeigt bereits, dass bei $(x,y) \in A$ der minimale Zielerreichungsgrad (bezüglich aller drei Ziele) wegen

$$\begin{aligned}\min_{p=1,2,3}\{w_p(x,y)\} &\leqq \min\{w_1(x,y), w_3(x,y)\}\\ &= \tfrac{1}{125}\cdot\min\{x, 125 - x\}\\ &= \tfrac{1}{125}\cdot\begin{Bmatrix} x, & \text{falls } x \leqq 62{,}5\\ 125 - x, & \text{falls } x > 62{,}5\end{Bmatrix}\end{aligned}$$

  den Wert $\frac{62{,}5}{125} = \frac{1}{2}$ nicht überschreiten kann, und dass $w_1(x,y) \geqq \frac{1}{2}$, $w_3(x,y) \geqq \frac{1}{2}$ genau für die $(x,y) \in A$ mit $x = 62{,}5$ erreicht wird (und zwar jeweils mit „$= \frac{1}{2}$“). Sofern also die Menge A^* aller $(x,y) \in A$

mit $x = 62{,}5$ und mit $w_2(x,y) \geqq \frac{1}{2}$ nicht leer ist, besteht A^* genau aus allen nach der Körth-Regel optimalen Aktionen. Wegen $w_2(x,y) = \frac{y}{100}$ ergibt sich

$$A^* = \{(62{,}5;y) \in A : y \geqq 50\} = \{(62{,}5;y) \in \mathbb{R}^2 : 50 \leqq y \leqq 87{,}5\}\ (\neq \emptyset)$$

(das letzte Gleichheitszeichen folgt aus $62{,}5 + y \leqq 150$ $\iff y \leqq 87{,}5$). Jeder Punkt $(x,y) \in A^*$ liefert die Zielerreichungsgrade 0,5 für Kind 1 und Kind 3 sowie $\frac{y}{100}$ ($\geqq 0{,}5$) für Kind 2.

- *Zweite* (generell gangbare) *Möglichkeit*:

  Nach Bamberg / Coenenberg (2002, S. 58 bzw. S. 71) ist die Menge aller Optimallösungen nach der Körth-Regel erhältlich, indem man alle Lösungen des linearen Optimierungsproblems

$$w \to \max$$

unter den Nebenbedingungen

$$\begin{array}{lllr} & (x,y) \in A & \text{also} & x \leqq 125, \\ & & & y \leqq 100, \\ & & & x+y \leqq 150, \\ & & & x,\ y \geqq 0 \\ \text{sowie} & w_p(x,y) \geqq w \quad \text{für } p = 1,2,3 & \text{d.h.} & x \geqq 125\,w, \\ & & & y \geqq 100\,w, \\ & & & 125 - x \geqq 125\,w, \\ & & & w \geqq 0 \end{array}$$

bestimmt.

Die Durchführung geschieht nach dem Simplexverfahren (mit den Schlupfvariablen $v_1, \ldots, v_6$) wie auf Seite 45 dargestellt; dabei sind anhand der grau unterlegten Felder die Pivotspalte, die Pivotzeile und das Pivotelement erkennbar.

Bei den beiden letzten Simplextableaus handelt es sich um Endtableaus. Da im vorletzten Tableau eine Null in der Zielfunktionszeile über einem Nicht-Einheitsvektor steht, ist klar, dass das zu Grunde liegende Optimierungsproblem keine eindeutige Lösung besitzt. Aus beiden letzten Tableaus lässt sich ablesen: Die Menge der Optimallösungen nach der Körth-Regel ist

$$\{(x,y) \in \mathbb{R}^2 :\ x = 62{,}5;\ y \in [50;87{,}5]\};$$

das Maximum des minimalen Zielerreichungsgrades ist $\frac{1}{2}$, wobei durch eine nach der Körth-Regel optimale Lösung $(62{,}5;y)$ für Kind 1 und für Kind 3 ein Zielerreichungsgrad von $\frac{62{,}5}{125} = \frac{1}{2}$ und für Kind 2 ein Zielerreichungsgrad von $\frac{y}{100}$ entsteht.

w	x	y	v_1	v_2	v_3	v_4	v_5	v_6	
-1	0	0	0	0	0	0	0	0	0
0	1	0	1	0	0	0	0	0	125
0	0	1	0	1	0	0	0	0	100
0	1	1	0	0	1	0	0	0	150
125	-1	0	0	0	0	1	0	0	0
100	0	-1	0	0	0	0	1	0	0
125	1	0	0	0	0	0	0	1	125
0	0	$-\frac{1}{100}$	0	0	0	0	$\frac{1}{100}$	0	0
0	1	0	1	0	0	0	0	0	125
0	0	1	0	1	0	0	0	0	100
0	1	1	0	0	1	0	0	0	150
0	-1	$\frac{5}{4}$	0	0	0	1	$-\frac{5}{4}$	0	0
1	0	$-\frac{1}{100}$	0	0	0	0	$\frac{1}{100}$	0	0
0	1	$\frac{5}{4}$	0	0	0	0	$-\frac{5}{4}$	1	125
0	$-\frac{1}{125}$	0	0	0	0	$\frac{1}{125}$	0	0	0
0	1	0	1	0	0	0	0	0	125
0	$\frac{4}{5}$	0	0	1	0	$-\frac{4}{5}$	1	0	100
0	$\frac{9}{5}$	0	0	0	1	$-\frac{4}{5}$	1	0	150
0	$-\frac{4}{5}$	1	0	0	0	$\frac{4}{5}$	-1	0	0
1	$-\frac{1}{125}$	0	0	0	0	$\frac{1}{125}$	0	0	0
0	2	0	0	0	0	-1	0	1	125
0	0	0	0	0	0	$\frac{1}{250}$	0	$\frac{1}{250}$	$\frac{1}{2}$
0	0	0	1	0	0	$\frac{1}{2}$	0	$-\frac{1}{2}$	62,5
0	0	0	0	1	0	$-\frac{2}{5}$	1	$-\frac{2}{5}$	50
0	0	0	0	0	1	$\frac{1}{10}$	1	$-\frac{9}{10}$	37,5
0	0	1	0	0	0	$\frac{2}{5}$	-1	$\frac{2}{5}$	50
1	0	0	0	0	0	$\frac{1}{250}$	0	$\frac{1}{250}$	$\frac{1}{2}$
0	1	0	0	0	0	$-\frac{1}{2}$	0	$\frac{1}{2}$	62,5
0	0	0	0	0	0	$\frac{1}{250}$	0	$\frac{1}{250}$	$\frac{1}{2}$
0	0	0	1	0	0	$\frac{1}{2}$	0	$-\frac{1}{2}$	62,5
0	0	0	0	1	-1	$-\frac{1}{2}$	0	$\frac{1}{2}$	12,5
0	0	0	0	0	1	$\frac{1}{10}$	1	$-\frac{9}{10}$	37,5
0	0	1	0	0	1	$\frac{1}{2}$	0	$-\frac{1}{2}$	87,5
1	0	0	0	0	0	$\frac{1}{250}$	0	$\frac{1}{250}$	$\frac{1}{2}$
0	1	0	0	0	0	$-\frac{1}{2}$	0	$\frac{1}{2}$	62,5

d) Bei Zielgewichtung mit $g_1 = g_2 = g_3 = \frac{1}{3}$ ergibt sich die Bewertungsfunktion

$$\Phi(x,y) = \tfrac{1}{3}x + \tfrac{1}{3}y + \tfrac{1}{3}(125 - x) = \tfrac{1}{3}(125 + y).$$

Danach sind alle $(x, 100)$ mit $0 \leqq x \leqq 50$ optimal (und damit dieselben Aktionen, wie wenn allein u_2 zu maximieren wäre).

Lösung zu Aufgabe 3.20*

Mit x beziehungsweise y gleich produzierte ME von Produkt 1 beziehungsweise 2 und mit den a_j^+, a_j^- wie angegeben erhält man folgendes Optimierungsproblem:

$$\begin{array}{lll}
a_1^+ + a_1^- + a_2^+ + a_2^- & \to \min & \text{unter den Nebenbedingungen} \\
2x + 3y - a_1^+ + a_1^- & = 360 & \text{(Betriebszeit)} \\
4x + 2y - a_2^+ + a_2^- & = 600 & \text{(Rohstoff)} \\
x + y & \leqq 200 & \text{(Produktion)} \\
x,\ y,\ a_j^+,\ a_j^- & \geqq 0 &
\end{array}$$

Durch Einführung einer Schlupfvariablen v für die Produktionsrestriktion liegen alle drei Nebenbedingungen in Gleichungsform vor; sie lassen sich matriziell darstellen gemäß

$$\begin{pmatrix} 2 & 3 & -1 & 0 & 1 & 0 & 0 \\ 4 & 2 & 0 & -1 & 0 & 1 & 0 \\ 1 & 1 & 0 & 0 & 0 & 0 & 1 \end{pmatrix} \begin{pmatrix} x \\ y \\ a_1^+ \\ a_2^+ \\ a_1^- \\ a_2^- \\ v \end{pmatrix} = \begin{pmatrix} 360 \\ 600 \\ 200 \end{pmatrix},$$

wobei die Koeffizientenmatrix bereits die drei Einheitsvektoren enthält.

Schreibt man obige Zielfunktion in zu maximierender Form, so sind den Variablen x, y, a_1^+, a_2^+, a_1^-, a_2^-, v der Reihe nach die Koeffizienten $0, 0, -1, -1, -1, -1, 0$ zugeordnet. Um ein Starttableau für das Simplexverfahren zu erhalten, benötigen wir eine Basisdarstellung der Zielfunktion, das heißt eine Darstellung, bei der über den Einheitsvektoren der Koeffizientenmatrix Nullen stehen. Diese Basisdarstellung wird erreicht, indem man zum gegebenen Zielfunktionskoeffizientenvektor $(0,0,-1,-1,-1,-1,0)$ die Summe der ersten beiden Zeilen der Matrix hinzuaddiert, wodurch der Vektor $(6,5,-2,-2,0,0,0)$ entsteht. Das Negative davon bildet dann die Zielfunktionszeile des Starttableaus. Der Zielfunktionswert $-960 = -(360+600)$ ergibt sich als Skalarprodukt von $(0,0,-1,-1,-1,-1,0)$ mit der zum Starttableau gehörenden Basislösung $(0,0,0,0,360,600,200)^T$. Die Durchführung der Simplexschritte bis zum Endtableau ist im Folgenden aufgelistet:

x	y	a_1^+	a_2^+	a_1^-	a_2^-	v	
-6	-5	2	2	0	0	0	-960
2	3	-1	0	1	0	0	360
4	2	0	-1	0	1	0	600
1	1	0	0	0	0	1	200
0	-2	2	$\frac{1}{2}$	0	$\frac{3}{2}$	0	-60
0	2	-1	$\frac{1}{2}$	1	$-\frac{1}{2}$	0	60
1	$\frac{1}{2}$	0	$-\frac{1}{4}$	0	$\frac{1}{4}$	0	150
0	$\frac{1}{2}$	0	$\frac{1}{4}$	0	$-\frac{1}{4}$	1	50
0	0	1	1	1	1	0	0
0	1	$-\frac{1}{2}$	$\frac{1}{4}$	$\frac{1}{2}$	$-\frac{1}{4}$	0	30
1	0	$\frac{1}{4}$	$-\frac{3}{8}$	$-\frac{1}{4}$	$\frac{3}{8}$	0	135
0	0	$\frac{1}{4}$	$\frac{1}{8}$	$-\frac{1}{4}$	$-\frac{1}{8}$	1	35

Die (eindeutige) Optimallösung des linearen Optimierungsproblems lautet also $(135,30,0,0,0,0,35)$ (mit Zielfunktionswert 0). Optimal nach dem Goal-Programming-Ansatz ist es somit, 135 ME von Produkt 1 und 30 ME von Produkt 2 herzustellen. Beide Zielvorgaben werden dadurch exakt eingehalten (wegen $a_j^- = a_j^+ = 0$ für $j = 1,\ 2$; siehe auch den Zielfunktionswert 0).

Lösung zu Aufgabe 3.21*

Da $x+y \leqq 200$ weiterhin vorausgesetzt wird, als zusätzlicher Summand in der Bewertungsfunktion aber die Abweichung von $(x+y)$ zu 200 anzusetzen ist, ist klar, dass nur eine Unterschreitung der Zielvorgabe 200 berücksichtigt werden muss. Die neue Zielfunktion lautet also

$$a_1^+ + a_1^- + a_2^+ + a_2^- + a_3^- \to \min;$$

als neue Nebenbedingung ist

$$x + y + a_3^- = 200$$

hinzuzufügen (mit $a_3^- \geqq 0$). Da aus dieser neuen Nebenbedingung die bisherige Produktionsbedingung $x+y \leqq 200$ (beziehungsweise $x+y+v = 200$) folgt, kommt man auch weiterhin mit drei Zeilen in der Koeffizientenmatrix aus; die Koeffizientenmatrix ist aus der Lösung zu Aufgabe 3.20* unverändert zu übernehmen (lediglich ist v durch a_3^- zu ersetzen).

Geht man analog zur Lösung von Aufgabe 3.20* vor, um eine Basisdarstellung der Zielfunktion zu erhalten, so ist zum jetzigen Zielfunktionskoeffizientenvektor $(0,0,-1,-1,-1,-1,-1)$ die Summe der drei Zeilen der Koeffizientenmatrix hinzuzuaddieren mit dem Ergebnis $(7,6,-2,-2,0,0,0)$; entsprechend ist der Startzielfunktionswert $-1\,160$ gleich dem (-1)-fachen der Summe der drei Randwerte 360, 600 und 200. Nun sind folgende Simplexschritte durchzuführen:

x	y	a_1^+	a_2^+	a_1^-	a_2^-	a_3^-	
-7	-6	2	2	0	0	0	$-1\,160$
2	3	-1	0	1	0	0	360
4	2	0	-1	0	1	0	600
1	1	0	0	0	0	1	200
0	$-\frac{5}{2}$	2	$\frac{1}{4}$	0	$\frac{7}{4}$	0	-110
0	2	-1	$\frac{1}{2}$	1	$-\frac{1}{2}$	0	60
1	$\frac{1}{2}$	0	$-\frac{1}{4}$	0	$\frac{1}{4}$	0	150
0	$\frac{1}{2}$	0	$\frac{1}{4}$	0	$-\frac{1}{4}$	1	50
0	0	$\frac{3}{4}$	$\frac{7}{8}$	$\frac{5}{4}$	$\frac{9}{8}$	0	-35
0	1	$-\frac{1}{2}$	$\frac{1}{4}$	$\frac{1}{2}$	$-\frac{1}{4}$	0	30
1	0	$\frac{1}{4}$	$-\frac{3}{8}$	$-\frac{1}{4}$	$\frac{3}{8}$	0	135
0	0	$\frac{1}{4}$	$\frac{1}{8}$	$-\frac{1}{4}$	$-\frac{1}{8}$	1	35

Optimal nach dem Goal-Programming-Ansatz ist also auch jetzt, 135 beziehungsweise 30 ME von Produkt 1 beziehungsweise 2 zu produzieren. Die Zielvorgaben bezüglich der Betriebszeit beziehungsweise des Rohstoffs werden auch hier exakt eingehalten; bei der Produktion wird die Zielvorgabe 200 um 35 ($= a_3^- = 200 - (135 + 30)$) unterschritten. (Der Zielfunktionswert -35 im Endtableau ist Ergebnis der zu maximierenden Zielfunktion $-a_1^+ - a_1^- - a_2^+ - a_2^- - a_3^-$ ($= -0 - 0 - 0 - 0 - 35$ im Optimum).

4. Kapitel
Aufgaben zu Entscheidungen bei Risiko

Aufgabe 4.1

Das Jahresgehalt y des Geschäftsführers der Kraus GmbH ist folgendermaßen vom Jahresgewinn x der GmbH abhängig:

$$\text{Jahresgehalt} \quad y = 200\,000 + \frac{p}{100}(x - \hat{x});$$

dabei ist p ein noch auszuhandelnder Prozentsatz ($0 \leqq p \leqq 100$) und $\hat{x}$ ein vorgegebener Zielgewinn. Setzen Sie $\hat{x} = 1\,000\,000$ und nehmen Sie an, dass der Jahresgewinn X (vor Geschäftsführerentlohnung) verteilt ist gemäß

Realisation x	950 000	1 000 000	1 050 000
Wahrscheinlichkeit	0,25	0,50	0,25

Welcher Prozentsatz p ist für den Geschäftsführer optimal, wenn er

a) risikoneutral ist,

b) die Risikonutzenfunktion $u(y) = \ln y$,

c) eine beliebige streng konkave und monoton steigende Risikonutzenfunktion u verwendet?

Aufgabe 4.2

Anlageberater Clever kennt sich in der traditionellen Kapitalmarkttheorie aus. Er hat in den einschlägigen Kursen viel über (μ, σ)-Effizienz, das CAPM, die Kapitalmarktlinie etc. gehört. Deshalb erscheint es ihm kaum vorstellbar, dass eine Rendite Y, die sowohl bezüglich „Risiko" als auch „Ertrag" schlechter als eine Rendite X ist, dennoch von einem risikoaversen Anleger bevorzugt werden kann.

a) Vergleichen Sie die beiden Renditen X und Y mit

$$P(X = -0{,}9) = 0{,}1 \quad \text{und} \quad P(X = 0{,}3) = 0{,}9$$
$$P(Y = -0{,}4) = 0{,}4 \quad \text{und} \quad P(Y = 0{,}5) = 0{,}6$$

bezüglich Erwartungswert und Varianz.

b) Berechnen Sie für X und Y den Nutzenerwartungswert unter Zugrundelegung der Risikonutzenfunktion $u(x) = \ln(1 + x)$. Ist die Vermutung von Herrn Clever haltbar?

Aufgabe 4.3

Unternehmer Braun hat ein Anfangsvermögen von v_0 Geldeinheiten. Bei seinen Entscheidungen orientiert er sich am Periodenendvermögen v. Jede seiner denkbaren Aktionen a führt zu einem im Allgemeinen risikobehafteten Endvermögen V_a. Das Endvermögen V_a kann eindeutig auch durch die stetige Rendite X_a beschrieben werden, da der folgende Zusammenhang gilt:

$$V_a = v_0 \cdot e^{X_a}.$$

Unternehmer Braun handelt rational im Sinne des Bernoulli-Prinzips. Seine auf Endvermögenspositionen v definierte Risikonutzenfunktion ist $u(v)$. Wegen des eindeutigen Zusammenhangs zwischen V und X lässt sich auch eine gleichwertige Risikonutzenfunktion $\tilde{u}(x)$ finden, die auf Realisationen x der stetigen Rendite definiert ist.

a) Berechnen Sie allgemein $\tilde{u}(x)$ aus $u(v)$ sowie den Zusammenhang zwischen den zugehörigen Arrow-Pratt-Maßen $\tilde{r}$ und r.

b) Diskutieren Sie die Spezialfälle $u(v) = v$ sowie $u(v) = \ln v$ und klären Sie damit die Frage, ob sich die Risikoeinstellung bezüglich Endvermögenspositionen von der Risikoeinstellung bezüglich Werten der stetigen Rendite unterscheiden kann.

Aufgabe 4.4

Eine Unternehmung stellt ein Konsumgut K_1 her, dessen Hauptabsatzchancen im Weihnachtsgeschäft liegen. Die Produktion von K_1 erfolgt auf einer Maschine M_1, deren Lebensdauer jeweils nur ein Jahr beträgt. Kurz vor dem Wiederbeschaffungszeitpunkt erwägt die Geschäftsleitung, an Stelle der Maschine M_1 für denselben Kapitaleinsatz die Maschine M_2 zu beschaffen, deren Lebensdauer ebenfalls ein Jahr beträgt und auf der ein Konsumgut K_2 hergestellt werden kann, dessen Hauptabsatzchancen auch im Weihnachtsgeschäft liegen. Der Artikel K_2 ist ein höherwertiges und entsprechend teureres Konsumgut.

Welcher Artikel in der nächsten Saison eine bessere Absatzlage haben wird, hängt entscheidend von Faktoren ab, wie zum Beispiel der Entwicklung des Zinssatzes für Kleinkredite, dem Verhalten der inländischen Konkurrenz, dem Verhalten der ausländischen Konkurrenz und des Wechselkurses und so weiter. Die wichtigsten Kombinationen dieser Faktoren führen zu den vier Umfeldzuständen z_1, z_2, z_3, z_4. Der Gewinn in Abhängigkeit von der Aktion (a_i = Entscheidung für Maschine M_i) und dem Zustand kann durch folgende Ergebnismatrix erfasst werden:

$$\begin{pmatrix} 150000 & 100000 & 0 & -100000 \\ -200000 & -100000 & 200000 & 400000 \end{pmatrix}$$

Unter Abwägung aller Umstände hält es die Geschäftsleitung für angemessen, ihren Kalkulationen folgende Wahrscheinlichkeiten für das Eintreten der Zustände zu Grunde zu legen:

$$P(z_1) = \tfrac{2}{10}, \quad P(z_2) = \tfrac{3}{10}, \quad P(z_3) = \tfrac{3}{10}, \quad P(z_4) = \tfrac{2}{10}.$$

Welche Aktion ist bei Verwendung

a) der speziellen μ-Regel: $\Phi(\mu) = 3\mu$,

b) der speziellen (μ,σ)-Regel: $\Phi(\mu,\sigma) = 1000\mu - \frac{1}{1000}(\mu^2+\sigma^2)$,

c) der speziellen (μ,λ)-Regel: $\Phi(\mu,\lambda) = \mu - 90000\lambda$, wobei λ die Verlustwahrscheinlichkeit bedeutet,

zu ergreifen?

Aufgabe 4.5

Ein Entscheidungsträger trifft seine Entscheidungen gemäß dem Bernoulli-Prinzip und gibt bei einer Befragung die folgenden Indifferenzbeziehungen an:

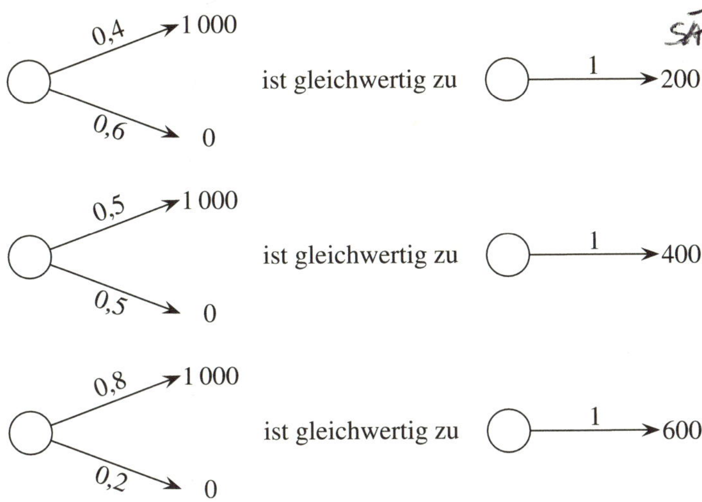

a) Normieren Sie die Risikonutzenfunktion u durch $u(0) = 0$ und $u(1\,000) = 1$ und berechnen Sie alle Funktionswerte, die durch obige Angaben festgelegt sind.

b) Ist der Entscheidungsträger risikoneutral?

Aufgabe 4.6

Die auf Endvermögenspositionen x (gemessen in 1 000 €) definierte Risikonutzenfunktion eines mittelständischen Unternehmers sei

$$u(x) = \begin{cases} x, & \text{falls} \quad x \leqq 500 \\ 250 + 0{,}5x, & \text{falls} \quad x > 500. \end{cases}$$

Das Anfangsvermögen betrage $v_0 = 1\,000\,000$ €. Sei ferner PR die Prämie für die Vollversicherung eines Schadens, der in der betrachteten Periode nur mit einer Wahrscheinlichkeit von 10 % eintritt. Im Schadensfall sind die Schadenshöhen folgendermaßen verteilt:

Schadenshöhe (in 1 000 €)	100	200	600
Wahrscheinlichkeit	40 %	40 %	20 %

Bei welcher Höhe der Prämie ist der Unternehmer indifferent zwischen dem Abschluss eines Versicherungsvertrages und dem Verzicht auf die Versicherung?

Aufgabe 4.7

Das Anfangsvermögen v_0, die Risikonutzenfunktion u sowie die Schadensverteilung seien wie in Aufgabe 4.6 spezifiziert. Die Prämie für die Vollversicherung sei nun mit 25 000 € festgesetzt. Ferner biete die Versicherungsgesellschaft eine Teilversicherung des Typs an:

> Selbstbehalt in Höhe von 100 000 € bei einer reduzierten Prämie in Höhe von 10 000 €.

Für welche der drei Aktionen

a_1: Verzicht auf Versicherung
a_2: Teilversicherung
a_3: Vollversicherung

sollte sich der Unternehmer entscheiden?

Aufgabe 4.8

Eine (gegenüber der Realität vereinfachte) Staatliche Lotterie bietet Lose zu einem Stückpreis von 100 € an. Mit der Wahrscheinlichkeit 10^{-8} gewinnt ein derartiges Los 1 Mio. €; mit der Wahrscheinlichkeit $1 - 10^{-8}$ geht der Losbesitzer leer aus.

a) Wird sich eine Person (mit einem Los) an der Lotterie beteiligen, wenn ihre Risikonutzenfunktion durch

$$u_1(x) = 375x + 488 \qquad \text{beziehungsweise} \qquad u_2(x) = (x + 100)^2$$

gegeben ist? Dabei ist als x der Gewinn abzüglich des Einsatzes zu verwenden.

b) Berechnen Sie das jeweilige Arrow-Pratt-Maß $r_1(x)$ bzw. $r_2(x)$.

c) Die Lotteriegesellschaft erwägt, die Nachfrage dadurch zu beleben, dass der Gewinn (auf $2 \cdot 10^6$) verdoppelt wird, die Gewinnwahrscheinlichkeit jedoch gleichzeitig halbiert wird. Ist diese Maßnahme (bei Zugrundelegung obiger $u_1(x)$ beziehungsweise $u_2(x)$) erfolgreich?

Aufgabe 4.9

Die Varianz behandelt Unter- und Überschreitungen (des Erwartungswertes) in symmetrischer Weise. Zur besseren Übereinstimmung von Alltagssprachgebrauch und theoretischem Konstrukt wurde deshalb die Semivarianz vorgeschlagen. Dabei kann der Erwartungswert oder auch ein anderer besonders relevanter Bezugspunkt c zur Definition der Unterschreitungen dienen. Bei risikobehafteten Renditen wird c oft als risikofreie Rendite gewählt. Die Definition der Semivarianz SV von X bezüglich des Referenzpunkts c ist wie folgt:

$$SV = \mathrm{E}h(X) \quad \text{mit} \quad h(x) = \begin{cases} (x-c)^2, & \text{für} \quad c \leqq x \\ 0, & \text{für} \quad c > x \end{cases}$$

a) Welche Konsequenzen ergeben sich aus der gleichzeitigen Gültigkeit des Bernoulli-Prinzips und des (μ, SV)-Prinzips?

b) Skizzieren Sie die im Fall der Kompatibilität resultierende Indifferenzkurvenschar und die Nutzenfunktion u.

Aufgabe 4.10

Die Value at Risk-Diskussion hat das Interesse an „ausfallorientierten Risikomaßen", wie etwa der Verlustwahrscheinlichkeit, stimuliert. Ist nicht nur das Auftreten eines Verlustes, sondern auch sein Ausmaß relevant, so ist die Verwendung des erwarteten Verlustes $\bar{v}$ nahe liegend. Es werde deshalb das $(\mu, \bar{v})$-Prinzip betrachtet, wobei μ wie üblich den Erwartungswert der zu beurteilenden Zufallsvariablen bedeutet. Weiterhin werde Normalverhalten unterstellt, das heißt je größer μ und je kleiner $\bar{v}$, desto besser.

a) Welche Konsequenzen folgen aus der gleichzeitigen Gültigkeit des Bernoulli-Prinzips und des $(\mu, \bar{v})$-Prinzips? Skizzieren Sie die Indifferenzkurvenschar und die Risikonutzenfunktion u.

b) Was lässt sich im Falle der Kompatibilität über den Vergleich von $\mathrm{E}(X)$ mit dem Sicherheitsäquivalent s aussagen, wenn X die Eigenschaften hat:

Fall 1: $P(X > 0) = 1$
Fall 2: $P(X < 0) = 1$
Fall 3: $P(X < 0) > 0$ und $P(X > 0) > 0$

Aufgabe 4.11

Zwei Investitions-Alternativen führen zu den risikobehafteten Ergebnissen X und Y, wobei $X \succ_{\text{FSD}} Y$ gelte; das heißt X dominiert Y stochastisch vom Grade 1. Bei X und Y handelt es sich allerdings um Vorsteuer-Ergebnisse. Prüfen Sie nach, ob die FSD-Relation auch für die Nachsteuer-Ergebnisse gültig bleibt. Dabei werde ein Proportionaltarif mit vollem Verlustausgleich unterstellt. Letzteres bedeute, dass für den Steuersatz s das Nachsteuer-Ergebnis sowohl für positive wie negative Vorsteuer-Ergebnisse x gemäß $(1-s)x$ berechnet wird.

Aufgabe 4.12

In der Fragestellung von Aufgabe 4.11 werde an Stelle des Proportionaltarifs $t(x) = s \cdot x$ ein allgemeiner Steuertarif $t(x)$ betrachtet, der nicht demotivierend ist, das heißt die Eigenschaft besitzt:

> Das Nachsteuer-Einkommen $n(x) = x - t(x)$ ist eine streng monoton steigende Funktion des Vorsteuer-Einkommens x.

Wiederum werde ein voller Verlustausgleich (das heißt die Gültigkeit von $n(x)$ auch für negative x) unterstellt.

Trifft die Dominanz-Beziehung $X \succ_{\text{FSD}} Y$ der Vorsteuer-Ergebnisse nun ebenfalls für die Nachsteuer-Ergebnisse zu? Kann man umgekehrt auch aus der FSD-Beziehung zwischen den Nachsteuer-Einkommen auf die FSD-Beziehung zwischen den Vorsteuer-Einkommen schließen?

Aufgabe 4.13

Wie in den Aufgaben 4.11 und 4.12 ist wieder ein Vor- und Nachsteuer-Vergleich durchzuführen. Der Steuertarif $t(x)$ sehe vollen Verlustausgleich vor, sei differenzierbar und progressiv ($t''(x) > 0$); der Grenzsteuersatz $t'(x)$ sei positiv und stets kleiner als 1. Im Vorsteuervergleich dominiere X die Alternative Y stochastisch vom Grade 2. Bleibt diese SSD-Relation auch beim Nachsteuer-Vergleich bestehen?

Aufgabe 4.14

Die Rendite X einer Aktie sei zwischen 0 % und 20 % gleichverteilt. Investiert man also 1 Geldeinheit in die Aktie, so ist der Wert am Periodenende gleichverteilt zwischen 1 und 1,2. Ferner existiere eine risikolose Anlagemöglichkeit von $r = 5\,\%$. Bildet man aus beiden Anlagemöglichkeiten ein Portfolio mit dem Aktienanteil $a \in (0;1)$, so ist die Portfoliorendite bekanntlich

$$X_a = aX + (1-a)\,r.$$

Anlageberater Dreist behauptet, dass es ein Portfolio gibt, das von allen Anlegern besser als die reine Aktienanlage beurteilt wird. Er präzisiert diese Aussage so: Es existiert ein geeigneter Anteil a, so dass

$$X_a \succ_{\text{FSD}} X$$

gilt. Suchen Sie diesen Anteil a oder begründen Sie, dass er nicht existieren kann.

Aufgabe 4.15

Ein (positives) Anfangsvermögen von v_0 führt bei den Investitionsalternativen a beziehungsweise b zu den (positiven) Endvermögen V_a beziehungsweise V_b, wobei V_a bezüglich FSD gegenüber V_b präferiert wird: $V_a \succ_{\text{FSD}} V_b$.

a) Herr Müller hat eine Banklehre absolviert, rechnet deshalb lieber mit Renditen als mit Endvermögen und behauptet, dass für die zugehörigen Renditen X_a und X_b ebenfalls eine derartige Beziehung zutrifft.

b) Diplom-Kaufmann Klug ist sogar mit stetigen Renditen vertraut und behauptet, dass für die zugehörigen stetigen Renditen R_a beziehungsweise R_b ebenfalls

$$R_a \succ_{\text{FSD}} R_b$$

gilt.

Welcher der beiden Fachleute hat recht?

Aufgabe 4.16*

Mit dem gleichen Kapitaleinsatz kann eine Bank entweder das Portfolio a oder das Portfolio b aufbauen, wobei die Differenz X_a beziehungsweise X_b zwischen dem Portfoliowert am Ende der Halteperiode und dem Kapitaleinsatz folgendermaßen verteilt sei:

	Realisation von X_a bzw. X_b (in Mio. €)							
	−5	−4	−3	−2	−1	0	3	4
Wahrscheinlichkeit (in %) bei a	0,5	1	1,5	1,5	3	22,5	40	30
Wahrscheinlichkeit (in %) bei b	1	0,5	1	2	3	22,5	40	30

Die Existenz der negativen (und nur mit kleinen Wahrscheinlichkeiten vorkommenden) Werte signalisiert infolgedessen Verluste. Es lässt sich nachweisen (wird aber nicht verlangt), dass a stets gegenüber b präferiert wird, gleichgültig wie die (positive) Risikoaversion beschaffen ist. Es gilt nämlich

$$X_a \succ_{\text{SSD}} X_b.$$

In diesem Sinne ist Portfolio a weniger riskant als b. Beim Value at Risk-Ansatz wird eine kleine Wahrscheinlichkeit α vorgegeben und der minimale Verlust ($= \text{VaR}(\alpha)$) gesucht, der höchstens mit Wahrscheinlichkeit α überschritten wird.

a) Berechnen Sie für die Portfolios a und b jeweils den $\text{VaR}(\alpha)$ für $\alpha =$

$$0{,}5\,\%; \quad 1\,\%; \quad 1{,}5\,\%; \quad 2{,}75\,\%.$$

b) Das Eigenkapital der Bank erlaube auf Grund von Restriktionen der Regulierungsbehörde nur Positionen mit einem VaR von höchstens 2,4. Nehmen Sie unter Verwendung der Ergebnisse aus a) Stellung zu der These, dass VaR-Restriktionen dazu führen können, dass die Bank eine ineffiziente Aktion wählen muss.

Aufgabe 4.17

Eine Factoring-Bank bietet ihre Dienste an: „Kaum ist Ihre Ware unterwegs, verwandeln sich Ihre Forderungen in Liquidität. Für jede gekaufte Forderung tragen wir das Ausfallrisiko zu 100 %."

Unternehmer Schulz geht auf Grund seiner Erfahrung davon aus, dass eine Forderung über 1 Mio. € mit einer Wahrscheinlichkeit von 85 % vom Abnehmer problemlos beglichen wird und dass ein Totalausfall nur mit einer Wahrscheinlichkeit von 5 % zu erwarten ist. Mit der Wahrscheinlichkeit von 10 % kommt es zu Zahlungsverzögerungen und sonstigen Transaktionskosten, was den Wert der schließlich eingehenden Zahlung auf 800 000 € reduziert. Es sei ferner angenommen, dass die Factoring-Bank für die Inanspruchnahme ihrer Dienste 10 % der Forderung verlangt.

a) Soll Schulz die Factoring-Bank einschalten, wenn er risikoneutral ist?

b) Sei X die risikobehaftete Rückzahlung im Falle des Verzichts auf die Dienste der Factoring-Bank. Bestimmen Sie das Sicherheitsäquivalent s von X für den Fall, dass Unternehmer Schulz sich an der Risikonutzenfunktion

$$u(x) = \ln(100000 + x)$$

orientiert. Wie fällt nun die Entscheidung bezüglich des Forderungsverkaufs an die Factoring-Bank aus?

Aufgabe 4.18

Die Top-Manager der Vola AG können zwischen einem ergebnisabhängigen und damit risikobehafteten Brutto-Jahreseinkommen und einer Fixentlohnung wählen. Sei $t(x)$ die Steuerschuld, die bei einem Brutto-Jahreseinkommen (= zu versteuerndem Einkommen) x fällig ist. Der Steuertarif sei progressiv, das heißt der Grenzsteuersatz $t'(x)$ ist streng monoton wachsend und kleiner als 1. Bezüglich Nettoeinkommen sei Manager Spitz risikoneutral. Für ihn seien das Bruttoeinkommen X und die Fixentlohnung s gleichwertig. Klären Sie die Frage, ob

$$s = \mathrm{E}(X), \quad s < \mathrm{E}(X) \quad \text{oder} \quad s > \mathrm{E}(X)$$

gilt.

Aufgabe 4.19

Investorin Reich hat ein Anfangsvermögen v_0 und kann sowohl risikolos investieren (zum Zinssatz i) als auch risikobehaftet investieren (zur stochastischen Rendite R). Beide Anlageformen können beliebig kombiniert werden. Frau Reich besitze eine konstante Risikoaversion $\alpha > 0$ für Endvermögen. Die risikobehaftete Rendite R sei normalverteilt mit

$$\mathrm{E}(R) = \mu > i \quad \text{und} \quad \mathrm{Var}(R) = \sigma^2.$$

a) Berechnen Sie den Geldbetrag x, den Frau Reich risikobehaftet investieren soll.

b) Diskutieren Sie die Abhängigkeit des optimalen x von den gegebenen Problemgrößen μ, i, σ^2, α, v_0.

Aufgabe 4.20*

Mit dem gleichen Kapitaleinsatz von 50 Mio. € kann zum Zeitpunkt $t = 0$ genau eines der drei verschiedenen Investitionsprojekte a, b, c initiiert werden. Die Einzahlungsüberschüsse zu den Zeitpunkten $t = 1$ und $t = 2$ (= Planungshorizont) sind in unterschiedlichem Maße risikobehaftet und werden so bezeichnet:

bei a: X_1 und X_2
bei b: Y_1 und Y_2
bei c: Z_1 und Z_2.

Die Investitions-Experten Klein und Groß müssen im Auftrag des Vorstands eine „Hitparade" der Investitionsprojekte aufstellen. Beide Experten kennen sich mit dem Kapitalwert bei sicheren Zahlungsströmen aus, haben die gleiche konstante Risikoaversion α und verwenden denselben Diskontfaktor $q = 1{,}1$. Experte Klein ermittelt seine Bewertungsziffer in der Weise, dass er zuerst den Kapitalwert (als Zufallsvariable) berechnet und dann hiervon das Sicherheitsäquivalent. Experte Groß berechnet periodenweise das Sicherheitsäquivalent und bildet hieraus den Kapitalwert. Prüfen Sie nach, ob beide Experten zu derselben Rangfolge kommen, wenn von folgenden Daten ausgegangen wird:

- X_1 und X_2 seien normalverteilt mit der Eigenschaft, dass stets $X_1 = X_2$ gilt (das heißt sie sind insbesondere perfekt positiv korreliert), wobei

$$\mathrm{E}(X_i) = 35 \text{ (Mio. €)}, \qquad \mathrm{Var}(X_i) = \sigma_x^2.$$

- Y_1 und Y_2 seien normalverteilt und stochastisch unabhängig mit

$$\mathrm{E}(Y_i) = 40 \text{ (Mio. €)}, \qquad \mathrm{Var}(Y_i) = \sigma_y^2.$$

- Z_1 und Z_2 seien sichere Einzahlungsüberschüsse von jeweils 33,5 (Mio. €).

Ferner seien σ_x und σ_y so gewählt, dass $\frac{\alpha}{2}\,\sigma_x^2 = 1$ und $\frac{\alpha}{2}\,\sigma_y^2 = 7$ gilt.

Lösungen zu Kapitel 4

Lösung zu Aufgabe 4.1

Es gilt $\mathrm{E}(X) = 1\,000\,000 = \hat{x}$.

a) Für den Geschäftsführer ist nur das erwartete Jahresgehalt $\mathrm{E}(Y)$ maßgeblich. Wegen $\mathrm{E}(Y) = 200\,000 + \frac{p}{100}\,[\mathrm{E}(X) - \hat{x}] = 200\,000$ für jedes p sind alle Prozentsätze p gleichwertig.

b) Nun orientiert sich der Geschäftsführer am Nutzenerwartungswert

$$\mathrm{E}\ln(Y) = \tfrac{1}{4}\ln(200\,000 - 500\,p) + \tfrac{1}{2}\ln(200\,000) + \tfrac{1}{4}\ln(200\,000 + 500\,p).$$

Die Ableitung nach p ist

$$\frac{500}{4}\left(\frac{1}{200\,000 + 500\,p} - \frac{1}{200\,000 - 500\,p}\right).$$

Sie wird null für $p = 0$ und ist für $0 < p \leqq 100$ stets negativ. Folglich liegt für $p = 0$ ein (Rand-)Maximum vor. Der Geschäftsführer präferiert das Fixgehalt von 200 000.

c) Weil sich für $p = 0$ das sichere Gehalt 200 000 ergibt, ist auch das Sicherheitsäquivalent gleich 200 000. Für $p > 0$ ist das Jahresgehalt Y dagegen risikobehaftet und hat ein Sicherheitsäquvalent s, das kleiner als der Erwartungswert $\mathrm{E}(Y) = 200\,000$ ist. Da man Aktionen ebenso gut mittels ihrer Sicherheitsäquivalente wie mittels ihrer Nutzenerwartungswerte vergleichen kann, muss $p = 0$ (das heißt das Fixgehalt) für jeden beliebigen risikoaversen Geschäftsführer optimal sein.

Lösung zu Aufgabe 4.2

a) Es ist

$$\begin{aligned}
\mathrm{E}(X) &= 0{,}1\cdot(-0{,}9) + 0{,}9\cdot 0{,}3 = 0{,}18\\
\mathrm{E}(Y) &= 0{,}4\cdot(-0{,}4) + 0{,}6\cdot 0{,}5 = 0{,}14\\
\mathrm{Var}(X) &= \mathrm{E}(X^2) - (\mathrm{E}X)^2 = 0{,}81\cdot 0{,}1 + 0{,}09\cdot 0{,}9 - (0{,}18)^2 = 0{,}1296\\
\mathrm{Var}(Y) &= \mathrm{E}(Y^2) - (\mathrm{E}Y)^2 = 0{,}16\cdot 0{,}4 + 0{,}25\cdot 0{,}6 - (0{,}14)^2 = 0{,}1944.
\end{aligned}$$

Verglichen mit Y hat die Rendite X sowohl einen höheren „Ertrag“ als auch ein geringeres „Risiko“.

b) Die Nutzenerwartungswerte sind

$$\begin{aligned}
\mathrm{E}u(X) &= \mathrm{E}\ln(1+X) = 0{,}1\cdot\ln 0{,}1 + 0{,}9\cdot\ln 1{,}3 = 0{,}00587\\
\mathrm{E}u(Y) &= \mathrm{E}\ln(1+Y) = 0{,}4\cdot\ln 0{,}6 + 0{,}6\cdot\ln 1{,}5 = 0{,}03895.
\end{aligned}$$

Die bezüglich des (μ,σ)-Kriteriums ineffiziente Rendite Y besitzt den größeren Nutzenerwartungswert. Da die Risikonutzenfunktion $u(x) = \ln(1+x)$ konkav ist, gibt es demnach risikoaverse Investoren, die die (scheinbar) ineffiziente Rendite Y gegenüber X präferieren. Das „Weltbild“ von Herrn Clever ist demnach ergänzungsbedürftig.

Bemerkung zu Aufgabe 4.2

Für normalverteilte Renditen X, Y ist Clevers Weltbild allerdings korrekt.

Lösung zu Aufgabe 4.3

a) Wegen der Gleichheit der Nutzenerwartungswerte

$$\mathrm{E}\,u(V) = \mathrm{E}\,u(v_0 e^X) = \mathrm{E}\,\tilde{u}(X)$$

lautet die auf stetige Renditen x bezogene Risikonutzenfunktion

$$\tilde{u}(x) = u(v_0 e^x).$$

Die Ableitungen

$$\begin{aligned} \tilde{u}'(x) &= u'(v_0 e^x) \cdot v_0 e^x \\ \tilde{u}''(x) &= u''(v_0 e^x)(v_0 e^x)^2 + u'(v_0 e^x) \cdot v_0 e^x \end{aligned}$$

ergeben den gesuchten Zusammenhang der Arrow-Pratt-Maße

$$\tilde{r}(x) = -\frac{\tilde{u}''(x)}{\tilde{u}'(x)} = r(v_0 e^x) \cdot v_0 e^x - 1.$$

b) Speziell für $u(v) = v$ erhält man wegen $r(v) = 0$ das Arrow-Pratt-Maß $\tilde{r}(x) = -1$ und damit eine Risikofreude (obwohl u Risikoneutralität beinhaltet). Speziell für $u(v) = \ln v$ erhält man dagegen (wegen $r(x) = \frac{1}{x}$)

$$\tilde{r}(x) = \frac{v_0 e^x}{v_0 e^x} - 1 = 0.$$

Hier korrespondiert die Risikoaversion bezüglich Endvermögen mit einer Risikoneutralität bezüglich der stetigen Rendite. Letzteres sieht man beispielsweise auch so:

$$\mathrm{E}\,u(V) = \mathrm{E}\ln(V) = \mathrm{E}\ln(v_0 e^X) = \ln v_0 + \mathrm{E}\ln(e^X) = \ln v_0 + \mathrm{E}X;$$

der Nutzenerwartungswert $\mathrm{E}\,u(V)$ wird durch den Erwartungswert $\mathrm{E}X$ der stetigen Rendite bestimmt (bis auf den irrelevanten Summanden $\ln v_0$).

Lösung zu Aufgabe 4.4

a) Wegen der alleinigen Orientierung am Erwartungswert liegt Risikoneutralität vor. Die Aktion a_1 hat ein risikobehaftetes Ergebnis X zur Folge, dessen 4 Realisationen aus der ersten Zeile der Ergebnismatrix zu entnehmen sind. Der Erwartungswert ist

$$\mathrm{E}(X) = \tfrac{2}{10} \cdot 150000 + \tfrac{3}{10} \cdot 100000 + \tfrac{3}{10} \cdot 0 + \tfrac{2}{10} \cdot (-100000) = 40000.$$

Analog ermittelt man für das mit a_2 korrespondierende Ergebnis Y den Erwartungswert

$$\mathrm{E}(Y) = 70\,000.$$

Demnach ist a_2 zu präferieren.

b) Wir berechnen zunächst für X die Hilfsgröße

$$\begin{aligned}\mu^2+\sigma^2 &= \mathrm{E}(X^2)\\ &= \tfrac{2}{10}\cdot 150\,000^2+\tfrac{3}{10}\cdot 100\,000^2+\tfrac{3}{10}\cdot 0+\tfrac{2}{10}\cdot(-100.000)^2\\ &= 9{,}5\cdot 10^9\end{aligned}$$

Analog berechnet man für Y:

$$\mu^2+\sigma^2 = \mathrm{E}(Y^2) = 5{,}5\cdot 10^{10}.$$

Damit sind die Bewertungsziffern $\Phi(\mu,\sigma)$ ermittelbar. Man erhält

$$\begin{aligned}&\text{für } X: &\Phi(\mu,\sigma) &= 4\cdot 10^7 - 9{,}5\cdot 10^6 = 3{,}05\cdot 10^7\\ &\text{für } Y: &\Phi(\mu,\sigma) &= 7\cdot 10^7 - 5{,}5\cdot 10^7 = \ \ 1{,}5\cdot 10^7\end{aligned}$$

Infolgedessen ist die Aktion a_1 zu präferieren.

c) Für X beträgt die Verlustwahrscheinlichkeit

$$\lambda = P(X<0) = P(z_4) = 0{,}2$$

und für Y

$$\lambda = P(Y<0) = P(z_1)+P(z_2) = 0{,}5.$$

Damit ist

$$\Phi(\mu,\lambda) = 40\,000 - 90\,000\cdot 0{,}2 = 22\,000$$

die Bewertungsziffer bezüglich X und

$$\Phi(\mu,\lambda) = 70\,000 - 90\,000\cdot 0{,}5 = 25\,000$$

diejenige von Y. Nun ist wiederum die Aktion a_2 zu präferieren.

Lösung zu Aufgabe 4.5

a) Es ist

$$\begin{aligned}u(200) &= 0{,}4\cdot u(1\,000)+0{,}6\cdot u(0) = 0{,}4\\ u(400) &= 0{,}5\cdot u(1\,000)+0{,}5\cdot u(0) = 0{,}5\\ u(600) &= 0{,}8\cdot u(1\,000)+0{,}2\cdot u(0) = 0{,}8.\end{aligned}$$

Mit den per Normierung festgelegten Werten sind damit 5 Funktionswerte von u bekannt.

b) Er kann nicht risikoneutral sein, da die Sicherheitsäquivalente (200,400, 600) jeweils kleiner als der entsprechende Ergebniserwartungswert sind.

Lösung zu Aufgabe 4.6

Bei Verzicht auf eine Versicherung beträgt das Endvermögen $V = 1\,000 - S$, wobei S folgendermaßen verteilt ist

Realisation von S (in 1 000 €)	0	100	200	600
Wahrscheinlichkeit	90 %	4 %	4 %	2 %

Der Nutzenerwartungswert ist

$$\begin{aligned} \mathrm{E}u(1\,000 - S) &= 0{,}90 \cdot u(1\,000) + 0{,}04 \cdot u(900) + 0{,}04 \cdot u(800) + 0{,}02 \cdot u(400) \\ &= 0{,}90 \cdot 750 + 0{,}04 \cdot 700 + 0{,}04 \cdot 650 + 0{,}02 \cdot 400 = 737. \end{aligned}$$

Beim Abschluss der Vollversicherung gilt für das Endvermögen dagegen $V = 1\,000 - PR$ und folglich für den Nutzenerwartungswert $u(1\,000 - PR)$. Indifferenz tritt ein, wenn beide Nutzenerwartungswerte gleich sind:

$$u(1\,000 - PR) = 737$$

Die Auswertung dieser Gleichung erfordert eine Klärung, ob in den oberen oder unteren Zweig der stückweise definierten Funktion u eingesetzt werden muss. Da der im oberen Zweig maximal erreichbare Nutzenwert gleich 500 (< 737) ist, muss in den unteren Zweig eingesetzt werden. Hieraus ergibt sich die Gleichung

$$u(1\,000 - PR) = 250 + 0{,}5\,(1\,000 - PR) \stackrel{!}{=} 737$$

ergibt, aus der $PR = 26$ resultiert. Damit erhält man das Ergebnis: Indifferenz tritt bei einer Versicherungsprämie von $PR = 26\,000$ € ein.

Lösung zu Aufgabe 4.7

Bei a_1 resultiert (wie in der Lösung von 4.6 ausgeführt) ein Nutzenerwartungswert von 737. Bei a_2 kann das Endvermögen V nur zwei Werte annehmen, nämlich

$$P(V = 990) = 0{,}90 \quad \text{und} \quad P(V = 890) = 0{,}10.$$

Der Nutzenerwartungswert ist

$$\mathrm{E}u(V) = 0{,}90\,(250 + 0{,}5 \cdot 990) + 0{,}10\,(250 + 0{,}5 \cdot 890) = 740.$$

Bei a_3 ist das Endvermögen sicher gleich 975 (T €) und der Nutzen(erwartungs)wert $u(975) = 250 + 0{,}5 \cdot 975 = 737{,}5$. Demnach sollte sich der Unternehmer für die Teilversicherung entscheiden.

Lösung zu Aufgabe 4.8

a) Bei Nichtbeteiligung ist wegen $x = 0$ der Nutzen(erwartungs)wert durch $u(0)$ gegeben.

Für $u_1(x)$ ist $u_1(0) = 488$. Der Nutzenerwartungswert bei Beteiligung ist

$$\mathrm{E}u_1(\text{Gewinn} - 100) = 375\,(10^{-8} \cdot 10^6 - 100) + 488 = -37\,008{,}25.$$

Ein Loskauf ist deshalb nicht zu empfehlen.

Für $u_2(x)$ ist $u_2(0) = 10\,000$. Nun erhält man

$$\begin{aligned}\mathrm{E}u_2(\text{Gewinn} - 100) &= 10^{-8} \cdot u_2(10^6 - 100) + (1 - 10^{-8}) \cdot u_2(-100)\\ &= 10^{-8} \cdot 10^{12} + (1 - 10^{-8}) \cdot 0 = 10\,000\end{aligned}$$

und damit eine Gleichwertigkeit von Loskauf und Nichtbeteiligung.

b) Die Arrow-Pratt-Maße sind

$$r_1(x) = 0, \quad \text{da} \quad u_1''(x) = 0.$$

Es liegt Risikoneutralität vor. Dies erklärt auch, weshalb das Los mit einem Gewinnerwartungswert ($= 0{,}01$), der kleiner als der Einsatz ist, nicht gekauft werden sollte.

Für $u_2(x)$ errechnet man

$$u_2'(x) = 2\,(x + 100) \quad \text{und} \quad u_2''(x) = 2,$$

woraus man

$$r_2(x) = -\frac{2}{2\,(x+100)} = -\frac{1}{x+100} \qquad (< 0:\ \text{Risikofreude liegt vor})$$

erhält.

c) Der Gewinnerwartungswert bleibt gleich. Deshalb ist bezüglich $u_1(x)$ nach wie vor die Nichtbeteiligung optimal.

Bezüglich $u_2(x)$ errechnet man den mit $u_2(0) = 10\,000$ zu vergleichenden Nutzenerwartungswert

$$\begin{aligned}\mathrm{E}u_2(\text{Gewinn} - 100) &= \tfrac{1}{2} \cdot 10^{-8} \cdot 4 \cdot 10^{12} + (1 - \tfrac{1}{2} \cdot 10^{-8}) \cdot 0\\ &= 20\,000.\end{aligned}$$

Für risikofreudige Personen des Typs $u_2(x)$ steigert die Maßnahme der Lotteriegesellschaft die Nachfrage.

Lösung zu Aufgabe 4.9

a) Auf Grund des einschlägigen Satzes (zum Beispiel Bamberg / Coenenberg 2002, Kapitel 4, wobei $b_0 = 0$ gesetzt wurde) gilt:

$$\Phi(X) = \mathrm{E}u(X) = b_1 \cdot \mu + b_2 \cdot SV.$$

Das heißt, die Parameter μ, SV des klassischen Prinzips dürfen nur linear kombiniert werden. Dabei gelten bei Normalverhalten (je mehr, desto besser, Aversion gegenüber dem Risiko) folgende Vorzeichen

$$b_1 > 0, \quad b_2 < 0.$$

Die Risikonutzenfunktion $u(x)$ ist eine entsprechende Linearkombination der Funktionen, die μ und SV als Erwartungswerte darstellen:

$$u(x) = \begin{cases} b_1 \cdot x + b_2 \cdot (x-c)^2, & \text{für} \quad x \leqq c \\ b_1 \cdot x, & \text{für} \quad x > c. \end{cases}$$

b)

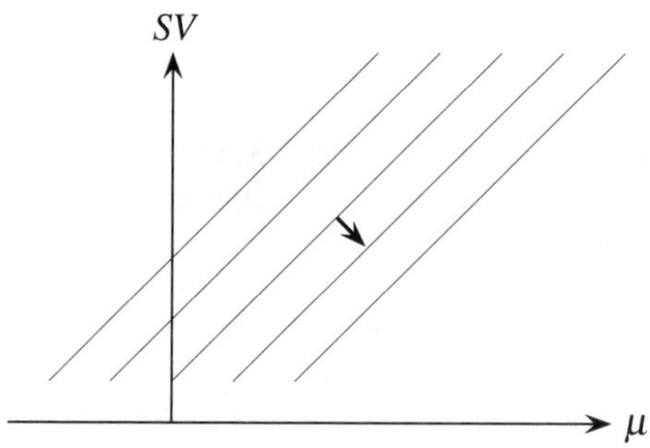

Indifferenzkurvenschar. Der Pfeil zeigt in Richtung aufsteigender Präferenz.

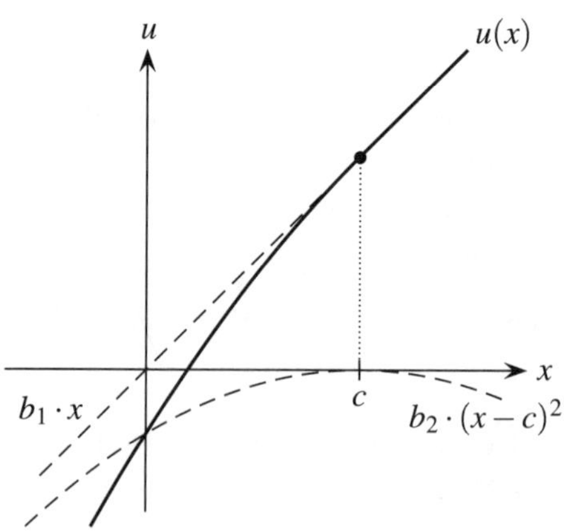

Das zugehörige konkave $u(x)$.

Lösung zu Aufgabe 4.10

a) Die Parameter μ und $\bar{v}$ lassen sich als Erwartungswerte darstellen,

$$\mu = \mathrm{E}h_1(X), \quad \bar{v} = \mathrm{E}h_2(X),$$

wobei die Parameter erzeugenden Funktionen durch

$$h_1(x) = x, \quad h_2(x) = \begin{cases} -x, & \text{falls} \quad x \leqq 0 \\ 0, & \text{sonst} \end{cases}$$

bestimmt sind. Deshalb darf das Gütemaß $\Phi(\mu, \bar{v})$ nur linear sein und u nur eine entsprechende Linearkombination von $h_1(x)$ und $h_2(x)$:

$$\Phi(\mu, \bar{v}) = b_1 \cdot \mu + b_2 \cdot \bar{v} \quad \text{mit} \quad b_1 > 0 \quad \text{und} \quad b_2 < 0$$

$$u(x) = b_1 \cdot x + b_2 \cdot h_2(x) = \begin{cases} (b_1 - b_2)x, & \text{für} \quad x \leqq 0 \\ b_1 x, & \text{für} \quad x > 0 \end{cases}$$

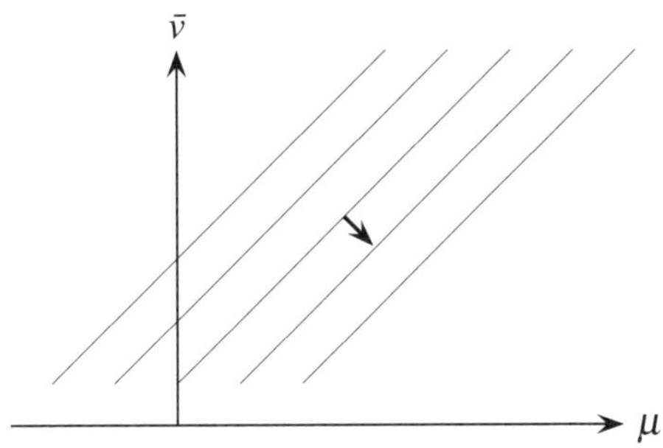

Die Indifferenzkurven sind parallele Geraden. Der Pfeil zeigt in Richtung aufsteigender Präferenz.

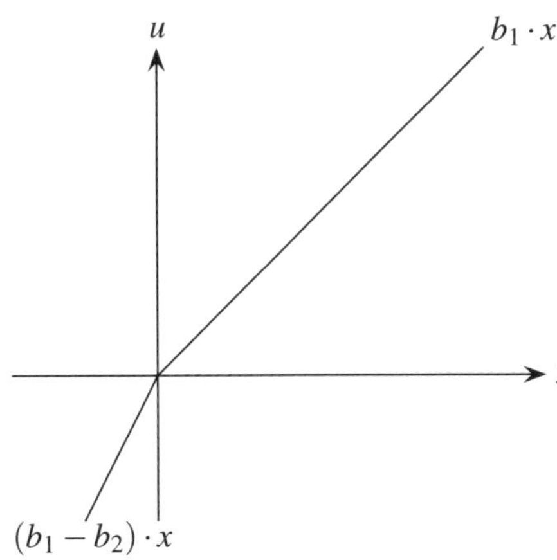

Das zugehörige stückweise lineare $u(x)$.

b) In den Fällen 1 und 2 liegen die Werte von X ganz in *einem* geradlinigen Teil von $u(x)$. Deshalb gilt hier $s = \mathrm{E}(X)$. Im Fall 3 gilt dagegen $s < \mathrm{E}(X)$, da die Risikonutzenfunktion u „über den Nullpunkt hinweg" konkav ist und damit Risikoaversion beinhaltet.

Lösung zu Aufgabe 4.11

Bezeichnen F und G die zu X und Y gehörenden Verteilungsfunktionen, so gilt wegen $X \succ_{\text{FSD}} Y$:

$$\begin{array}{llll} F(x) & \leqq G(x) & \text{für alle} & x \in \mathbb{R} \quad \text{und} \\ F(x_0) & < G(x_0) & \text{für mindestens ein} & x_0 \in \mathbb{R}. \end{array}$$

Bezeichne ferner $s \in (0;1)$ den Steuersatz, so ist wegen des vollen Verlustausgleichs das Nachsteuer-Ergebnis durch $(1-s)X$ beziehungsweise $(1-s)Y$ gegeben. Für die zugehörigen Verteilungsfunktionen gilt:

$$P[(1-s)X \leqq x] = P(X \leqq \tfrac{x}{1-s}) = F(\tfrac{x}{1-s}) \leqq G(\tfrac{x}{1-s}) = P[(1-s)Y \leqq x]$$

für alle $x \in \mathbb{R}$, wobei für $x = x_0\,(1-s)$ eine strikte Ungleichung zwischen den Verteilungsfunktionswerten resultiert. Damit ist die stochastische Dominanz-Beziehung auch für die Nachsteuer-Ergebnisse nachgewiesen.

Lösung zu Aufgabe 4.12

Zwei gleichermaßen praktikable Lösungswege führen zur gesuchten Antwort. Zum einen kann wie in der Lösung von Aufgabe 4.11 ein Größenvergleich der Verteilungsfunktionen durchgeführt werden:

$$\begin{aligned} P[X - t(X) \leqq x] = P[n(X) \leqq x] &= P[X \leqq n^{-1}(x)] = F[n^{-1}(x)] \\ \leqq \quad G[n^{-1}(x)] &= P[Y \leqq n^{-1}(x)] = P[n(Y) \leqq x] \end{aligned}$$

Diese Gleichungs- und Ungleichungskette folgt aus der strengen Monotonie von $n(x)$ und aus $X \succ_{\text{FSD}} Y$. Aus letzerem folgt, dass für mindestens ein x auch die strikte Ungleichung und somit $n(X) \succ_{\text{FSD}} n(Y)$ Gültigkeit hat.

Zum anderen könnte man auch an der nutzentheoretischen Definition von $X \succ_{\text{FSD}} Y$ anknüpfen und damit die Gleichwertigkeit der Vorsteuer- und Nachsteuer-FSD-Beziehung transparent machen.

$$X \succ_{\text{FSD}} Y \quad \text{bedeutet, dass} \quad \mathrm{E}u(X) < \mathrm{E}u(Y) \quad \text{für alle} \quad u \in U_1 \quad \text{gilt,}$$

wobei U_1 die Klasse aller streng monoton wachsenden Nutzenfunktionen ist.

$$n(X) \succ_{\text{FSD}} n(Y)$$

bedeutet entsprechend, dass

$$\mathrm{E}u(n(X)) > \mathrm{E}u(n(Y)) \quad \text{für alle} \quad u \in U_1.$$

Weil die Schachtelung $v(x) = u(n(x))$ zweier streng monoton wachsender Funktionen ebenfalls streng monoton wachsend ist, gilt $\mathrm{E}v(X) > \mathrm{E}v(Y)$ für alle so erzeugten $v \in U_1$. Andererseits gilt für jedes $v \in U_1$, in dem man $u(x) = v(n^{-1}(x))$ bildet, die Darstellung $u(n(x)) = v(n^{-1}(n(x))) = v(x)$. Die Menge aller v-Funktionen ist demnach mit U_1 identisch. Somit ist geklärt:

> X dominiert Y gemäß FSD genau dann, wenn auch im Nachsteuer-Vergleich X die Alternative Y gemäß FSD dominiert.

Lösung zu Aufgabe 4.13

Annahmegemäß gilt $X \succ_{\text{SSD}} Y$, das heißt $\mathrm{E}u(X) > \mathrm{E}u(Y)$ für alle $u \in U_2$, wobei U_2 die Klasse aller streng monoton wachsenden und streng konkaven Nutzenfunktionen bedeutet. Um nachzuweisen, dass auch beim Nachsteuer-Vergleich dieselbe SSD-Relation gilt, muss nachgeprüft werden, ob

$$\mathrm{E}u(n(X)) > \mathrm{E}u(n(Y)) \quad \text{für alle} \quad u \in U_2$$

gilt. Dazu muss die geschachtelte Funktion $v(x) = u(n(x))$ untersucht werden. Falls sich ergibt, dass $v \in U_2$, überträgt sich die Vorsteuer-SSD-Beziehung auf die Nachsteuer-SSD-Beziehung. Es ist

$$v'(x) = u'(n(x))\,n'(x) = u'(n(x))(1 - t'(x)) > 0,$$

da sowohl $u' > 0$ als auch $t' < 1$ gelten.

Ferner ist

$$v''(x) = u''(n(x))(n'(x))^2 + u'(n(x))\,n''(x) < 0,$$

da $u'' < 0$ und $n''(x) = -t''(x) < 0$.

Damit gehört v ebenfalls zur Klasse U_2, womit die Vermutung

$$n(X) \succ_{\text{SSD}} n(Y)$$

in der Tat bestätigt wird.

Lösung zu Aufgabe 4.14

Die Verteilungsfunktion F von X ist im relevanten Wertebereich $0 \leqq x \leqq 0{,}2$ durch $F(x) = 5 \cdot x$ gegeben. Der Vergleich mit der Verteilungsfunktion F_a der Portfoliorendite liefert wegen

$$F_a(x) = P(aX + (1-a)\,r \leqq x) = P\big(X \leqq \tfrac{x-(1-a)\,r}{a}\big) = F\big(\tfrac{x-(1-a)\,r}{a}\big)$$
$$= 5 \cdot \tfrac{x-(1-a)\,r}{a}$$

das Ergebnis

$$F_a(x) \leqq F(x)$$

genau dann, wenn

$$\tfrac{x-(1-a)\,r}{a} \leqq x$$

gilt, beziehungsweise wenn $(1-a)\,x \leqq (1-a)\,r$ gilt.

Dies bedeutet, dass im Bereich $0 \leqq x < r$ die Ungleichung $F_a(x) < F(x)$ zutrifft, im Bereich $r < x \leqq 0{,}2$ jedoch die Ungleichung $F_a(x) > F(x)$. Im Punkt $x = r$ schneiden sich die beiden Verteilungsfunktionen. Damit ist die Behauptung von Herrn Dreist als falsch entlarvt.

Lösung zu Aufgabe 4.15

a) Die Renditen

$$X_i = \frac{V_i - v_0}{v_0} = \frac{V_i}{v_0} - 1 \quad \text{für} \quad i \in \{a;b\}$$

haben die Verteilungsfunktionen F_i, für deren Vergleich gilt:

$$F_a(x) = P\big(\tfrac{V_a}{v_0} - 1 \leqq x\big) = P(V_a \leqq v_0\,(1+x)) = F(v_0\,(1+x))$$
$$\leqq G(v_0\,(1+x)) = P\big(\tfrac{V_b}{v_0} - 1 \leqq x\big) = F_b(x),$$

wobei F die Verteilungsfunktion von V_a und G die Verteilungsfunktion von V_b bezeichnet. Das Ungleichheitszeichen resultiert aus

$$V_a \succ_{\text{FSD}} V_b,$$

wobei für mindestens ein x die strikte Ungleichung gilt. Damit ist die Behauptung von Herrn Müller zutreffend, dass er sich an der Rendite orientieren kann.

b) Definitionsgemäß berechnen sich die stetigen Renditen R_i gemäß

$$V_i = v_0 \cdot e^{R_i} \quad \text{beziehungsweise} \quad R_i = \ln \tfrac{V_i}{v_0} \quad \text{für} \quad i \in \{a;b\}.$$

Der Vergleich der Verteilungsfunktionen liefert

$$\begin{aligned} P(R_a \leqq x) = P\left(\ln \tfrac{V_a}{v_0} \leqq x\right) &= P(V_a \leqq v_0\, e^x) = F(v_0\, e^x) \\ \leqq \quad G(v_0\, e^x) \quad &= P(R_b \leqq x), \end{aligned}$$

und damit eine stets geltende Ungleichung, die für mindestens ein x strikt ist. Damit hat auch Diplom-Kaufmann Klug recht.

Lösung zu Aufgabe 4.16*

a) Wenn wir uns zunächst auf a und damit auf die Verteilung von X_a konzentrieren, so sieht man, dass ein Verlust von 5 nur mit Wahrscheinlichkeit 0 überschritten wird, ein Verlust von 4 jedoch mit der Wahrscheinlichkeit 0,5 %, und ein Verlust von 3 bereits mit 1,5 % Wahrscheinlichkeit. Also ist VaR(0,5 %) = 4. Ganz analog errechnet man die weiteren VaR(α)-Größen.

	α (in %)			
	0,5	1	1,5	2,75
VaR(α) für a	4	4	3	3
VaR(α) für b	5	4	3	2

b) Wird $\alpha = 0{,}5\,\%$ zu Grunde gelegt, so ist b risikoreicher als a, da b einen höheren VaR besitzt. Für $\alpha = 1\,\%$ und $1{,}5\,\%$ ist der VaR gleich. Bei Zugrundelegung von $\alpha = 2{,}75\,\%$ ist jedoch a gemäß dem VaR-Ranking als risikoreicher einzustufen. Die Restriktion VaR $\leqq 2{,}4$ führt dann zum Ausschluss der Alternative a, obwohl diese gemäß SSD von jedem Risikoaverter gegenüber b präferiert wird. Infolgedessen können (müssen jedoch nicht!) VaR-Restriktionen dazu führen, dass (bezüglich SSD) ineffiziente Aktionen ergriffen werden müssen.

Bemerkung zur Aufgabe 4.16*

Die im Teil b) aufgegriffene These wird mit dem gleichen Zahlenbeispiel von Guthoff et al. (1998) ausführlich diskutiert.

Lösung zu Aufgabe 4.17

a) Beim Verkauf der Forderung erhält Unternehmer Schulz 900 000 €. Dieser Betrag ist mit dem Rückzahlungs-Erwartungswert

$$0{,}85 \cdot 1\,000\,000 + 0{,}10 \cdot 800\,000 + 0{,}05 \cdot 0 = 930\,000$$

zu vergleichen. Die Factoring-Bank sollte demnach nicht eingeschaltet werden.

b) Das Sicherheitsäquivalent s bestimmt sich als Lösung der Gleichung

$$\begin{aligned}\ln(100000+s) &= 0{,}85\ln(1100000)+0{,}10\ln(900000)+0{,}05\ln(100000)\\ &= 13{,}77 \iff s = e^{13{,}77}-100\,000 = 855\,510\,€.\end{aligned}$$

Da bei Forderungsverkauf eine sichere Zahlung und damit das Sicherheitsäquivalent $s = 900\,000$ resultiert, sollte nun die Factoring-Bank eingeschaltet werden.

Lösung zu Aufgabe 4.18

Wegen der Risikoneutralität bezüglich Nettoeinkommen und wegen der Gleichwertigkeit X und s muss gelten

$$s - t(s) = \mathrm{E}[X - t(X)].$$

Offensichtlich hat die Risikoneutralität bezüglich Nettoeinkommen genau dieselbe Wirkung wie die Risikonutzenfunktion $u(x) = x - t(x)$ bezüglich Bruttoeinkommen. Obige Gleichung wird mit dieser induzierten Nutzenfunktion zu

$$u(s) = \mathrm{E}\,u(X).$$

Wenn sich herausstellt, dass $u(x)$ konkav ist, so ist geklärt, dass $s < \mathrm{E}(X)$ sein muss. Wegen

$$\begin{aligned}u'(x) &= 1 - t'(x) \quad (>0)\\ u''(x) &= -t''(x) \quad <0\end{aligned}$$

ist die Konkavität von $u(x)$ in der Tat zutreffend. Die gleichwertige Fixentlohnung s muss deshalb kleiner als die erwartete Bruttoentlohnung $\mathrm{E}(X)$ sein.

Lösung zu Aufgabe 4.19

a) Das Endvermögen $V(x)$ hängt vom risikobehaftet investierten Betrag x folgendermaßen ab:

$$V(x) = (v_0 - x) \cdot (1+i) + x \cdot (1+R) = v_0 \cdot (1+i) + x \cdot (R-i).$$

Erwartungswert und Varianz von $V(x)$ sind:

$$\begin{aligned} \mathrm{E}[V(x)] &= v_0\,(1+i) + x\,(\mu - i) \\ \mathrm{Var}[V(x)] &= x^2 \cdot \sigma^2. \end{aligned}$$

Da $V(x)$ als lineare Funktion einer normalverteilten Zufallsvariablen ebenfalls wieder normalverteilt ist, erhält man wegen der Konstanz der Risikoaversion α (vergleiche Bamberg / Coenenberg, 2002, S. 108) das Sicherheitsäquivalent

$$\begin{aligned} s(x) &= \mathrm{E}[V(x)] - \tfrac{\alpha}{2} \cdot \mathrm{Var}[V(x)] \\ &= v_0\,(1+i) + x\,(\mu - i) - \tfrac{\alpha}{2}\,x^2\,\sigma^2. \end{aligned}$$

Das Sicherheitsäquivalent $s(x)$ ist eine konkave Funktion von x, wie man aus

$$\begin{aligned} s'(x) &= \mu - i - \alpha\,x\,\sigma^2 \\ s''(x) &= -\alpha\,\sigma^2 < 0 \end{aligned}$$

erkennt. Die Maximalstelle x_* ergibt sich aus $s'(x_*) = 0$. Somit errechnet man den optimalen Geldbetrag gemäß

$$x_* = \frac{\mu - i}{\alpha\,\sigma^2}.$$

b) Der risikobehaftet zu investierende Geldbetrag x_* wächst mit steigender erwarteter Überrendite $\mu - i$. Da letztere als positiv vorausgesetzt wurde (sonst würde die risikobehaftete Anlagemöglichkeit leerverkauft), steigt x_* sobald die Risikoaversion α kleiner wird oder das Risiko σ^2 kleiner wird. Das Anfangsvermögen v_0 ist irrelevant (wie stets, wenn die Risikoaversion konstant ist).

Bemerkung zu Aufgabe 4.19

Die Aufgabe ist ein prototypisches Beispiel für den LEN-Ansatz. Dabei steht L für Linearität ($V(x)$ ist linear von R abhängig), E für exponentielle Risikonutzenfunktion (gleichbedeutend mit konstanter absoluter Risikoaversion), N für Normalverteilung. Bei LEN-Modellen ergibt sich eine einfach zu analysierende (μ, σ)-Welt, die zudem mit dem Bernoulli-Prinzip verträglich ist.

Für die gesuchten Größen (hier x_*) erhält man einfach auszuwertende quadratische Zielfunktionen und explizite Formeln. Dies alles erklärt die Beliebtheit des Ansatzes.

Lösung zu Aufgabe 4.20*

Bezeichnet $s(X)$ das Sicherheitsäquivalent von X, so berechnet Experte Klein beispielsweise für das Investitionsprojekt a die Güteziffer

$$\Phi_K(a) = s[-50 + \tfrac{1}{1{,}1} X_1 + \tfrac{1}{1{,}1^2} X_2],$$

wohingegen Experte Groß die Güteziffer

$$\Phi_G(a) = -50 + \tfrac{1}{1{,}1}\, s(X_1) + \tfrac{1}{1{,}1^2}\, s(X_2)$$

berechnet.

Da $X_1 = X_2$ gilt, ist der (stochastische) Kapitalwert

$$-50 + \tfrac{1}{1{,}1} X_1 + \tfrac{1}{1{,}1^2} X_2$$

normalverteilt mit dem Erwartungswert

$$-50 + (\tfrac{1}{1{,}1} + \tfrac{1}{1{,}1^2}) \cdot 35$$

und der Varianz

$$(\tfrac{1}{1{,}1} + \tfrac{1}{1{,}1^2})^2 \cdot \sigma_x^2.$$

Bildung des Sicherheitsäquivalents liefert die Güteziffer

$$\begin{aligned}\Phi_K(a) &= -50 + (\tfrac{1}{1{,}1} + \tfrac{1}{1{,}1^2}) \cdot 35 - \tfrac{\alpha}{2}\, \sigma_x^2\, (\tfrac{1}{1{,}1} + \tfrac{1}{1{,}1^2})^2 \\ &= 7{,}73, \quad \text{wobei} \quad \tfrac{\alpha}{2}\, \sigma_x^2 = 1 \quad \text{verwendet wurde.}\end{aligned}$$

Experte Groß errechnet

$$\Phi_G(a) = -50 + \tfrac{1}{1{,}1}\, (35 - \tfrac{\alpha}{2}\, \sigma_x^2) + \tfrac{1}{1{,}1^2}\, (35 - \tfrac{\alpha}{2}\, \sigma_x^2) = 9{,}01.$$

Bezüglich der Investitionsalternative b ist der (stochastische) Kapitalwert ebenfalls normalverteilt, wobei der Erwartungswert

$$-50 + (\tfrac{1}{1{,}1} + \tfrac{1}{1{,}1^2}) \cdot 40$$

und die Varianz

$$(\tfrac{1}{1{,}1^2} + \tfrac{1}{1{,}1^4}) \cdot \sigma_y^2$$

betragen. Damit errechnet Experte Klein

$$\begin{aligned}\Phi_K(b) &= -50 + (\tfrac{1}{1{,}1} + \tfrac{1}{1{,}1^2}) \cdot 40 - \tfrac{\alpha}{2}\,\sigma_y^2\,(\tfrac{1}{1{,}1^2} + \tfrac{1}{1{,}1^4}) \\ &= 8{,}86, \quad \text{wobei} \quad \tfrac{\alpha}{2}\,\sigma_y^2 = 7 \quad \text{verwendet wurde.}\end{aligned}$$

Experte Groß berechnet $\Phi_G(b) = 7{,}27$.

Bezüglich der sicheren Investition c berechnen beide Experten dieselbe Bewertungsziffer $-50 + 33{,}5 \cdot (\tfrac{1}{1{,}1} + \tfrac{1}{1{,}1^2}) = 8{,}14$.

Beide Experten kommen zwar zu dem Fazit, dass sich jede der drei Investitionen lohnt. Experte Klein kommt jedoch zur Reihenfolge

$$b \succ c \succ a,$$

während Experte Groß die Reihenfolge

$$a \succ c \succ b$$

deduziert.

5. Kapitel
Aufgaben zu Entscheidungen bei Ungewissheit

Aufgabe 5.1

Eine Firma, die ein bestimmtes Gut produziert, hat sich zu entscheiden, wie viele Mengeneinheiten a dieses Gutes sie in der folgenden Zeitperiode auf den Markt bringen soll. Die geeignete Wahl von a hängt ab von

- der Quantität z dieses Gutes, die alle übrigen Konkurrenten zusammen von diesem Gut produzieren werden
- der speziellen Nachfragefunktion $p = f(q) = \frac{990}{q}$, wobei p den Preis angibt, zu dem genau alle q produzierten Mengeneinheiten in der betrachteten Periode nachgefragt werden
- der Zielsetzung der Firma, möglichst hohen Umsatz zu erreichen, der sie durch die Wahl der Nutzenfunktion

$$u(a,z) = a \cdot f(a+z) - k(a)$$

  Rechnung trägt. Hierin beschreibt $k(a)$ die Kosten, mit denen die Firma bei der Produktion von a Mengeneinheiten zu rechnen hat. Zwei Fälle sind hierbei zu unterscheiden, nämlich

  Fall (I) : $k(a) = 495$ (unabhängig von $a > 0$)
  Fall (II): $k(a) = 280 + 5a$.

Die Firma ziehe für a nur die drei Werte 40, 50 oder 60 in Betracht. Bezüglich des Wertes z befindet sie sich in einer Ungewissheitssituation; da ihr eigener Marktanteil bisher in der Gegend von 50 % lag, geht sie (vereinfachend) davon aus, dass auch für z genau die Werte 40, 50 oder 60 als relevant anzusehen sind.

Lösen Sie die folgenden Aufgabenteile für jeden der beiden Fälle (I), (II).

a) Erstellen Sie die Entscheidungsmatrix.

b) Lässt sich bereits ohne Festlegung einer speziellen Entscheidungsregel eine Bewertungsreihenfolge der Aktionen $a \in \{40, 50, 60\}$ angeben? Wenn ja, wie lautet sie?

Aufgabe 5.2

Ein Landwirt steht, BSE-geschädigt, vor einem völligen Neuanfang. Er hat sich dabei zu entscheiden, ob er weiterhin Rinder produzieren oder besser auf Schweine oder Puten umsteigen soll; aus Kapazitätsgründen muss er sich auf genau eine dieser drei Tierarten beschränken.

Was die Entwicklung der Marktchancen betrifft, geht der Landwirt davon aus, dass die Verbraucher in der Planungsperiode eine der drei Sorten Rindfleisch, Schweinefleisch beziehungsweise Putenfleisch deutlich vor den anderen präferieren werden; welche dies sein wird, hält er jedoch für offen.

Produziert er in Zukunft Rinder, so rechnet der Landwirt mit einem Gewinn von 140 000 €, falls in der Verbrauchergunst Rindfleisch an erster Stelle stehen wird; hingegen wird sein Gewinn seiner Einschätzung nach jeweils nur 55 000 € betragen, wenn die Verbraucher Schweine- oder Putenfleisch bevorzugen werden.

Steigt der Landwirt auf Schweineproduktion um, so erwartet er einen Gewinn in Höhe von 70 000 €, von 120 000 € beziehungsweise von 60 000 €, falls die Verbraucher Rindfleisch, Schweinefleisch beziehungsweise Putenfleisch präferieren werden.

Bei einer Entscheidung zu Gunsten der Produktion von Puten rechnet der Landwirt mit einem Gewinn von 130 000 €, falls die Verbraucher bevorzugt Putenfleisch kaufen werden, und mit einem Gewinn von 40 000 €, falls die Nachfrage nach Rindfleisch überwiegen wird; das schlechteste Ergebnis, nämlich einen Verlust von 10 000 € erwartet er bei dieser Entscheidung im Fall, dass vor allem Schweinefleisch nachgefragt werden wird.

a) Erstellen Sie die Entscheidungsmatrix (Nutzeneinheit = Geldeinheit).
b) Was würde der Landwirt produzieren, wenn er
   1. überaus pessimistisch wäre,
   2. überaus optimistisch wäre?
c) Welche Reihenfolge der Entscheidungen liefert die Laplace-Regel?
d) Der Landwirt will eine auf der Opportunitätskostenmatrix beruhende Entscheidungsregel anwenden. Welche Bewertungsreihenfolge ergibt sich bei Durchführung dieser Regel?
e) Der Landwirt möchte nun das Hurwicz-Prinzip zu Hilfe nehmen. Für welche Werte des Optimismusparameters λ ist die Produktion von Rindern, von Schweinen beziehungsweise von Puten optimal?

Aufgabe 5.3

Ein Reiseveranstalter hat die Möglichkeit, in einem Hotel in Antalya (Türkei) für die kommende Saison 0, 1 000, 2 000 oder 3 000 Übernachtungen einzukaufen. Setzt er die Übernachtungen im Rahmen seiner Pauschalangebote ab, erzielt er je Übernachtung einen Deckungsbeitrag von 10,– €. Bei Nichtabsatz entstehen ihm Kosten in Höhe von 10,– € pro Übernachtungsmöglichkeit. Für seine Entscheidung orientiert er sich am Gewinn, wobei er jeweils 1 000 € einer Nutzeneinheit gleichsetzt, und Fixkosten unberücksichtigt bleiben.

Der Veranstalter ist sich nicht im Klaren, wie der Markt im kommenden Jahr reagieren wird. Nehmen Sie an, dass für die nachgefragte Anzahl der Übernachtungen im kommenden Jahr in Antalya auch nur genau einer der Werte 0, 1 000, 2 000 oder 3 000 möglich ist.

a) Wie viele Übernachtungen kauft der Reiseveranstalter ein, wenn er sich nach den folgenden Regeln richtet:
   1. Wald-Regel,
   2. Maximax-Regel,
   3. Laplace-Regel,
   4. Krelle-Regel mit $\omega(u) = -\frac{1}{1\,000}\,u^2 + \frac{1}{10}\,u$,
   5. Savage-Niehans-Regel?
b) Überprüfen Sie, ob die in obiger Krelle-Regel angegebene Unsicherheitspräferenzfunktion $\omega(u)$ über den gesamten Bereich hinweg, in dem die in a) ermittelten Werte $u(a_i, z_j)$ liegen, streng monoton wachsend ist.

Aufgabe 5.4

Zur Begleichung einer in genau einem Jahr fälligen Schuld von 120 000 US-Dollar ($) werden drei (jeweils in einem Jahr auszuführende) Zahlungsmöglichkeiten angeboten, nämlich

a_1 :	es sind	120 000 $	zu zahlen
a_2 :	es sind	60 000 $ und 62 000 €	zu zahlen, oder
a_3 :	es sind	124 000 €	zu zahlen.

Die Entscheidung zwischen a_1, a_2 oder a_3 muss heute getroffen werden. Bezüglich des €-Devisenkurses in einem Jahr werden (vereinfachend) lediglich folgende vier Werte (jeweils in € / $) als möglich erachtet, nämlich

0,92 0,95 0,98 1,01.

Ansonsten liegt diesbezüglich eine Ungewissheitssituation vor.

a) Erstellen Sie die Entscheidungsmatrix (mit Nutzenwerten=Ergebnissen in 1 000 $).

b) Ist eine der drei Zahlungsmöglichkeiten effizient?

c) Bestimmen Sie zu jedem möglichen Wert des Optimismusparameters λ die nach der Hurwicz-Regel optimale Zahlungsmöglichkeit.

Hinweis:
Lösen Sie dieses Problem graphisch, indem Sie die zur Hurwicz-Regel gehörende Bewertungsfunktion $\Phi(a_i)$ für jedes a_i als Funktion von λ darstellen.

d) Welche Bewertungsreihenfolge liefert die Laplace-Regel?

Aufgabe 5.5

Ein Verein der ersten Fußballbundesliga möchte in einem Jahr, in dem eine Fußballweltmeisterschaft (WM) stattfindet, zum Saisonende einen seiner Stürmer verkaufen. Kurz vor der WM gibt es ein Angebot eines ausländischen Vereins, der den Stürmer für 7,8 Millionen € kaufen würde. Der Stürmer ist auch Nationalspieler und als solcher im WM-Aufgebot. Das Management seines Vereins rechnet fest damit, dass der Stürmer nach der WM – in Abhängigkeit von der Anzahl der von ihm erzielten WM-Tore – zu folgendem Preis wird verkauft werden können:

Anzahl seiner WM-Tore	0	1	2	3	4	$\geqq 5$
Verkaufspreis (in Mio. €)	5	6	7	8	9	10

Eine Abschätzung, mit welcher Wahrscheinlichkeit er wie viele WM-Tore erzielen wird, kann nicht angegeben werden.

Soll der Stürmer vor der WM ($\widehat{=} a_1$) oder erst nach Ablauf der WM ($\widehat{=} a_2$) verkauft werden?

Setzen Sie zur Beantwortung dieser Frage Nutzeneinheit = Geldeinheit, wobei unberücksichtigt bleiben kann, dass die Zahlungen bei a_1 beziehungsweise a_2 möglicherweise zu unterschiedlichen Zeitpunkten erfolgen, und lassen Sie bezüglich des Zustandsraumes folgende zwei Fälle zu:

Fall (I) : Dass der Stürmer 5 oder mehr WM-Tore erzielt, wird als ein einziger Zustand angesetzt.

Fall (II): Auch im Fall von 5 oder mehr WM-Toren wird jedes einzelne Tor als eigener Zustand aufgefasst, dabei werden aber höchstens 8 WM-Tore des Stürmers als möglich erachtet.

Zu welcher Entscheidung gelangt man in diesen beiden Fällen bei Anwendung

a) der Wald-Regel,

b) der Maximax-Regel,

c) der Savage-Niehans-Regel,

d) der Laplace-Regel,

e) der Krelle-Regel mit $\omega(u) = \sqrt{u}$?

Diskutieren Sie eventuelle Bewertungsunterschiede zwischen den beiden Fällen.

Aufgabe 5.6

Ein Handwerksmeister empfiehlt einem seiner Auszubildenden, sich mit einem von vier sehr gut gelungenen Objekten, die der Auszubildende gefertigt hat, an einem Wettbewerb zu beteiligen. Bei diesem Wettbewerb wird zunächst eine Vorauswahl aller eingereichten Objekte vorgenommen. Dazu wird jedes dieser Objekte genau einem von fünf möglichen Juroren zugeteilt, der es dann mit einer Punktezahl zwischen 0 und 25 zu beurteilen hat; je höher diese Zahl ausfällt, desto besser ist die Bewertung.

Welcher Juror das vom Auszubildenden eingereichte Objekt bewerten wird, ist ungewiss (und es können auch keine Wahrscheinlichkeiten dafür angegeben werden, zumal unklar ist, ob den einzelnen Juroren gleich viele oder unterschiedlich viele Objekte zugeteilt werden).

Der Handwerksmeister kennt die fünf Juroren und deren Vorlieben und Bewertungskriterien so gut, dass er glaubt, die Punktezahlen, mit denen jeder Juror j jedes der vier Objekte a_i des Auszubildenden bewerten würde, bis auf eine Ausnahme angeben zu können. Folgende Tabelle hält diese Zahlen fest:

Objekt \ Juror	1	2	3	4	5
a_1	14	21	13	18	10
a_2	13	15	20	14	18
a_3	11	18	24	13	12
a_4	11	17	20	13	u_{45}

Lediglich die Wertung von Juror 5 für Objekt a_4 scheint ihm also unklar.

Der Auszubildende würde von sich aus zwar am liebsten Objekt a_4 zum Wettbewerb einreichen, will sich bei seiner Entscheidungsfindung aber an obiger Tabelle orientieren.

Bestimmen Sie für den Auszubildenden jeweils die Menge aller ganzzahligen Werte $u_{45} \in \{0;\ldots;25\}$, so dass das Objekt a_4

a) effizient ist,

b) optimal ist nach der Maximax-Regel,

c) optimal ist nach der Maximin-Regel.

Aufgabe 5.7*

Bestimmen Sie für den Auszubildenden aus der Aufgabe 5.6 auch noch die Menge aller ganzzahligen Werte $u_{45} \in \{0;\ldots;25\}$, so dass das Objekt a_4

a) optimal ist nach der Hurwicz-Regel mit $\lambda = \frac{2}{3}$, beziehungsweise

b) optimal ist nach der Savage-Niehans-Regel.

Aufgabe 5.8

Eine Firma, in der die beiden Produkte I, II hergestellt werden können, hat sich zu entscheiden, wie viele Mengeneinheiten (ME) sie von Produkt I beziehungsweise II in einer bestimmten Periode auf den Markt bringen soll. Es gilt als gesichert, dass insgesamt von beiden Produkten zusammen höchstens 1 200 ME absetzbar sind und deshalb auch nicht mehr ME produziert werden sollten, und dass höchstens ein Drittel des Gesamtabsatzes beider Produkte auf Produkt II entfallen kann.

Bei Produkt I kann davon ausgegangen werden, dass ein Deckungsbeitrag von 3 € pro ME zu erzielen ist. Für den bei Produkt II pro ME sich ergebenden Deckungsbeitrag p erscheinen genau die Werte 2, 3 oder 4 als möglich; welcher dieser drei Werte sich realisieren wird, gilt als ungewiss, und es lassen sich auch keine Aussagen bezüglich einer zugehörigen Wahrscheinlichkeitsverteilung treffen.

a) Skizzieren Sie die Menge A aller zugelassenen Produktionspläne und geben Sie alle Eckpunkte von A an.

b) Jedem Produktionsplan wird als Nutzen der resultierende (von p abhängende) Deckungsbeitrag zugeordnet. Bestimmen Sie einen optimalen Produktionsplan nach der Hurwicz-Regel mit dem Optimismusparameter 0,6.

Aufgabe 5.9*

Es liege wieder die Situation von Aufgabe 5.8 zu Grunde. Welcher Produktionsplan ist optimal nach der Savage-Niehans-Regel?

Aufgabe 5.10

Ein Winzer möchte im nächsten Jahr zwei Weine herstellen. Aus produktionstechnischen Gründen muss er drei Kapazitätsrestriktionen bei der Herstellung berücksichtigen. Die folgende Tabelle gibt den jeweiligen Kapazitätsverbrauch pro Hektoliter (hℓ) und die Kapazitätsgrenzen an:

	Wein 1	Wein 2	maximale Kapazität
1. Kapazitätsverbrauch	1	3	120
2. Kapazitätsverbrauch	2	2	120
3. Kapazitätsverbrauch	4	2	200

Den ersten Wein baut der Winzer schon länger an. Der Marktpreis beträgt 25 Geldeinheiten (GE), die variablen Kosten belaufen sich auf 10 GE pro hℓ. Beim zweiten Wein handelt es sich um eine neue Rebsorte. Die variablen Kosten für den 2. Wein betragen 15 GE pro hℓ. Den Marktpreis kann der Winzer noch nicht abschätzen, da es mit der neuen Rebsorte noch keine Markterfahrung gibt. Er geht aber davon aus, dass der Preis für den 2. Wein zwischen 45 GE und 60 GE pro hℓ liegen wird. Insgesamt möchte der Winzer seinen Deckungsbeitrag maximieren.

a) Wie lautet der Maximin-Produktionsplan, und welchen Deckungsbeitrag garantiert dieser Produktionsplan?

b) Welchen optimalen Produktionsplan liefert eine sinngemäße Übertragung der Laplace-Regel?

Hinweis zu a), b):
Skizzieren Sie zunächst die Menge der zulässigen Produktionspläne (x,y) mit x beziehungsweise y gleich Anzahl der hℓ, die vom 1. beziehungsweise vom 2. Wein hergestellt werden und geben Sie den zu (x,y) gehörenden Deckungsbeitrag in Abhängigkeit vom Preis p des zweiten Weines an.

Aufgabe 5.11

Die Dr. Müller OHG stellt derzeit zwei kosmetische Produkte (X und Y) her. Diesen Produkten werden bei ihrer Herstellung zwei Granulate (I und II) beigemischt. Die Fixkosten der Dr. Müller OHG für die nächste Planungsperiode betragen 100 000 €. Weiterhin sind folgende Daten bekannt:

Für eine Verkaufspackung von Produkt X werden 3 Gramm von Granulat I und 5 Gramm von Granulat II benötigt. Für eine Verkaufspackung von Produkt Y werden 2 Gramm von Granulat I und 2 Gramm von Granulat II benötigt.

Pro Verkaufspackung von Produkt X fallen Vertriebs- und variable Herstellungskosten in Höhe von 5 € an. Pro Verkaufspackung von Produkt Y betragen diese Kosten 3 €.

Der aktuelle Lagerbestand beträgt 400 Kilogramm von Granulat I und 500 Kilogramm von Granulat II. Nachbestellungen der Granulate sind zurzeit nicht möglich.

a) Zeichnen Sie den Aktionenraum A der Dr. Müller OHG; setzen Sie dabei je 1 000 Verkaufspackungen von X beziehungsweise Y als eine Mengeneinheit (ME) an.

Die Dr. Müller OHG hat für Produkt X einen Exklusivvertrag mit einer Kette von Schönheitsfarmen abgeschlossen, wodurch die Abnahme der von Produkt X erzeugten Verkaufspackungen zu 12 € pro Packung garantiert ist. Bezüglich Produkt Y rechnet die Müller OHG, dass sich pro Verkaufspackung ein zwischen 5 € und 13 € liegender Verkaufspreis p einstellen wird.

b) Geben Sie – in Abhängigkeit von p – die Nutzenfunktion (= Gewinn, gemessen in 1 000 €) an.
c) Geben Sie die zu produzierenden ME von Produkt X und Y an, wenn die Dr. Müller OHG nach der Maximax-Regel entscheidet.
d) Geben Sie die zu produzierenden ME von Produkt X und Y an, wenn die Dr. Müller OHG nach der Wald-Regel entscheidet.

Aufgabe 5.12*

Bei der Lösung der Aufgabenteile c) und d) der Aufgabe 5.11 hat sich gezeigt, dass sowohl bei Anwendung der Maximax-Regel als auch bei Anwendung der Wald-Regel nur genau eines der beiden Produkte (nämlich nur Y bei der Maximax- beziehungsweise nur X bei der Wald-Regel) hergestellt wird.

Untersuchen Sie nun, für welche Werte des Optimismusparameters λ jeder nach der Hurwicz-Regel optimale Produktionsplan die Eigenschaft besitzt, dass dabei sowohl von Produkt X als auch von Produkt Y mehr als 0 ME hergestellt werden. Wie lauten für diese λ die optimalen Produktionspläne?

Geben Sie auch noch für alle sonstigen λ die zugehörigen optimalen Produktionspläne an.

Lösungen zu Kapitel 5

Lösung zu Aufgabe 5.1

a) In **Fall (I)** gilt $u(a,z) = a \cdot \frac{990}{a+z} - 495$, womit sich folgende Entscheidungsmatrix ergibt:

a \ z	40	50	60
40	0	−55	−99
50	55	0	−45
60	99	45	0

In **Fall (II)** sind wegen $k(40) = 480$ $(= 495 - 15)$, $k(50) = 530$ $(= 495 + 35)$, $k(60) = 580$ $(= 495 + 85)$ die Werte der Matrix, verglichen mit denen von Fall (I), in der ersten Zeile je um 15 höher und in der zweiten beziehungsweise dritten Zeile je um 35 beziehungsweise um 85 niedriger. Die Entscheidungsmatrix ist also gleich

a \ z	40	50	60
40	15	−40	−84
50	20	−35	−80
60	14	−40	−85

b) In **Fall (I)** ist offensichtlich $a = 60$ besser als $a = 50$, und $a = 50$ besser als $a = 40$; folglich ergibt sich die Reihenfolge $60 \succ 50 \succ 40$.

In **Fall (II)** ist $a = 50$ besser als $a = 40$, und dies wiederum besser als $a = 60$, so dass die Reihenfolge $50 \succ 40 \succ 60$ gilt.

Lösung zu Aufgabe 5.2

a) Mit den Zuständen

z_1 : die Verbraucher bevorzugen Rindfleisch
z_2 : die Verbraucher bevorzugen Schweinefleisch
z_3 : die Verbraucher bevorzugen Putenfleisch

und den Aktionen

a_1 : der Landwirt produziert Rinder
a_2 : der Landwirt produziert Schweine
a_3 : der Landwirt produziert Puten

ergibt sich die Entscheidungsmatrix

$$1000 \cdot \begin{pmatrix} 140 & 55 & 55 \\ 70 & 120 & 60 \\ 40 & -10 & 130 \end{pmatrix}.$$

b) 1. Nach der Maximin-Regel würde er sich für a_2 (Schweine) entscheiden, da das größte Zeilenminimum (= 60000) in der zweiten Zeile steht.

2. Nach der Maximax-Regel würde er sich für a_1 (Rinder) entscheiden, da das größte Zeilenmaximum (= 140000) in der ersten Zeile steht.

c) Die Laplace-Regel (mit $\Phi(a_i) = \frac{1}{1000} \cdot$ Zeilensumme) liefert wegen

$$\Phi(a_1) = 250, \quad \Phi(a_2) = 250, \quad \Phi(a_3) = 160$$

die Reihenfolge $a_1 \sim a_2 \succ a_3$.

d) Auf Grund der Opportunitätskostenmatrix

$$1000 \cdot \begin{pmatrix} 0 & 65 & 75 \\ 70 & 0 & 70 \\ 100 & 130 & 0 \end{pmatrix}$$

beziehungsweise des Vektors

$$1000 \cdot \begin{pmatrix} 75 \\ 70 \\ 130 \end{pmatrix}$$

der zugehörigen Zeilenmaxima liefert die Savage-Niehans-Regel die Bewertungsreihenfolge $a_2 \succ a_1 \succ a_3$.

e) Für $\Phi(a_i)$, gemessen in 1 000 €, erhält man

$$\begin{aligned} \Phi(a_1) &= 140\lambda + 55(1-\lambda) = 85\lambda + 55 \\ \Phi(a_2) &= 120\lambda + 60(1-\lambda) = 60\lambda + 60 \\ \Phi(a_3) &= 130\lambda - 10(1-\lambda) = 140\lambda - 10. \end{aligned}$$

Dabei zeigt sich, dass $\Phi(a_1) > \Phi(a_3)$ für alle $\lambda \in [0;1]$ gilt. (Begründung: $\Phi(a_1) = 140\lambda + 55(1-\lambda) > \Phi(a_3) = 140\lambda - 10$ gilt wegen $55(1-\lambda) \geqq 0 > -10$).

Auf Grund der Äquivalenzen

$$\Phi(a_1) \underset{(=)}{>} \Phi(a_2) \iff 85\lambda + 55 \underset{(=)}{>} 60\lambda + 60 \iff 25\lambda \underset{(=)}{>} 5 \iff \lambda \underset{(=)}{>} \tfrac{1}{5}$$

folgt daher:

$$\text{bei} \begin{cases} 0 \leqq \lambda < \frac{1}{5} & \text{ist allein } a_2 \text{ optimal,} \\ \frac{1}{5} < \lambda \leqq 1 & \text{ist allein } a_1 \text{ optimal,} \\ \lambda = \frac{1}{5} & \text{sind sowohl } a_1 \text{ als auch } a_2 \text{ optimal.} \end{cases}$$

(a_3 ist für keinen Wert von λ optimal.)

Lösung zu Aufgabe 5.3

a) Mit $a_i, z_j \in \{0; 1\,000; 2\,000; 3\,000\}$ ergibt sich

$$u(a_i, z_j) = \frac{1}{1\,000} \cdot \begin{cases} 10a_i, & \text{falls} \quad a_i \leqq z_j \\ 10z_j - 10(a_i - z_j), & \text{falls} \quad a_i > z_j, \end{cases}$$

die Entscheidungsmatrix lautet demnach:

a_i \ z_j	0	1 000	2 000	3 000
0	0	0	0	0
1 000	−10	10	10	10
2 000	−20	0	20	20
3 000	−30	−10	10	30

Folgende Tabelle stellt für die zu untersuchenden Entscheidungsregeln die Ergebnisse der jeweiligen Bewertungsfunktionen $\Phi(a_i)$ zusammen:

	Entscheidungsregel				
	Wald-Regel	Maximax-Regel	Laplace-Regel	Krelle-Regel	Savage-Niehans-Regel
$\Phi(a_1)$	0	0	0	0	30
$\Phi(a_2)$	−10	10	20	1,6	20
$\Phi(a_3)$	−20	20	20	0,8	20
$\Phi(a_4)$	−30	30	0	−2,0	30

Dabei ergeben sich die Werte $\Phi(a_i)$ der Krelle-Regel für $i = 2, 3, 4$ gemäß

$$\begin{aligned} \Phi(a_2) &= (-0{,}1 - 1) + 3 \cdot (-0{,}1 + 1) &&= 1{,}6 \\ \Phi(a_3) &= (-0{,}4 - 2) + 0 + 2 \cdot (-0{,}4 + 2) &&= 0{,}8 \\ \Phi(a_4) &= (-0{,}9 - 3) + (-0{,}1 - 1) + (-0{,}1 + 1) + (-0{,}9 + 3) &&= -2{,}0; \end{aligned}$$

die zur Savage-Niehans-Regel angegebenen Werte sind die Zeilenmaxima der Opportunitätskostenmatrix **S** mit

$$\mathbf{S} = \begin{pmatrix} 0 & 10 & 20 & 30 \\ 10 & 0 & 10 & 20 \\ 20 & 10 & 0 & 10 \\ 30 & 20 & 10 & 0 \end{pmatrix}.$$

Da bei den Regeln 1 bis 4 die Bewertungsfunktion Φ jeweils zu maximieren, bei Regel 5 hingegen zu minimieren ist, entscheidet sich der Reiseveranstalter

- dafür, keine Übernachtungen zu kaufen, bei Anwendung der Wald-Regel;
- für den Kauf von 3 000 Übernachtungen bei Orientierung an der Maximax-Regel;
- für den Kauf von 1 000 oder 2 000 Ünernachtungen bei Benutzung der Laplace-Regel und auch bei Benutzung der Savage-Niehans-Regel;
- für den Kauf von 1 000 Übernachtungen bei Anwendung der Krelle-Regel.

b) Für die erste Ableitung $\omega'(u) = -\frac{2u}{1000} + \frac{1}{10}$ gilt:

$$\omega'(u) > 0 \iff \frac{2u}{1000} < \frac{1}{10} \iff 2u < 100 \iff u < 50.$$

Somit liegen alle Werte der Entscheidungsmatrix, da sie kleiner als 50 sind, in dem Bereich, in dem ω streng monoton wächst.

Lösung zu Aufgabe 5.4

a)

	0,92	0,95	0,98	1,01
a_1	120	120	120	120
a_2	117,04	118,90	120,76	122,62
a_3	114,08	117,80	121,52	125,24

b) Nein (in Spalte 1 sind die Werte von oben nach unten monoton fallend, in Spalte 4 monoton steigend).

c) In der ersten Spalte stehen die jeweiligen Zeilenminima, in der letzten Spalte die jeweiligen Zeilenmaxima. Folglich gilt

$$\begin{aligned} \Phi(a_1) &= && = 120, \\ \Phi(a_2) &= \lambda \cdot 122{,}62 + (1-\lambda) \cdot 117{,}04 && = 117{,}04 + 5{,}58 \cdot \lambda \\ \Phi(a_3) &= \lambda \cdot 125{,}24 + (1-\lambda) \cdot 114{,}08 && = 114{,}08 + 11{,}16 \cdot \lambda \end{aligned}$$

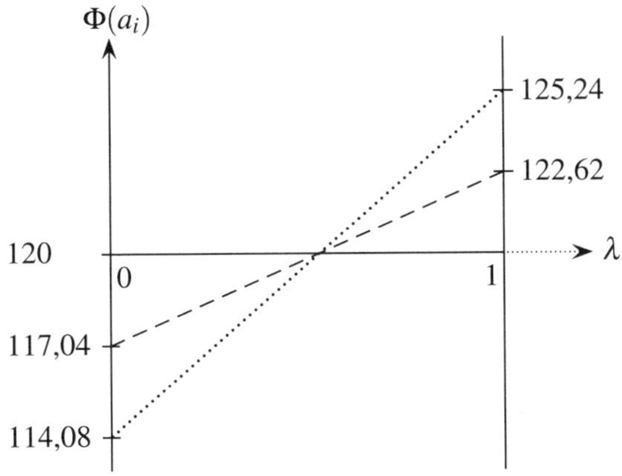

Dass sich alle drei Geraden in einem Punkt schneiden, kann auch rechnerisch nachvollzogen werden, denn es gilt

$$\begin{aligned}\Phi(a_2) = \Phi(a_3) &\iff 117{,}04 + 5{,}58\,\lambda = 114{,}08 + 11{,}16\,\lambda \\ &\iff 5{,}58\,\lambda = 2{,}96 \\ &\iff \lambda = \tfrac{2{,}96}{5{,}58} \quad (= 0{,}530),\end{aligned}$$

und für dieses λ ist $\Phi(a_2) = \Phi(a_3) = 120 = \Phi(a_1)$.

Nach der Hurwicz-Regel ist also

- für $\lambda < \frac{2{,}96}{5{,}58}$ allein a_1 optimal,
- für $\lambda = \frac{2{,}96}{5{,}98}$ jede der drei Aktionen optimal, und
- für $\lambda > \frac{2{,}96}{5{,}98}$ allein a_3 optimal.

d) Die Zeilensummen betragen 480 bei a_1, 479,32 bei a_2 beziehungsweise 478,64 bei a_3. Somit gilt nach der Laplace-Regel $a_1 \succ a_2 \succ a_3$.

Lösung zu Aufgabe 5.5

In **Fall (I)** gilt

$$\mathbf{U} = \begin{pmatrix} 7{,}8 & 7{,}8 & 7{,}8 & 7{,}8 & 7{,}8 & 7{,}8 \\ 5 & 6 & 7 & 8 & 9 & 10 \end{pmatrix}$$

und die zugehörige (für c) benötigte) Opportunitätskostenmatrix lautet

$$\mathbf{S} = \begin{pmatrix} 0 & 0 & 0 & 0{,}2 & 1{,}2 & 2{,}2 \\ 2{,}8 & 1{,}8 & 0{,}8 & 0 & 0 & 0 \end{pmatrix}.$$

In **Fall (II)** ist sowohl bei **U** als auch bei **S** die jeweils letzte Spalte der obigen Matrizen weitere dreimal aufzunehmen.

a) Der Vektor $\binom{7{,}8}{5}$ der Spaltenminima führt in beiden Fällen (I),(II) zur Entscheidung für a_1 nach der Wald-Regel.

b) Der Vektor $\binom{7{,}8}{10}$ der Spaltenmaxima führt in beiden Fällen (I),(II) zur Entscheidung für a_2 nach der Maximax-Regel.

c) Da **S** in beiden Fällen (I),(II) die Zeilenmaxima 2,2 (für a_1) beziehungsweise 2,8 (für a_2) besitzt, ist nach Savage-Niehans jeweils a_1 optimal.

d) Die Bewertungsfunktion $\Phi(a_i) = i$-te Zeilensumme in **U** liefert

$$\begin{array}{lll} \text{in Fall (I):} & \Phi(a_1) = 46{,}8; & \Phi(a_2) = 45; \\ \text{in Fall (II):} & \Phi(a_1) = 70{,}2; & \Phi(a_2) = 75. \end{array}$$

In Fall (I) fällt somit nach der Laplace-Regel die Entscheidung zu Gunsten von a_1, in Fall (II) zu Gunsten von a_2.

e) Die Krelle-Regel mit der Bewertungsfunktion $\Phi(a_i) = \sum_j \sqrt{u_{ij}}$ führt in Fall (I) wegen

$$\Phi(a_1) = 6 \cdot \sqrt{7{,}8} = 16{,}76; \quad \Phi(a_2) = 16{,}32$$

zur Entscheidung für a_1, in Fall (II) hingegen wegen

$$\Phi(a_1) = 9 \cdot \sqrt{7{,}8} = 25{,}14; \quad \Phi(a_2) = 25{,}81$$

zur Entscheidung für a_2.

Die bei d) und e) auftretenden Bewertungsunterschiede zwischen den beiden Fällen verdeutlichen das mit der Laplace- und der Krelle-Regel verbundene Problem des für jeden Zustand starr festgelegten gleichen Gewichtes; die Rangfolge von Aktionen kann sich somit ändern, wenn ein Zustand in mehrere aufgeteilt wird und damit die zu diesem Zustand gehörende Spalte mehrfach in der Entscheidungsmatrix vorkommt (siehe dazu Bamberg / Coenenberg, 2002, S. 132 und S. 138).

Lösung zu Aufgabe 5.6

a) a_4 kann nicht dominiert werden von a_1 (siehe Spalte 3) und auch nicht von a_2 (siehe Spalte 2). Somit ist a_4 genau dann effizient, wenn a_4 nicht von a_3 dominiert wird, und dies ist genau für $u_{45} \in \{13; \ldots; 25\}$ der Fall.

b) Der Vektor

$$\begin{pmatrix} 21 \\ 20 \\ 24 \\ \max\{20; u_{45}\} \end{pmatrix}$$

der Zeilenmaxima zeigt, dass a_4 nach der Maximax-Regel genau für $u_{45} \in \{24; 25\}$ optimal ist (bei $u_{45} = 24$ gemeinsam mit a_3).

c) Der Vektor

$$\begin{pmatrix} 10 \\ 13 \\ 11 \\ \min\{11; u_{45}\} \end{pmatrix}$$

der Zeilenminima macht deutlich, dass a_4 nach der Maximin-Regel nie optimal sein kann; die gesuchte Menge ist somit die leere Menge.

Lösung zu Aufgabe 5.7*

a) Im Vektor

$$\frac{2}{3} \cdot \begin{pmatrix} 21 \\ 20 \\ 24 \\ \max\{20; u_{45}\} \end{pmatrix} + \frac{1}{3} \cdot \begin{pmatrix} 10 \\ 13 \\ 11 \\ \min\{11; u_{45}\} \end{pmatrix}$$

(siehe b) und c) in der Lösung zu Aufgabe 5.6) sind die ersten drei Komponenten gleich $\frac{52}{3}$, $\frac{53}{3}$ beziehungsweise $\frac{59}{3}$; die vierte Komponente ist $\frac{1}{3} \cdot (2 \cdot \max\{20; u_{45}\} + 1 \cdot \min\{11; u_{45}\})$, und sie ist somit gleich

$$\begin{cases} \frac{1}{3} \cdot (2 \cdot 20 + u_{45}) \leqq \frac{50}{3} & \text{für} \quad u_{45} \leqq 10 \\ \frac{1}{3} \cdot (2 \cdot 20 + 11) = \frac{51}{3} & \text{für} \quad u_{45} \in \{11; \ldots; 20\} \\ \frac{1}{3} \cdot (2 \cdot u_{45} + 11) & \text{für} \quad u_{45} \geqq 21. \end{cases}$$

Also ist a_4 genau dann optimal nach der Hurwicz-Regel mit $\lambda = \frac{2}{3}$, wenn $2 \cdot u_{45} + 11 \geqq 59$ gilt, das heißt für $u_{45} \in \{24; 25\}$.

b) In der Opportunitätskostenmatrix sind die ersten vier Spalten gleich

$$\begin{pmatrix} 0 \\ 1 \\ 3 \\ 3 \end{pmatrix}, \begin{pmatrix} 0 \\ 6 \\ 3 \\ 4 \end{pmatrix}, \begin{pmatrix} 11 \\ 4 \\ 0 \\ 4 \end{pmatrix}, \begin{pmatrix} 0 \\ 4 \\ 5 \\ 5 \end{pmatrix};$$

die fünfte Spalte ist

$$\begin{pmatrix} 8 \\ 0 \\ 6 \\ 18 - u_{45} \end{pmatrix} \quad \text{für} \quad u_{45} \leqq 18, \quad \text{beziehungsweise}$$

$$\begin{pmatrix} u_{45} - 10 \\ u_{45} - 18 \\ u_{45} - 12 \\ 0 \end{pmatrix} \quad \text{für} \quad u_{45} > 18.$$

Der Vektor der Zeilenmaxima der Opportunitätskostenmatrix ist daher

$$\text{im Fall} \quad u_{45} \leqq 18 \quad \text{gleich} \quad \begin{pmatrix} 11 \\ 6 \\ 6 \\ \max\{\ 5; 18 - u_{45}\} \end{pmatrix}, \quad \text{und}$$

$$\text{im Fall} \quad u_{45} > 18 \quad \text{gleich} \quad \begin{pmatrix} \max\{11; u_{45} - 10\} \\ \max\{\ 6; u_{45} - 18\} \\ \max\{\ 6; u_{45} - 12\} \\ 5 \end{pmatrix}$$

Damit a_4 optimal ist nach der Savage-Niehans-Regel, muss in diesem Vektor die vierte Komponente minimal sein. Dies ist im Fall $u_{45} > 18$ offensichtlich immer richtig; im Fall $u_{45} \leqq 18$ trifft dies zu für $u_{45} \geqq 12$ (wegen $\max\{5; 18 - u_{45}\} \leqq 6 \iff 18 - u_{45} \leqq 6 \iff u_{45} \geqq 12$).

Insgesamt ist also a_4 genau für $u_{45} \in \{12; \ldots; 25\}$ optimal nach der Savage-Niehans-Regel.

Lösung zu Aufgabe 5.8

a) Wegen $y \leqq \frac{1}{3}(x+y) \iff 2y \leqq x \iff y \leqq \frac{1}{2}x$ gilt

$$A = \{(x,y) \in \mathbb{R}_+^2 : x+y \leqq 1200,\ y \leqq \tfrac{1}{2}x\}$$

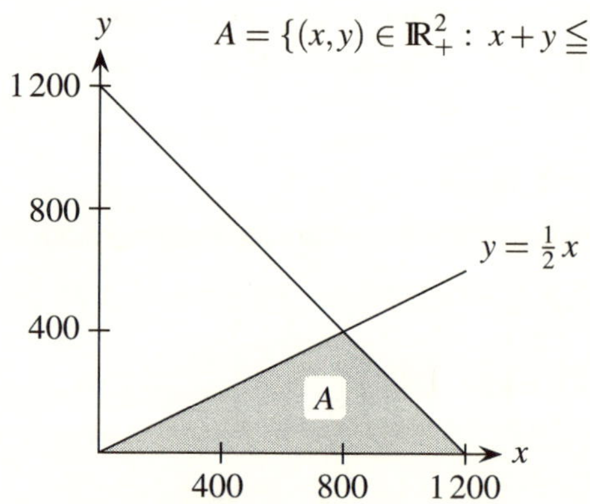

Eckpunkte von A sind $(0,0)$, $(1200,0)$ sowie der Schnittpunkt von $x+y = 1200$ mit $x = 2y$, das heißt der Punkt $(800,400)$.

b) Die Nutzenfunktion lautet $u(x,y;p) = 3 \cdot x + p \cdot y$ (mit $p \in \{2;3;4\}$). Zur Anwendung der Hurwicz-Regel müssen zunächst zu jedem $(x,y) \in A$ Maximum und Minimum von $u(x,y;p)$ bezüglich p ermittelt werden. Offensichtlich gilt bei $p \in \{2;3;4\}$:

$$\max_p u(x,y;p) = u(x,y;4) = 3x + 4y,$$

und

$$\min_p u(x,y;p) = u(x,y;2) = 3x + 2y.$$

Hiermit erhält man (zum Optimismusparameter 0,6) die Bewertungsfunktion

$$\Phi(x,y) = 0{,}6 \cdot (3x+4y) + 0{,}4 \cdot (3x+2y) = 3x+3{,}2y.$$

Indem man die Gerade $3x+3,2y=0$ (das heißt $y = -\frac{3}{3,2}x$) in obiger Skizze anträgt und sie – soweit über A möglich – nach rechts oben parallel verschiebt, erkennt man, dass

$$\max_{(x,y)\in A} \Phi(x,y) = \Phi(800,400) \quad (= 3\,680)$$

gilt. Somit ist der Produktionsplan $(x,y) = (800,400)$ optimal nach der Hurwicz-Regel.

Lösung zu Aufgabe 5.9*

Für die Savage-Niehans-Regel werden die Opportunitätskosten benötigt. Zu ihrer Ermittlung braucht man für jedes zugelassene p das Maximum von $u(x,y;p) = 3x+py$ bezüglich $(x,y) \in A$. Auch diese Maximierungsaufgabe ist wieder mithilfe der zu Aufgabe 5.8 a) erstellten Skizze lösbar (durch Parallelverschiebung von $u(x,y;p) = 0$, das heißt von $y = -\frac{3}{p}x$, über dem Bereich A). Dabei zeigt sich, dass bei $\frac{3}{p} \leqq 1$ der Punkt $(800,400)$ und bei $\frac{3}{p} \geqq 1$ der Punkt $(1\,200,0)$ das jeweilige Maximum liefert. Für die einzelnen $p \in \{2;3;4\}$ heißt dies:

$$\max_{(x,y)\in A} u(x,y;p) = $$
$$= \begin{cases} u(1\,200,0;\ 2) = 3\cdot 1\,200 + 2\cdot\ 0 \ = 3\,600 & \text{bei} \quad p=2, \\ u(1\,200,0;\ 3) = 3\cdot 1\,200 + 3\cdot\ 0 \ = 3\,600 & \text{bei} \quad p=3, \\ u(800,400;4) = 3\cdot\ 800 + 4\cdot 400 = 4000 & \text{bei} \quad p=4. \end{cases}$$

Die Opportunitätskosten $s(x,y;p)$ sind demnach gleich

$$s(x,y;p) = \begin{cases} 3\,600 - (3x+2y) & \text{für} \quad p=2, \\ 3\,600 - (3x+3y) & \text{für} \quad p=3, \\ 4\,000 - (3x+4y) & \text{für} \quad p=4. \end{cases}$$

Offensichtlich ist $s(x,y;2)$ stets $\geqq s(x,y;3)$, so dass für die Bewertungsregel

$$\Phi(x,y) = \max_p s(x,y;p)$$

der Savage-Niehans-Regel gilt:

$$\Phi(x,y) = \max\{3\,600 - 3x - 2y; 4\,000 - 3x - 4y\}.$$

Wegen $3600 - 3x - 2y \geqq 4000 - 3x - 4y \iff 2y \geqq 400 \iff y \geqq 200$ folgt

$$\Phi(x,y) = \begin{cases} 3600 - (3x+2y), & \text{falls} \quad y \geqq 200, \\ 4000 - (3x+4y), & \text{falls} \quad y \leqq 200. \end{cases}$$

(Im Fall $y = 200$ stimmen beide beide Zeilen überein.) Optimal nach der Savage-Niehans-Regel ist das Paar $(x,y) \in A$, welches Φ minimiert. Zur Bestimmung dieses Paares nutzt man wieder die Skizze aus der Lösung zu Aufgabe 5.8 a) und maximiert dort

- die Gerade $3x + 2y$ über dem Teilbereich von A, in dem $y \geqq 200$ gilt, beziehungsweise
- die Gerade $3x + 4y$ über dem Teilbereich von A, in dem $y \leqq 200$ ist.

Da die erste dieser Geraden die Steigung $-\frac{3}{2}$, die zweite die Steigung $-\frac{3}{4}$ besitzt, ist klar, dass beide Maxima im Punkt (x,y) mit $y = 200$, $x = 1200 - y = 1000$ angenommen werden.

Sowohl für alle $(x,y) \in A$ mit $y \geqq 200$ als auch für alle $(x,y) \in A$ mit $y \leqq 200$ gilt demnach

$$\begin{aligned} \Phi(x,y) \geqq\ & \Phi(1000,200) \\ & (= 3600 - (3 \cdot 1000 + 2 \cdot 200) \\ & \ = 4000 - (3 \cdot 1000 + 4 \cdot 200) = 200); \end{aligned}$$

der nach der Savage-Niehans-Regel optimale Produktionsplan lautet demnach $(x,y) = (1000, 200)$.

Lösung zu Aufgabe 5.10

Die Menge der zulässigen Produktionspläne ist

$$A = \{(x,y) \in \mathbb{R}^2 : \ x + 3y \leqq 120, \ 2x + 2y \leqq 120, \ 4x + 2y \leqq 200; \ x, y \geqq 0\}$$

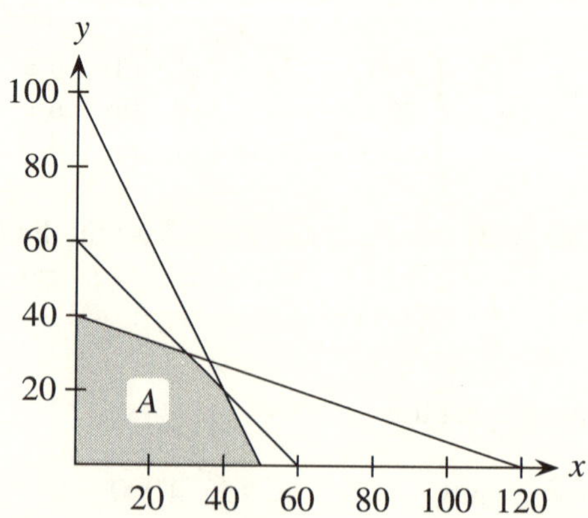

In Abhängigkeit vom Preis p des zweiten Weines ergibt sich beim Produktionsplan (x,y) folgender Deckungsbeitrag (= Nutzenfunktion)

$$u(x,y;p) = (25-10)\,x + (p-15)\,y.$$

a) Nach dem Maximin-Prinzip ist derjenige Produktionsplan zu wählen, an dem die Bewertungsregel

$$\Phi(x,y) = \min_{p\in[45;60]} u(x,y;p) = \min_{p\in[45;60]} (15x + (p-15)\,y) = 15x + 30y$$

ihr Maximum annimmt.

Trägt man die Gerade $\Phi(x,y) = 0$ ($\Longleftrightarrow$ $y = -\frac{1}{2}x$) in obige Skizze ein und verschiebt man sie solange parallel nach rechts oben, bis A letztmalig berührt wird, so erkennt man, dass dies im Schnittpunkt von $x+3y = 120$ mit $2x+2y = 120$ der Fall ist. Optimal nach dem Maximin-Prinzip ist demnach der Produktionsplan $(x,y) = (30;30)$; er garantiert den Deckungsbeitrag

$$\Phi(30,30) = 15\cdot 30 + 30\cdot 30 = 1\,350.$$

b) Die Laplace-Regel sinngemäß auf den vorliegenden Fall eines kontinuierlichen Zustandsraumes $Z = [45;60]$ zu übertragen bedeutet, allen p aus Z gleiches Gewicht zuzuordnen und die Bewertungsfunktion

$$\begin{aligned}\Phi(x,y) &= \int_{45}^{60} u(x,y;p)\,\mathrm{d}p = \int_{45}^{60} (15x + (p-15)\,y)\,\mathrm{d}p \\ &= \left(15\,px + \left(\tfrac{p^2}{2} - 15\,p\right)\cdot y\right)\Big|_{45}^{60} = 225x + \left(\tfrac{60^2-45^2}{2} - 15\cdot 15\right)\cdot y \\ &= 225x + 562{,}5\,y \quad (= 15\cdot(15x + 37{,}5\,y))\end{aligned}$$

zu benutzen. Wegen $\Phi(x,y) = 0 \Longleftrightarrow y = -\frac{15}{37{,}5}x = -0{,}4x$ lässt sich – analog zur Lösungsermittlung bei a) – als optimaler Produktionsplan auch hier der Punkt $(x,y) = (30,30)$ aus der Skizze ablesen.

Lösung zu Aufgabe 5.11

a) Mit x (beziehungsweise y) gleich zu produzierende ME (= 1 000 Verkaufspackungen) von Produkt X (beziehungsweise Y) gilt für die Menge A aller zulässigen Produktionspläne

$$A = \{(x,y) \in \mathbb{R}^2 :\ 3x + 2y \leqq 400,\ 5x + 2y \leqq 500;\ x,y \geqq 0\}.$$

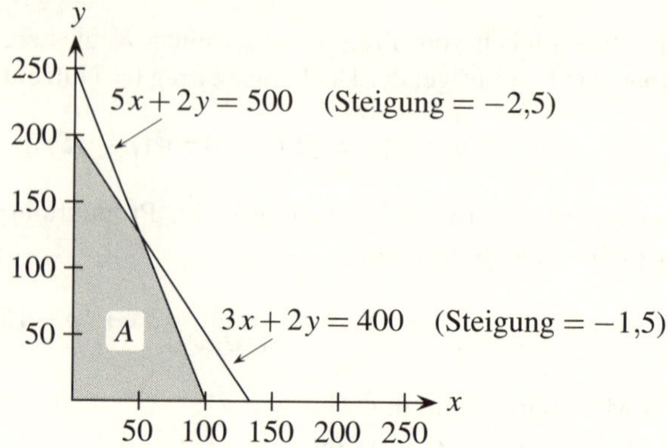

b) In Abhängigkeit vom Verkaufspreis p (pro Verkaufspackung) des Produkts Y ergibt sich die Nutzenfunktion

$$u(x,y;p) = (12-5)\,x + (p-3)\,y - 100.$$

c) Nach der Bewertungsfunktion der Maximaxregel

$$\Phi(x,y) = \max_{p \in [5;13]} u(x,y;p) = u(x,y;13) = 7x + 10y - 100$$

erweist sich nach obiger Skizze der Produktionsplan $(x,y) = (0,200)$ als optimal; denn die Steigung der durch $\Phi(x,y) = \text{konst.}$ gegebenen Geraden ist $-\frac{7}{10} = -0{,}7$, und damit verläuft diese Gerade flacher als die beiden Geraden, die A nach rechts und nach oben begrenzen. Es sollte also ausschließlich Produkt Y hergestellt werden, und zwar mit 200 ME (= 200 000 Verkaufspackungen).

d) Nach der Bewertungsfunktion der Wald-Regel (= Maximinregel)

$$\Phi(x,y) = \min_{p \in [5;13]} u(x,y;p) = u(x,y;5) = 7x + 2y - 100$$

ergibt sich entsprechend der Produktionsplan $(x,y) = (100,0)$ als optimal, denn jetzt hat die durch $\Phi(x,y) = \text{konst.}$ festgelegte Gerade die Steigung $-\frac{7}{2} = -3{,}5$, das heißt sie verläuft steiler als die rechte (beziehungsweise obere) Begrenzung des Aktionenraumes A. Hier sollte also ausschließlich Produkt X (mit 100 ME) produziert werden.

Lösung zu Aufgabe 5.12*

Bei Verwendung der Hurwicz-Regel ist die Bewertungsfunktion

$$\begin{aligned}\Phi(x,y) &= \lambda \cdot u(x,y;13) + (1-\lambda)\cdot u(x,y;5)\\ &= \lambda\cdot(7x+10y-100)+(1-\lambda)\cdot(7x+2y-100)\\ &= 7x+(2+8\lambda)\cdot y-100\end{aligned}$$

zu maximieren. Die durch $\Phi(x,y) = \text{konst.}$ gegebene Gerade hat – in Abhängigkeit von λ – die im Folgenden mit b_λ bezeichnete Steigung

$$b_\lambda = -\frac{7}{2+8\lambda}.$$

Wegen der Linearität von Φ in x und y kommt als Optimallösung jeweils nur eine Ecke von A infrage (beziehungsweise bei Nicht-Eindeutigkeit die Verbindungsstrecke zweier Ecken). Da nun laut Aufgabenstellung Produktionspläne (x,y) mit $x=0$ oder $y=0$ als Optimallösungen ausgeschlossen sein sollen, und da – wie die Skizze aus dem Teil a) der Lösung zu Aufgabe 5.11 zeigt – der Schnittpunkt der beiden Geraden $3x+2y=400$, $5x+2y=500$ einziger Eckpunkt von A mit $x>0$, $y>0$ ist, muss also λ so gewählt werden, dass dieser Eckpunkt einzige Maximalstelle von $\Phi(x,y)$ unter $(x,y)\in A$ ist. Folglich muss, weil die beiden Geraden, die A nach rechts und oben begrenzen, die Steigungen $-1{,}5$ beziehungsweise $-2{,}5$ besitzen, die Abschätzung $-2{,}5 < b_\lambda < -1{,}5$ gelten; diese Abschätzung ist wegen

$$\begin{aligned}1{,}5 < |b_\lambda| = \tfrac{7}{2+8\lambda} < 2{,}5 &\iff 3+12\lambda < 7 < 5+20\lambda\\ &\iff 12\lambda < 4 \quad\text{und}\quad 20\lambda > 2\end{aligned}$$

äquivalent zu $\frac{1}{10} < \lambda < \frac{1}{3}$.

Den gesuchten Eckpunkt und damit den für alle diese λ optimalen Produktionsplan erhält man gemäß

$$\left.\begin{aligned}5x+2y&=500\\3x+2y&=400\end{aligned}\right\} \iff \left\{\begin{aligned}2x&=100\\3x+2y&=400\end{aligned}\right\} \iff \left\{\begin{aligned}x&=50\\2y&=400-150,\end{aligned}\right.$$

das heißt, er lautet stets $(x,y)=(50,125)$.

Auch für die sonstigen λ lassen sich die jeweils zugehörigen Optimallösungen durch Steigungsvergleiche sofort angeben; denn $\lambda > \frac{1}{3}$ ist zu $b_\lambda > -\frac{3}{2}$ und $\lambda < \frac{1}{10}$ zu $b_\lambda < -\frac{5}{2}$ äquivalent. Somit gilt für $\lambda \leqq \frac{1}{10}$ beziehungsweise $\lambda \geqq \frac{1}{3}$ im Einzelnen:

- Für $0 \leqq \lambda < \frac{1}{10}$ ist genau der Produktionsplan $(x,y)=(100,0)$ optimal.
- Für $\lambda = \frac{1}{10}$ ist genau jeder Punkt auf der Strecke zwischen $(100,0)$ und $(50,125)$, das heißt jedes (x,y) mit $50 \leqq x \leqq 100$, $y = 250-2{,}5x$, ein optimaler Produktionsplan.

- Für $\lambda = \frac{1}{3}$ ist genau jeder Punkt auf der Strecke zwischen $(50,125)$ und $(0,200)$, das heißt jedes (x,y) mit $0 \leqq x \leqq 50$, $y = 200 - 1{,}5x$, ein optimaler Produktionsplan.
- Für $\frac{1}{3} < \lambda \leqq 1$ ist genau der Produktionsplan $(x,y) = (0,200)$ optimal.

6. Kapitel
Aufgaben zu Entscheidungen bei variabler Informationsstruktur

Aufgabe 6.1

Neueren Daten über die Zahlungsmoral einer bestimmten Branche kann entnommen werden:

Zustand	Bedeutung	Wahrscheinlichkeit (in %)
z_1	pünktliche vereinbarungsgemäße Zahlung	60
z_2	1 Monat in Verzug	15
z_3	2 Monate in Verzug	10
z_4	3 Monate in Verzug	10
z_5	Einschaltung eines Gerichts erforderlich	5

Ein (risikoneutraler) Unternehmer wird einen neuen Handelspartner aus dieser Branche beliefern. Drei Aktionen werden erörtert (zum Beispiel die prophylaktische Aufnahme eines Kredits, Verzicht auf weitere profitable oder riskante Kontrakte und so weiter). Sie führen zur Entscheidungsmatrix (in 1 000 €)

$$\begin{pmatrix} 100 & 80 & 60 & 40 & 0 \\ 80 & 60 & 60 & 20 & 20 \\ 70 & 70 & 70 & 70 & 0 \end{pmatrix}.$$

Recherchen über die bisherigen Zahlungsusancen des neuen Handelspartners kosten 1000 € und bringen naturgemäß nur eine unvollkommende Information über das tatsächliche Zahlungsverhalten in der Planungsperiode. Detaillierte Recherchen und eine detailliertere Liquiditätsüberprüfung führen zu einer vollkommenen Information, kosten jedoch 4500 €.

a) Lohnt sich die vollkommene Information?

b) Lohnt sich die unvollkommene Information?

Aufgabe 6.2

Ein risikoneutraler Unternehmer kann spezielle Patentrechte zu einem Preis von $1{,}2 \cdot 10^6$ € kaufen. Der am Ende der Planungsperiode daraus erzielbare Erlös beträgt im günstigsten Fall (= Zustand z_1) $2 \cdot 10^6$, wobei die Eintrittswahrscheinlichkeit für den günstigsten Fall 60 % beträgt. Die Restwahrscheinlichkeit ist gleichmäßig auf die vier weiteren Erlöse

$$1{,}7 \cdot 10^6; \quad 1{,}5 \cdot 10^6; \quad 1{,}3 \cdot 10^6 \quad \text{und} \quad 10^6$$

verteilt. Verzichtet er auf den Kauf der Patentrechte, so kann er den Kaufpreis risikofrei anlegen und am Ende der Planungsperiode einen Gewinn von 10^5 erzielen. Relativ aussagekräftige Recherchen über den tatsächlichen Erlös der Patentausbeute kosten 35 000 €. Lohnt es sich, derartige Recherchen durchzuführen?

Aufgabe 6.3

Eine Unternehmung muss sich zwischen zwei Projekten entscheiden. Das mit der Entscheidungsvorbereitung betraute Team hat fünf relevante Szenarios (= Zustände z_j) herausdestilliert und folgende Entscheidungsmatrix (Ergebnisse in 1 000 €) ermittelt

$$\mathbf{U} = \begin{pmatrix} 1000 & 1500 & 3000 & 500 & 1000 \\ 0 & 2100 & 1000 & 900 & 900 \end{pmatrix}.$$

a) Alle Szenarios werden als gleich wahrscheinlich erachtet. Eine unvollkommene Informationsquelle könnte einen gewissen Aufschluss darüber geben, welches Szenario eher eintreten wird. Die Kosten belaufen sich auf 250 000 €. Lohnt sich die Inanspruchnahme dieser Informationsquelle?

b) Wie groß ist der Maximin-Wert der vollkommenen Information?

Aufgabe 6.4

Die Innovatio AG hat ein neues Produkt entwickelt und erwägt verschiedene Alternativen, die die Produktion und Vermarktung betreffen. Drei Aktionen a_1, a_2, a_3 erscheinen am viel versprechendsten. Von entscheidender Bedeutung für das finanzielle Ergebnis ist der Anteil der Käufer innerhalb der anvisierten Zielgruppe. Dieser Anteil kann (vereinfachend) nur die drei Werte 10 %, 20 % und 30 % annehmen. Es wurde die Entscheidungsmatrix (in 1 000 €) ermittelt.

$$\mathbf{U} = \begin{pmatrix} 2000 & 0 & 100 \\ 1700 & 2000 & 1400 \\ u_{31} & 400 & 2000 \end{pmatrix}.$$

Die drei genannten Anteilswerte werden a priori für gleich wahrscheinlich erachtet.

a) Die Kalkulation des Ergebnisses u_{31} erweist sich als problematisch. Das Planungsteam ist sich über den genauen nummerischen Wert uneins. Es gilt jedoch als gesichert, dass u_{31} einen Wert zwischen 1 000 und 1 200 hat. Eine Totalerhebung aller Personen der Zielgruppe ist mit Kosten in Höhe von 320 000 € verbunden, bringt aber eine perfekte Kenntnis des wahren Anteilswertes. Sollte die Totalerhebung durchgeführt werden?

b) Bei einer Stichprobenuntersuchung von n potenziellen Kunden fallen (falls $n \geq 1$) Fixkosten in Höhe von 20 000 € an (Entwicklung des Fragebogens, Herstellung der Prototypen, Rekrutierung der Befrager) sowie pro Kunde variable Kosten von 5 €. Als erwarteter Wert der Stichprobeninformation *EWSI*(n) wurde errechnet:

$$EWSI(n) = 300 - 300\,e^{-0{,}01\,n}$$

Bestimmen Sie den optimalen Stichprobenumfang n_*.

Aufgabe 6.5

Bei der Dezentra AG steht eine schwer wiegende make or buy-Entscheidung an. Fünf Zustände werden als entscheidungsrelevant erachtet und a priori mit folgenden Realisationswahrscheinlichkeiten

$$p_1 = 0{,}10; \quad p_2 = 0{,}20; \quad p_3 = 0{,}40; \quad p_4 = 0{,}20; \quad p_5 = 0{,}10$$

für möglich gehalten. Die Analyse führt zu der folgenden Entscheidungsmatrix (in Mio. €)

$$\mathbf{U} = \begin{pmatrix} u_{11} & 5 & 4 & 10 & 5 \\ 10 & 3 & 8 & 2 & 6 \end{pmatrix}.$$

Da es Probleme mit der Quantifizierung des Matrixelements u_{11} gibt, wird es als Variable betrachtet. Falls sich der nummerische Wert von u_{11} als nicht sehr sensitiv herausstellen sollte, soll die aufwändige Quantifizierung eingespart werden. Falls sich die *EWVI*-Werte aber um mehr als 0,35 unterscheiden, wird die Quantifizierung nachgeholt.

a) Bestimmen Sie für $u_{11} = 5$ und $u_{11} = 15$ jeweils den erwarteten Wert der vollkommenen Information *EWVI*.

b) Bestimmen Sie *EWVI* für jeden beliebigen u_{11}-Wert. Skizzieren Sie Ihr Ergebnis in einem $(u_{11}, EWVI)$-Koordinatensystem und klären Sie, ob u_{11} quantifiziert werden muss.

Aufgabe 6.6*

Die Big GmbH kann aus Eigenmitteln entweder eine Erweiterungsinvestition für ihr Hauptprodukt durchführen (= Aktion a_1) oder eine denselben Kapitaleinsatz erfordernde Alternativinvestition ($\widehat{=} a_2$). Je nach Marktlage (gut $\widehat{=} z_1$, schlecht $\widehat{=} z_2$) ergibt sich folgende Ergebnis-(= Nutzen)-Matrix:

U	z_1	z_2
a_1	15	8
a_2	12	10

Die Wahrscheinlichkeit für die gute beziehungsweise schlechte Marktlage wird von der Big GmbH mit jeweils 50 % eingeschätzt. Durch eine Marktanalyse mit zwei möglichen Ergebnissen x_1 und x_2 kann der Kenntnisstand bezüglich des wahren Zustands verbessert werden. Das sich ergebende unvollständige Informationssystem lässt sich durch folgende Likelihoodfunktion beschreiben:

$P(x_j \mid z_i)$	x_1	x_2
z_1	0,4	0,6
z_2	0,8	0,2

Das heißt, $P(x_j \mid z_i)$ ist die Wahrscheinlichkeit, das Marktanalyse-Ergebnis x_j zu erhalten, wenn in der Realität der Zustand z_i vorliegt.

a) Bestimmen Sie den erwarteten Wert der vollkommenen Information.

b) Berechnen Sie die Wahrscheinlichkeiten $P(x_1)$ und $P(x_2)$, mit denen sich die Ergebnisse x_1 beziehungsweise x_2 realisieren.

c) Berechnen Sie für x_1 und x_2 jeweils die a posteriori Zustandsverteilung.

d) Berechnen Sie den erwarteten Wert der unvollkommenen Information.

Aufgabe 6.7

Die SAUBER AG hat zwei Typen von Geschirrspülmaschinen entwickelt. Typ A ist relativ teuer, hat einen etwas erhöhten Energie- und Wasserbedarf, fasst aber 12 Maßgedecke. Typ B dagegen ist preiswerter, energiesparender, fasst aber nur 10 Maßgedecke. Auf Grund der räumlichen und finanziellen Gegebenheiten der SAUBER AG kann vorläufig nur ein Typ in die Massenproduktion gehen. Sei a_1 (beziehungsweise a_2) die Entscheidung für Typ A (beziehungsweise Typ B). Zwei relevante Marktkonstellationen z_1 und z_2 werden unterschieden und a priori für gleich wahrscheinlich gehalten. Dabei bedeutet z_1 (beziehungsweise z_2) bessere Absatzchancen für Typ A (beziehungsweise Typ B). Die Kalkulationen lassen folgende Entscheidungsmatrix (in Mio. €) als angemessen erscheinen:

$$\mathbf{U} = \begin{pmatrix} 100 & 75 \\ 50 & 100 \end{pmatrix}.$$

Eine Testmarktuntersuchung, die eines der beiden Testmarktresultate x_1 oder x_2 liefern wird, könnte durchgeführt werden. Die Testmarktresultate sind mit den möglichen Marktkonstellationen durch eine Likelihoodfunktion verknüpft, die folgender Matrix zu entnehmen ist

$P(x_j \mid z_i)$	x_1	x_2
z_1	$\frac{1}{3}$	$\frac{2}{3}$
z_2	$\frac{4}{5}$	$\frac{1}{5}$

a) Berechnen Sie zur a priori Verteilung $\varphi = (\frac{1}{2}, \frac{1}{2})$ den Wert der Testmarktuntersuchung (als *EWSI*) sowie die Bayes-Strategie δ_*. Benutzen Sie dazu die in der Bemerkung 2 zu Aufgabe 6.6* (siehe die zugehörige Lösung) angegebene matrizielle Berechnungsmöglichkeit.

b) Die Testmarktuntersuchung verursache Kosten von 1 Mio. €. Eine vollkommene Informationsquelle sei ebenfalls verfügbar. Sie verursacht allerdings Kosten in Höhe von 10 Mio. €. Welche Informationsquelle sollte die SAUBER AG in Anspruch nehmen?

Aufgabe 6.8*

Lösen Sie den Teil a) von Aufgabe 6.7, indem Sie alle Strategien aufstellen und die zugehörigen Risikofunktionen berechnen.

Aufgabe 6.9

Die Eurasia AG beurteilt die Zukunftschancen für ihre Maschinen in der Russischen Föderation besonders günstig. Die AG analysiert deshalb die Alternativen

a_1 : Joint-Venture mit einer russischen Unternehmung
a_2 : Kauf einer russischen Unternehmung
a_3 : Aufbau einer Niederlassung mit Servicecenter in Russland

Der Rubelkurs zum € hat sowohl für die Investitionsphase als auch für die Repatriierung der Gewinne eine entscheidende Bedeutung. Etwas vereinfachend werden die Szenarios unterschieden

z_1 : der Rubelkurs steigt erheblich
z_2 : der Rubelkurs steigt schwach
z_3 : der Rubelkurs ist nahezu unverändert
z_4 : der Rubelkurs fällt.

Die jeweiligen Konsequenzen sind in folgender Entscheidungsmatrix eingetragen worden (in Mio. €):

U	z_1	z_2	z_3	z_4
a_1	10	12	5	4
a_2	11	9	10	3
a_3	5	2	14	7

a) Sind alle drei Alternativen effizient?

b) Um die Realisationswahrscheinlichkeiten p_j der Zustände z_j zu bestimmen, wird der Kundenbetreuer der Eurasia-Hausbank eingeschaltet. Dieser verweist auf die Recherchen seines Hauses und gibt folgende Auskünfte:

   Die Wahrscheinlichkeit, dass der Rubelkurs erheblich steigt, ist mindestens so groß wie die Wahrscheinlichkeit, dass der Rubelkurs nahezu unverändert bleibt. Ferner ist die Wahrscheinlichkeit, dass der Rubelkurs nahezu unverändert bleibt, mindestens so groß wie die Wahrscheinlichkeit, dass der Rubelkurs schwach steigt.

   Betrachten Sie diese Auskünfte als eine lineare partielle Information in der Form von Ungleichungen, geben Sie alle zulässigen zusammenhängenden Träger an und bestimmen sie die in diesem LPI-Modell optimale Alternative.

Aufgabe 6.10

Die Invest GmbH muss sich zwischen drei Investitionsalternativen a_1, a_2, a_3 entscheiden. Der Gewinn, den die Invest GmbH bei jeder dieser Alternativen erzielt, hängt wesentlich davon ab, welches der drei Szenarien z_1, z_2, z_3 sich realisieren wird. Gehen Sie von der Entscheidungsmatrix

$$\mathbf{U} = \begin{pmatrix} 5 & 7 & 6 \\ 6 & 5 & 6 \\ 5 & 3 & 7 \end{pmatrix}$$

aus und legen Sie ein LPI-Modell mit der Information

$$p_1 = p_2 \quad \text{und} \quad p_2 \geqq p_3$$

zu Grunde.

a) Geben Sie alle zulässigen und zusammenhängenden Träger an.

b) Bestimmen Sie die LPI-optimale Investitionsalternative.

Aufgabe 6.11

Vier mittelständische Unternehmungen haben jeweils einen Kredit in Höhe von 10 Mio. € bei der Privatbank Steiner beantragt. Auf Grund des bereits vergebenen Kreditvolumens und der begrenzten Eigenkapitalausstattung kann die Bank lediglich einen dieser Kredite zusagen. Entscheidung a_i sei die Kreditzusage an Unternehmung i. Die Prüfung der Unterlagen lässt erkennen, dass für den Erfolg beziehungsweise Misserfolg und damit für den ordnungsgemäßen Kapitaldienst fünf Szenarien $z_1, \ldots, z_5$ unterschieden werden müssen. Die Szenarien seien bereits in absteigender Reihenfolge der Eintretenswahrscheinlichkeiten nummeriert, das heißt

$$p_1 \geqq p_2 \geqq p_3 \geqq p_4 \geqq p_5.$$

Als Entscheidungsmatrix wurde ermittelt:

$$\mathbf{U} = \begin{pmatrix} 6 & 5 & 9 & 10 & 12 \\ 5 & 8 & 7 & 8 & 10 \\ 10 & 6 & 5 & 4 & 3 \\ 12 & 8 & 9 & 8 & 2 \end{pmatrix}.$$

Diejenige Kreditentscheidung soll als optimal gelten, deren minimaler Nutzenerwartungswert (minimiert bezüglich aller mit obiger Information verträglichen Szenariowahrscheinlichkeiten) maximal ausfällt. Bestimmen Sie die optimale Kreditentscheidung.

Aufgabe 6.12

Für die Durchführung von Großprojekten kommt aus Sicherheitsgründen oder aus technologischen Gründen oft nur eine einzige Unternehmung infrage. Bei einem neu zu entwickelnden satellitengestützten Road-Pricing-System ist dies der Fall. Der Vergabekommission ist bewusst, dass von Cost-Plus-Kontrakten keine Anreize zur Kosteneffizienz zu erwarten sind, und dass Fixpreis-Kontrakte ebenfalls Nachteile aufweisen. Denn bei Großprojekten mit einem hohen Kostenrisiko ist der Auftragnehmer nur bei einem entsprechend hohen Fixpreis bereit, das Kostenrisiko zu 100 % zu übernehmen. Frau Dr. Klug, Mitglied der Vergabekommission, schlägt den Einsatz von erweiterten Anreiz-Kontrakten vor. Der Auftragnehmer erhält demnach bei korrekter Leistungserstellung die nachkalkulatorisch festgestellten Kosten c sowie einen Gewinn, der sich folgendermaßen errechnet:

$$\hat{g}(\hat{c}) - s(\hat{c})\,[c - \hat{c}],$$

wobei $\hat{c}$ die Zielkosten sind, die der Auftragnehmer nach eigenem Ermessen festsetzen kann und $\hat{g}(\hat{c})$ der von $\hat{c}$ abhängige Zielgewinn (das heißt der Gewinn für den Fall, dass tatsächliche Kosten c und Zielkosten $\hat{c}$ identisch sind). Schließlich ist $s(\hat{c})$ eine von $\hat{c}$ abhängige Größe zwischen 0 und 1. Frau Dr. Klug weist darauf hin, dass ein Kontrakt dieses Typs Kostenbewusstsein erzeugt, da Kostenüberschreitungen den Gewinn schmälern und Kostenunterschreitungen den Gewinn erhöhen. Ferner argumentiert sie, dass der Kontrakt bei geeigneter Spezifizierung von $\hat{g}(\hat{c})$ und $s(\hat{c})$ geeignet ist, die bestehende Informations-Asymmetrie abzubauen. Denn die Vergabekommission ist lediglich in der Lage, die Projektkosten auf den Bereich von 3 Mrd. € bis 5 Mrd. € einzugrenzen. Der Auftragnehmer ist auf Grund seiner Erfahrung und seines technologischen Wissens jedoch in der Lage, die Wahrscheinlichkeitsverteilung der Kosten C wesentlich genauer spezifizieren zu können. Frau Dr. Klug behauptet, dass der für Budgetierungszwecke wichtige Kostenerwartungswert $\mathrm{E}(C)$ durch die Wahl von $\hat{c}$ offen gelegt wird.

Sie schlägt, was vielen Kommissionsmitgliedern sehr sophistisch erscheint, folgende Spezifizierung vor:

$$\hat{g}(\hat{c}) = 3 - \tfrac{7}{8}\hat{c} + \tfrac{1}{16}\hat{c}^2 \quad \text{und} \quad s(\hat{c}) = \tfrac{7}{8} - \tfrac{1}{8}\hat{c},$$

wobei $\hat{c}$ in der Einheit Mrd. € zu zählen ist. Prüfen Sie nach, ob die Behauptung von Frau Dr. Klug zutrifft:

„Ein risikoneutraler Auftragnehmer wählt im eigenen Interesse die Zielkosten $\hat{c}$ so, dass $\hat{c} = \mathrm{E}(C)$ gilt.“

Aufgabe 6.13

Die Alpha-GmbH stellt High Tech-Produkte her. Da die Gesellschafter nicht über das erforderliche Spezialwissen verfügen, haben sie Herrn Neun als kompetenten Geschäftsführer engagiert. Der bisherige Entlohnungsvertrag läuft aus; er sah ein Fixum und einen zusätzlichen einprozentigen Anteil am Gewinn vor. Der Gewinn lag in den vergangenen Jahren stets zwischen 10 Mio. € und 30 Mio. €. Herr Neun ist naturgemäß besser über den Gewinn X des jeweils nächsten Jahres informiert als die Gesellschafter. Für die Planung ihrer Entnahmen müssen die Gesellschafter ihr rudimentäres Wissen (nämlich $10 \leqq X \leqq 30$) durch die wahrheitsgemäße Information seitens des Geschäftsführers ergänzen. Sie wollen den von Herrn Neun erwarteten Gewinn $\mathrm{E}(X)$ offen gelegt haben. Dazu wird der neue Entlohnungsvertrag mit einer Soll-Ist-Abweichung konzipiert. Die Jahresentlohnung y des Geschäftsführers wird so bemessen:

$$y = y_0 + \tfrac{p}{100}\,(x - \hat{x}),$$

wobei $0 \leqq p \leqq 100$ gilt und $x - \hat{x}$ die Abweichung des tatsächlichen Gewinns vom Zielgewinn bedeutet. Da die Gesellschafter nicht in der Lage sind, den

Zielgewinn $\hat{x}$ ex ante verlässlich zu spezifizieren, überlassen sie die Wahl von $\hat{x}$ dem Geschäftsführer, machen jedoch das Fixum y_0 und den Prozentsatz p folgendermaßen von dieser Wahl abhängig:

$$y_0 = 0{,}025\hat{x}^2 - g \quad \text{und} \quad p = 5\hat{x}.$$

a) Herr Neun hat im letzten Jahr des ausgelaufenen Entlohnungsvertrages 125 000 € verdient. Setzen Sie g so fest, dass der neue Vertrag genau dieselbe Entlohnung für den Fall zur Folge hat, dass keine Soll-Ist-Abweichung vorkommt und der GmbH-Gewinn 15 Mio. € (also genau die Mitte zwischen den von den Gesellschaftern für möglich gehaltenen Gewinnrealisationen) beträgt.

b) Herr Neun sei risikoneutral. Erreichen die Gesellschafter durch den neuen Entlohnungsvertrag ihr Ziel, durch die von Herrn Neun vorgenommene Wahl von $\hat{x}$ wahrheitsgemäß über den von Herrn Neun erwarteten Jahresgewinn $\mathrm{E}(X)$ informiert zu werden?

Aufgabe 6.14

Ein Hersteller von Farbkopierern vertreibt seine Geräte ausschließlich durch Gebietsvertreter. Diese wissen im Gegensatz zum Hersteller besser, wie viele Geräte in ihrem Gebiet abgesetzt werden können. Für die Produktionsplanung benötigt der Hersteller verlässliche (das heißt wahrheitsgemäße) Angaben über die Absatzzahlen. Deshalb wird jeder Gebietsvertreter nicht nur gemäß der realisierten Absatzzahl x entlohnt, sondern auch in Abhängigkeit von einer Absatzprognose $\hat{x}$, die er zu Beginn der Planungsperiode dem Hersteller mitteilt. Es sei eine extreme Informations-Asymmetrie unterstellt: Der Vertreter kennt die Gegebenheiten seines Gebietes so präzise, dass er sicher ist, genau $x = 110$ Einheiten absetzen zu können. Welche Prognose $\hat{x}$ ist für den Vertreter optimal, wenn seine von x und $\hat{x}$ abhängige Entlohnung $y(x,\hat{x})$ so spezifiziert sei:

a)
$$y(x,\hat{x}) = \begin{cases} 1\,000x + 10\,000, & \text{falls} \quad x \geqq 1{,}1 \cdot \hat{x} \\ 1\,000x, & \text{falls} \quad x < 1{,}1 \cdot \hat{x}. \end{cases}$$

Das heißt, sobald die Prognose um mindestens 10 % übertroffen wird, wird eine für Top-Verkäufer vorgesehene Prämie von 10 000 gezahlt (eventuell in Form einer „Incentive-Fernreise").

b)
$$y(x,\hat{x}) = \begin{cases} 1\,000x - 300\,(x - \hat{x}), & \text{falls} \quad x \geqq \hat{x} \\ 1\,000x - 300\,(\hat{x} - x), & \text{falls} \quad x \leqq \hat{x}. \end{cases}$$

Das heißt, sowohl Überschreitungen der Absatzprognose ($x > \hat{x}$) als auch Unterschreitungen ($x < \hat{x}$) werden gleichermaßen sanktioniert.

Aufgabe 6.15*

Es werde wieder die Problemstellung von Aufgabe 6.14 betrachtet, wobei allerdings die Prämisse einer Sicherheitssituation seitens des Gebietsvertreters aufgehoben und durch die realistischere Prämisse einer Risikosituation ersetzt wird. Der Gebietsabsatz X nehme jeweils mit der Wahrscheinlichkeit von $\frac{1}{3}$ eine der drei Realisationen

$$x = 110, \quad x = 120, \quad \text{und} \quad x = 130$$

an. Der Gebietsvertreter sei risikoneutral. Das Entlohnungsschema enthalte zwei disponible Parameter β und γ (mit $0 < \beta < 1\,000$ und $0 < \gamma < 1\,000$)

$$y(x,\hat{x}) = \begin{cases} 1\,000x - \beta \cdot (x - \hat{x}), & \text{falls} \quad x \geqq \hat{x} \\ 1\,000x - \gamma \cdot (\hat{x} - x), & \text{falls} \quad x \leqq \hat{x}. \end{cases}$$

Nun können Über- und Untererfüllungen in unterschiedlichem Maße sanktioniert werden. Setzen Sie

a) $\beta = 100$ sowie $\gamma = 300$

b) $\beta = 300$ sowie $\gamma = 300$ (wie in Teil b) von Aufgabe 6.14)

c) $\beta = 300$ sowie $\gamma = 100$

und klären Sie, ob durch geeignete Wahl von β und γ eine wahrheitsgemäße Prognose des erwarteten Absatzes $\mathrm{E}(X) = 120$ möglich ist.

Aufgabe 6.16

Herr Schmitt ist Manager des Geschäftsbereichs Netzwerktechnologie einer großen AG. Seine Vergütung y hängt vom Gewinn x des Geschäftsbereichs ab:

$$y = y_0 + \tfrac{p}{100} \cdot x,$$

wobei y_0 ein Fixum bedeutet und p einen Prozentsatz. Prinzipal-Agent-Ansätze unterstellen bekanntlich, dass der Gewinn (bei gegebenen Rahmenbedingungen, zum Beispiel einem gegebenen Geschäftsbereichsbudget) vom Anstrengungsniveau a des Managers und einem Zufallseinfluss abhängt. Letztere sind beide nicht separat beobachtbar; deshalb hängt die Entlohnung y nur vom beobachteten Gewinn x ab. Das Anstrengungsniveau (= Effort) a wird üblicherweise so skaliert, dass $a = 0$ das von einem Manager erwartete Anstrengungsniveau bezeichnet, und jedes $a > 0$ eine erhöhte Anstrengung (Arbeitszeit, Kreativität, Sorgfalt, Vorausschau etc.) bedeutet. Je höher a ist, desto höher ist das so genannte Arbeitsleid für den Manager. Typischerweise wird das Arbeitsleid quadratisch ansteigend, also insbesondere progressiv ansteigend, modelliert. Durch einen geeignet gewählten Skalenfaktor k wird ein monetäres Äquivalent erzeugt, so dass sich die für den Manager relevante Entlohnung als monetäre Entlohnung abzüglich des in Kauf genommenen Arbeitsleids ergibt:

$$y_a = y_0 + \tfrac{p}{100} \cdot x - k \cdot a^2.$$

Durch das erhöhte Anstrengungsniveau $a > 0$ wird natürlich auch der Gewinn tendenziell höher. Es sei angenommen, dass der Gewinn X_a beim Anstrengungsniveau a normalverteilt ist mit

$$\mathrm{E}(X_a) = \mu + a, \quad \mathrm{Var}(X_a) = \sigma^2,$$

und dass der Manager eine konstante Risikoaversion α besitzt. Berechnen Sie das für den Manager optimale Anstrengungsniveau a_* und diskutieren Sie die Abhängigkeit von den Problemgrößen y_0, μ, σ^2, α, p und k.

Lösungen zu Kapitel 6

Lösung zu Aufgabe 6.1

Zweckmäßigerweise wird zuerst der erwartete Wert der vollkommenen Information (*EWVI*) berechnet, beispielsweise unter Zuhilfenahme der Opportunitätskostenmatrix **S**. Aus der gegebenen Entscheidungsmatrix **U** erhält man

$$\mathbf{S} = \begin{pmatrix} 0 & 0 & 10 & 30 & 20 \\ 20 & 20 & 10 & 50 & 0 \\ 30 & 10 & 0 & 0 & 20 \end{pmatrix}.$$

Die Gewichtung der Zeilenelemente mit den gegebenen Zustandswahrscheinlichkeiten p_j liefert die drei Erwartungswerte

5,0 (erste Zeile); 21 (zweite Zeile); 20,5 (dritte Zeile).

Das Minimum ist der Wert der vollkommenen Information, das heißt

$$EWVI = 5\,000\ €.$$

a) Die vollkommene Information ist zu teuer; man sollte auf sie verzichten.

b) Ob sich die Aktivierung der unvollkommenen Informationsquelle lohnt, hängt von ihrem Grad an Unvollkommenheit ab. Aus den gegebenen Daten kann dies nicht entnommen werden. Es kann mittels des berechneten *EWVI* nur folgendes geschlossen werden:

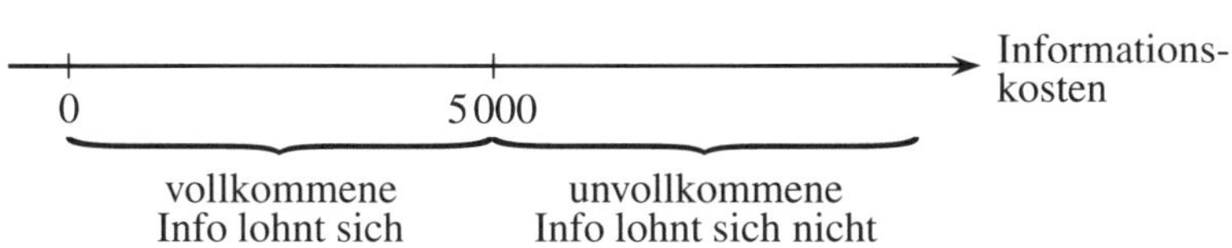

Lösung zu Aufgabe 6.2

Den beiden Aktionen

$$\begin{aligned} a_1 &: \text{ Kauf der Patentrechte} \\ a_2 &: \text{ Alternativanlage} \end{aligned}$$

und den 5 Zuständen entspricht eine (2×5)-Entscheidungsmatrix $\mathbf{U}$. Füllen wir diese mit den jeweiligen Gewinnen, so erhalten wir

$$\mathbf{U} = \begin{pmatrix} 8 \cdot 10^5 & 5 \cdot 10^5 & 3 \cdot 10^5 & 1 \cdot 10^5 & -2 \cdot 10^5 \\ 10^5 & 10^5 & 10^5 & 10^5 & 10^5 \end{pmatrix}.$$

Die zugehörige Opportunitätskostenmatrix $\mathbf{S}$ ist

$$\mathbf{S} = \begin{pmatrix} 0 & 0 & 0 & 0 & 3 \cdot 10^5 \\ 7 \cdot 10^5 & 4 \cdot 10^5 & 2 \cdot 10^5 & 0 & 0 \end{pmatrix}.$$

Mittels der Zustandswahrscheinlichkeiten

$$p_1 = 0{,}60; \quad p_2 = p_3 = p_4 = p_5 = 0{,}10$$

errechnet man für die beiden Zeilen die Erwartungswerte

$$30\,000 \quad \text{und} \quad 480\,000.$$

Der erwartete Wert der vollkommenen Information ist infolgedessen

$$EWVI = 30\,000.$$

Damit ist geklärt, dass es sich nicht lohnt, die Recherchen durchzuführen.

Lösung zu Aufgabe 6.3

a) Zuerst wird der erwartete Wert der vollkommenen Information *EWVI* berechnet. Ist $EWVI \leqq 250$ (1 000 €), so ist die gestellte Frage zweifellos zu beantworten: Die Aktivierung der Informationsquelle ist zu teuer; es sollte darauf verzichtet werden. Ergibt sich dagegen $EWVI > 250$, so ist ohne weitere Präzisierung der Rückschlussmöglichkeiten bezüglich der Szenariowahrscheinlichkeiten keine definitive Antwort möglich. Der *EWVI* wird wieder über die Opportunitätskostenmatrix $\mathbf{S}$ berechnet. Diese ist

$$\mathbf{S} = \begin{pmatrix} 0 & 600 & 0 & 400 & 0 \\ 1000 & 0 & 2000 & 0 & 100 \end{pmatrix}.$$

Die beiden (Zeilen-)Erwartungswerte sind $\frac{1\,000}{5}$ beziehungsweise $\frac{3\,100}{5}$. Damit ist

$$EWVI = 200.$$

Die Kosten sind höher als der Informationswert. Die Inanspruchnahme der Informationsquelle lohnt sich nicht.

b) Ohne Berücksichtigung einer vollkommenen Informationsquelle ist a_1 die Maximin-Aktion, denn es gilt

$$\Phi(a_1) = \min_j u_{1j} = 500 > \Phi(a_2) = \min_j u_{2j} = 0.$$

Die Inanspruchnahme einer vollkommenen Informationsquelle zu Kosten v und die nachfolgende Entscheidung für die (in der jeweils resultierenden Sicherheitssituation) optimale Aktion kann als eine weitere konkurrierende Aktion a_0 aufgefasst werden, die zu dem Ergebnisvektor

$$(u_{01}, \ldots, u_{05}) = (1\,000 - v, 2\,100 - v, 3\,000 - v, 900 - v, 1\,000 - v)$$

führt. Die Beurteilungsgröße ist $\Phi(a_0) = \min_j u_{0j} = 900 - v$. Gleichsetzen von $\Phi(a_1)$ und $\Phi(a_0)$ liefert die Bestimmungsgleichung

$$500 = 900 - v,$$

deren Lösung $v = 400$ der Maximin-Wert der vollkommenen Information ist.

Lösung zu Aufgabe 6.4

a) Zur Berechnung des erwarteten Wertes der vollkommenen Information *EWVI* wird die Formel verwendet:

$$EWVI = \sum_{j=1}^{3} p_j \cdot \max_i u_{ij} - \max_i \sum_{j=1}^{3} p_j \cdot u_{ij}.$$

Einsetzen der Daten aus $\mathbf{U}$ und $p_j = \frac{1}{3}$ resultiert in

$$EWVI = \tfrac{1}{3}\{2\,000 + 2\,000 + 2\,000\} - \max\left\{700; 1\,700; \tfrac{2\,400+u_{31}}{3}\right\}.$$

Dabei wurde in der ersten geschweiften Klammer bereits $u_{31} \leqq 1\,200 \leqq 2\,000$ genutzt. Die Restriktion $u_{31} \leqq 1\,200$ führt ferner zu der für die zweite geschweifte Klammer relevanten Abschätzung:

$$\tfrac{2\,400+u_{31}}{3} \leqq 1\,200.$$

Damit ist der *EWVI* unabhängig von der Detailspezifizierung des Matrixelements u_{31} und gleich

$$EWVI = 2\,000 - 1\,700 = 300.$$

b) Für $n = 0$ (= Verzicht auf die Stichprobenuntersuchung) ergibt sich der erwartete Nettogewinn der Stichprobe *ENGS* als

$$ENGS(0) = EWSI(0) - 0 = 0.$$

Für $n \geqq 1$ gilt dagegen

$$ENGS(n) = 300 - 300 \cdot e^{-0{,}01\,n} - (20 + 0{,}005 \cdot n).$$

Die Ableitung nach n ist

$$300 \cdot 0{,}01 \cdot e^{-0{,}01\,n} - 0{,}005.$$

Nullsetzen liefert (da die zweite Ableitung negativ ist) das Ergebnis

$$n_* = -\frac{1}{0{,}01} \ln \frac{0{,}005}{300 \cdot 0{,}01} = 640.$$

Wegen

$$ENGS(640) = 300 - 300 \cdot e^{-0{,}01 \cdot 640} - (20 + 0{,}005 \cdot 640) = 276{,}30 > 0$$

scheidet ein mögliches Randoptimum für $n = 0$ aus. Der optimale Stichprobenumfang beträgt demnach 640.

Lösung zu Aufgabe 6.5

a) Für $u_{11} = 5$ erhält man die Opportunitätskostenmatrix

$$\mathbf{S} = \begin{pmatrix} 5 & 0 & 4 & 0 & 1 \\ 0 & 2 & 0 & 8 & 0 \end{pmatrix}$$

mit den beiden Zeilen-Erwartungswerten 2,2 beziehungsweise 2. Also ist $EWVI = 2$.

Für $u_{11} = 15$ erhält man

$$\mathbf{S} = \begin{pmatrix} 0 & 0 & 4 & 0 & 1 \\ 5 & 2 & 0 & 8 & 0 \end{pmatrix}$$

mit den Zeilen-Erwartungswerten 1,7 und 2,5 und somit $EWVI = 1{,}7$.

b) Um die Opportunitätskostenmatrix **S** aufstellen zu können, müssen die beiden Fälle unterschieden werden:

Fall 1: $u_{11} \leqq 10$ und **Fall 2:** $u_{11} > 10$.

Im **Fall 1** ist

$$\mathbf{S} = \begin{pmatrix} 10 - u_{11} & 0 & 4 & 0 & 1 \\ 0 & 2 & 0 & 8 & 0 \end{pmatrix}$$

mit den Zeilen-Erwartungswerten $2{,}7 - 0{,}10 \cdot u_{11}$ beziehungsweise 2. Es müssen die beiden Unterfälle unterschieden werden:

Fall 1a: $2{,}7 - 0{,}10 \cdot u_{11} \leqq 2$ und **Fall 1b:** $2{,}7 - 0{,}10 \cdot u_{11} > 2$.

Im **Fall 1a** muss gelten: $7 \leqq u_{11} \leqq 10$ und $EWVI = 2{,}7 - 0{,}10 \cdot u_{11}$. Im **Fall 1b** muss gelten: $u_{11} < 7$ und $EWVI = 2$. Damit ist der Verlauf von $EWVI(u_{11})$ für alle $u_{11} \leqq 10$ bekannt. Im **Fall 2** ist

$$\mathbf{S} = \begin{pmatrix} 0 & 0 & 4 & 0 & 1 \\ u_{11} - 10 & 2 & 0 & 8 & 0 \end{pmatrix}$$

mit den Zeilen-Erwartungswerten 1,7 und $1 + 0{,}1 \cdot u_{11}$. Das Minimum ist zweifellos 1,7, da Fall 2 impliziert, dass

$$1 + 0{,}1 \cdot u_{11} > 1 + 0{,}1 \cdot 10 = 2$$

gilt. Der Verlauf von $EWVI(u_{11})$ ist stückweise linear und sieht folgendermaßen aus:

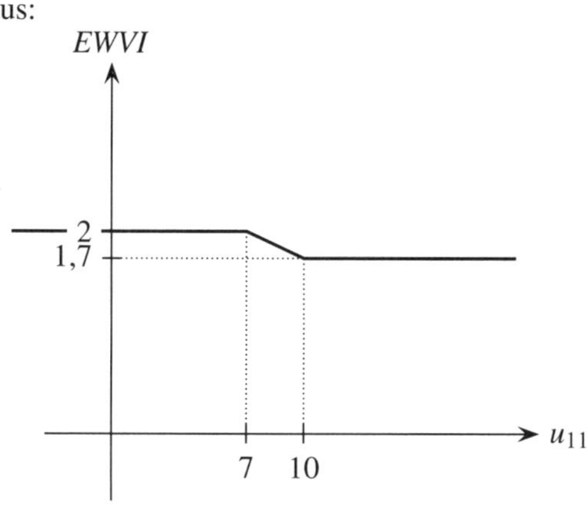

Der Variationsbereich von *EWVI* ist 0,3. Auf eine Quantifizierung von u_{11} kann verzichtet werden.

Lösung zu Aufgabe 6.6*

a) Die Opportunitätskostenmatrix

$$\mathbf{S} = \begin{pmatrix} 0 & 2 \\ 3 & 0 \end{pmatrix}$$

liefert auf Grund der a priori Zustandsverteilung $\varphi = (0{,}5; 0{,}5)$ die Zeilen-Erwartungswerte 1 beziehungsweise 1,5. Demnach ist der Wert der vollkommenen Information

$$EWVI = 1.$$

b) Wie aus der elementaren Wahrscheinlichkeitsrechnung bekannt (Satz von der totalen Wahrscheinlichkeit), errechnet man $P(x_j)$ gemäß

$$P(x_1) = \sum_{i=1}^{2} P(x_1 \mid z_i) \cdot \varphi(z_i) = 0{,}4 \cdot 0{,}5 + 0{,}8 \cdot 0{,}5 = 0{,}6$$

$$P(x_2) = \sum_{i=1}^{2} P(x_2 \mid z_i) \cdot \varphi(z_i) = 0{,}6 \cdot 0{,}5 + 0{,}2 \cdot 0{,}5 = 0{,}4.$$

c) Nach der Formel von Bayes ergibt sich $\psi(z_i \mid x_j)$ gemäß

$$\psi(z_i \mid x_j) = \frac{P(x_j \mid z_i)\, \varphi(z_i)}{P(x_j)}.$$

Das Ergebnis x_1 induziert demnach die a posteriori Zustandsverteilung

$$\psi(z_1 \mid x_1) = \tfrac{0{,}4 \cdot 0{,}5}{0{,}6} = \tfrac{1}{3}; \quad \psi(z_2 \mid x_1) = \tfrac{0{,}8 \cdot 0{,}5}{0{,}6} = \tfrac{2}{3},$$

während x_2 zur a posteriori Verteilung

$$\psi(z_1 \mid x_2) = \tfrac{0{,}6 \cdot 0{,}5}{0{,}4} = \tfrac{3}{4}; \quad \psi(z_2 \mid x_2) = \tfrac{0{,}2 \cdot 0{,}5}{0{,}4} = \tfrac{1}{4}$$

führt.

d) Den erwarteten Wert der unvollkommenen (= Stichproben-)Information *EWSI* erhält man aus den Elementen $s_{ij} = s(a_i, z_j)$ der Opportunitätskostenmatrix, den bereits errechneten a posteriori Verteilungen ψ sowie einer noch zu errechnenden Bayes-Strategie δ_* gemäß

$$EWSI = EWVI - \sum_{j=1}^{2} P(x_j) \sum_{i=1}^{2} \psi(z_i \mid x_j) \cdot s(\delta_*(x_j), z_i).$$

Die einzelnen Bestandteile werden nun schrittweise ermittelt:

Die Bayes-Strategie δ_* ordnet dem Ergebnis x_j der Marktanalyse diejenige Entscheidung zu, die den a posteriori Schadenserwartungswert minimiert. Für x_1 sind demnach zu vergleichen:

$$s_{11} \cdot \psi(z_1 \mid x_1) + s_{12} \cdot \psi(z_2 \mid x_1) = 0 \cdot \tfrac{1}{3} + 2 \cdot \tfrac{2}{3} = \tfrac{4}{3}$$

und

$$s_{21} \cdot \psi(z_1 \mid x_1) + s_{22} \cdot \psi(z_2 \mid x_1) = 3 \cdot \tfrac{1}{3} + 0 \cdot \tfrac{2}{3} = 1.$$

Damit ist geklärt, dass δ_* bei Erhalt der Nachricht x_1 die Aktion a_2 vorschreibt, $\delta_*(x_1) = a_2$. Der analoge Vergleich bezüglich x_2 liefert

$$s_{11} \cdot \psi(z_1 \mid x_2) + s_{12} \cdot \psi(z_2 \mid x_2) = 0 \cdot \tfrac{3}{4} + 2 \cdot \tfrac{1}{4} = \tfrac{1}{2}$$
$$s_{21} \cdot \psi(z_1 \mid x_2) + s_{22} \cdot \psi(z_2 \mid x_2) = 3 \cdot \tfrac{3}{4} + 0 \cdot \tfrac{1}{4} = \tfrac{9}{4}$$

mit dem Ergebnis $\delta_*(x_2) = a_1$.

Die beiden minimalen a posteriori Erwartungswerte, nämlich 1 und $\frac{1}{2}$, müssen nun nur noch mit den Wahrscheinlichkeiten $P(x_1)$ und $P(x_2)$ gewichtet und das Ergebnis von *EWVI* abgezogen werden:

$$EWSI = 1 - (0{,}6 \cdot 1 + 0{,}4 \cdot \tfrac{1}{2}) = 0{,}2.$$

Bemerkungen zu Aufgabe 6.6*

1. In den Abschnitten 6.3 und 6.4 von Bamberg / Coenenberg (2002) wurden die Opportunitätskosten in Anlehnung an die Konvention in der Statistischen Entscheidungstheorie als $s(z,a)$ bezeichnet. Im Kontext der Aufgaben 6.6*, 6.7 und 6.8* wird die umgekehrte Reihenfolge der Argumente, das heißt $s(a,z)$ präferiert, da sie besser zur Matrixkonvention und zur Opportunitätskostenmatrix passt.
2. Der zu Aufgabe 6.6* durchgeführte Lösungsweg zeigt, dass folgende *matrizielle Vorgehensweise zur Bestimmung des EWSI und der Bayes-Strategie* δ_* bei beliebiger Anzahl k der Nachrichten beziehungsweise Anzahl n der Zustände möglich ist:

   Bildet man die Matrix $\mathbf{\Psi}$ mit den Elementen $\psi(z_i \mid x_j)$, berechnet dann mithilfe der Opportunitätskostenmatrix $\mathbf{S}$ das Matrixprodukt $\mathbf{S\Psi}$ (dessen Elemente jeweils die a posteriori Schadenserwartungswerte sind), und bestimmt man ferner zu $\mathbf{S\Psi}$ alle Spaltenminima, so ergibt sich der *EWSI* beziehungsweise die Bayes-Strategie δ_* wie folgt:

   $$EWSI = EWVI - \sum_{j=1}^{k} P(x_j) \cdot (j\text{-tes Spaltenminimum von } \mathbf{S\Psi});$$

   δ_* ordnet jedem x_j diejenige Aktion a_i zu, welche die j-te Spalte von $\mathbf{S\Psi}$ minimiert.

So erhält man beispielsweise mit den Daten aus Aufgabe 6.6*

$$\mathbf{\Psi} = \begin{pmatrix} \frac{1}{3} & \frac{3}{4} \\ \frac{2}{3} & \frac{1}{4} \end{pmatrix}, \quad \text{und folglich} \quad \mathbf{S\Psi} = \begin{pmatrix} 0 & 2 \\ 3 & 0 \end{pmatrix} \begin{pmatrix} \frac{1}{3} & \frac{3}{4} \\ \frac{2}{3} & \frac{1}{4} \end{pmatrix}$$

mit dem Ergebnis

$\mathbf{S\Psi}$	x_1	x_2
a_1	$\frac{4}{3}$	$\frac{1}{2}$
a_2	1	$\frac{9}{4}$

Die zugehörigen Spaltenminima sind grau unterlegt.

Es gilt also (siehe die entsprechenden Resultate in der Lösung zu Aufgabe 6.6*):

- $EWSI = EWVI - (P(x_1) \cdot 1 + P(x_2) \cdot \frac{1}{2})$,
- $\delta_*(x_1) = a_2, \quad \delta_*(x_2) = a_1$.

Lösung zu Aufgabe 6.7

a) Die Berechnung der $P(x_j)$ liefert die Werte

$$P(x_1) = \sum_{j=1}^{2} P(x_j \mid z_1) \cdot \varphi(z_1) = \tfrac{1}{3} \cdot \tfrac{1}{2} + \tfrac{4}{5} \cdot \tfrac{1}{2} = \tfrac{17}{30}$$

$$P(x_2) = \sum_{j=1}^{2} P(x_j \mid z_2) \cdot \varphi(z_2) = \tfrac{2}{3} \cdot \tfrac{1}{2} + \tfrac{1}{5} \cdot \tfrac{1}{2} = \tfrac{13}{30}.$$

Sie sind im Übrigen auch gemäß $(\frac{1}{2}, \frac{1}{2})\begin{pmatrix} 1/3 & 2/3 \\ 4/5 & 1/5 \end{pmatrix}$ erhältlich, das heißt dadurch, dass man den Zeilenvektor φ der a priori Wahrscheinlichkeiten mit der Matrix der $P(x_j \mid z_i)$ multipliziert.

In der Matrix der a posteriori Wahrscheinlichkeiten $\psi(z_i \mid x_j)$ erhält man die Elemente der Spalte j, indem man die einzelnen bei der Berechnung von $P(x_j)$ aufgetretenen Summanden durch das Summenergebnis $P(x_j)$ dividiert. Mit

$$\frac{\frac{1}{6}}{\frac{17}{30}} = \tfrac{5}{17} \quad \text{und} \quad \frac{\frac{2}{5}}{\frac{17}{30}} = \tfrac{12}{17} \quad \text{bzw.} \quad \frac{\frac{1}{3}}{\frac{13}{30}} = \tfrac{10}{13} \quad \text{und} \quad \frac{\frac{1}{10}}{\frac{13}{30}} = \tfrac{3}{13}$$

ergibt sich also

$\mathbf{\Psi}$	x_1	x_2
z_1	$\frac{5}{17}$	$\frac{10}{13}$
z_2	$\frac{12}{17}$	$\frac{3}{13}$

Die Opportunitätskostenmatrix lautet

$$\mathbf{S} = \begin{pmatrix} 0 & 25 \\ 50 & 0 \end{pmatrix}.$$

Die Matrix $\mathbf{S\Psi}$ (der a posteriori Schadenserwartungswerte) ist somit gleich

$\mathbf{S\Psi}$	x_1	x_2
a_1	$\frac{300}{17}$	$\frac{75}{13}$
a_2	$\frac{250}{17}$	$\frac{500}{13}$

Ihre Spaltenminima sind grau unterlegt.

Zur Bestimmung des *EWSI* ist also vom Wert des *EWVI* die Größe $P(x_1) \cdot \frac{250}{17} + P(x_2) \cdot \frac{75}{13} = \frac{17}{30} \cdot \frac{250}{17} + \frac{13}{30} \cdot \frac{75}{13} = \frac{65}{6} = 10{,}83$ abzuziehen. Der *EWVI* ist dabei gleich dem Minimum der zur a priori Verteilung $\varphi = (\frac{1}{2}, \frac{1}{2})$ gebildeten Zeilenerwartungswerte von **S**; er ist somit gleich 12,5. Hieraus folgt:

$$EWSI = 12{,}5 - 10{,}83 = 1{,}67.$$

Aus den grau unterlegten Feldern in $\mathbf{S\Psi}$ ist ferner ersichtlich, dass die Bayes-Strategie δ_* der Nachricht x_1 die Entscheidung a_2 beziehungsweise der Nachricht x_2 die Entscheidung a_1 zuordnet.

b) Der Nettogewinn der unvollkommenen Informationsquelle ist

$$EWSI - 1 = 0{,}67,$$

derjenige der vollkommenen Informationsquelle ist

$$EWVI - 10 = 2{,}5.$$

Die SAUBER AG sollte die vollkommene Information trotz der 10-mal höheren Kosten präferieren.

Lösung zu Aufgabe 6.8*

Die Opportunitätskosten(= Schadens-)Matrix **S** ist

$$\mathbf{S} = \begin{pmatrix} 0 & 25 \\ 50 & 0 \end{pmatrix}.$$

Da es hier (wie auch in Aufgabe 6.6*) nur vier denkbare Strategien gibt, ist auch der in der Aufgabenstellung gefragte alternative Lösungsweg praktikabel, die vier a priori Schadenserwartungswerte zu vergleichen. Die vier Strategien sind

$$\delta_1 : \begin{cases} x_1 \longrightarrow a_1 \\ x_2 \longrightarrow a_1 \end{cases}; \quad \delta_2 : \begin{cases} x_1 \longrightarrow a_1 \\ x_2 \longrightarrow a_2 \end{cases}$$

$$\delta_3 : \begin{cases} x_1 \longrightarrow a_2 \\ x_2 \longrightarrow a_1 \end{cases}; \quad \delta_4 : \begin{cases} x_1 \longrightarrow a_2 \\ x_2 \longrightarrow a_2 \end{cases}$$

Zuerst ist für jedes δ der als Risikofunktion bezeichnete Schadenserwartungswert bei fixem Zustand z_j zu berechnen, das heißt

$$r(\delta, z_j) = P(x_1 \mid z_j) \cdot s(\delta(x_1), z_j) + P(x_2 \mid z_j) \cdot s(\delta(x_2), z_j).$$

Einsetzen der gegebenen Daten führt zu

$$\begin{aligned}
r(\delta_1, z_1) &= \tfrac{1}{3} \cdot 0 + \tfrac{2}{3} \cdot 0 = 0\,; & r(\delta_1, z_2) &= \tfrac{4}{5} \cdot 25 + \tfrac{1}{5} \cdot 25 = 25 \\
r(\delta_2, z_1) &= \tfrac{1}{3} \cdot 0 + \tfrac{2}{3} \cdot 50 = \tfrac{100}{3}; & r(\delta_2, z_2) &= \tfrac{4}{5} \cdot 25 + \tfrac{1}{5} \cdot 0 = 20 \\
r(\delta_3, z_1) &= \tfrac{1}{3} \cdot 50 + \tfrac{2}{3} \cdot 0 = \tfrac{50}{3}\,; & r(\delta_3, z_2) &= \tfrac{42}{5} \cdot 0 + \tfrac{1}{5} \cdot 25 = 5 \\
r(\delta_4, z_1) &= \tfrac{1}{3} \cdot 50 + \tfrac{2}{3} \cdot 50 = 50\,; & r(\delta_4, z_2) &= \tfrac{4}{5} \cdot 0 + \tfrac{1}{5} \cdot 0 = 0.
\end{aligned}$$

Für jedes δ müssen die errechneten beiden Ergebnisse mit $\varphi(z_1) = \varphi(z_2) = \frac{1}{2}$ gewichtet werden. Damit erhalten wir den insgesamt von einer Strategie δ verursachten Schadenserwartungswert als relevante Beurteilungsgröße:

$$\begin{aligned}
\text{Für } \delta_1 &: \tfrac{1}{2}\cdot 0 + \tfrac{1}{2}\cdot 25 = 12{,}5\\
\text{Für } \delta_2 &: \tfrac{1}{2}\cdot \tfrac{100}{3} + \tfrac{1}{2}\cdot 20 = 26{,}67\\
\text{Für } \delta_3 &: \tfrac{1}{2}\cdot \tfrac{50}{3} + \tfrac{1}{2}\cdot 5 = 10{,}83\\
\text{Für } \delta_4 &: \tfrac{1}{2}\cdot 50 + \tfrac{1}{2}\cdot 0 = 25.
\end{aligned}$$

Offensichtlich ist $\delta_* = \delta_3$ die gesuchte Bayes-Strategie.

Als erwarteten Wert der vollkommenen Information *EWVI* errechnet man aus der Schadensmatrix **S**

$$EWVI = \min\{\tfrac{25}{2}, \tfrac{50}{2}\} = 12{,}5.$$

Hiervon ist, um *EWSI* zu ermitteln, lediglich der Schadenserwartungswert von δ_* abzuziehen, das heißt

$$EWSI = 12{,}5 - 10{,}83 = 1{,}67.$$

Lösung zu Aufgabe 6.9

a) Jede Alternative führt zu einem eindeutig bestimmten Spaltenmaximum (zum Beispiel a_1 in Spalte z_2). Deshalb liegt keine Dominanzbeziehung vor; alle 3 Alternativen sind effizient.

b) Die Auskünfte des Kundenbetreuers definieren die beiden Ungleichungen

$$p_1 \geqq p_3 \quad \text{und} \quad p_3 \geqq p_2.$$

Der zugehörige Graph ist

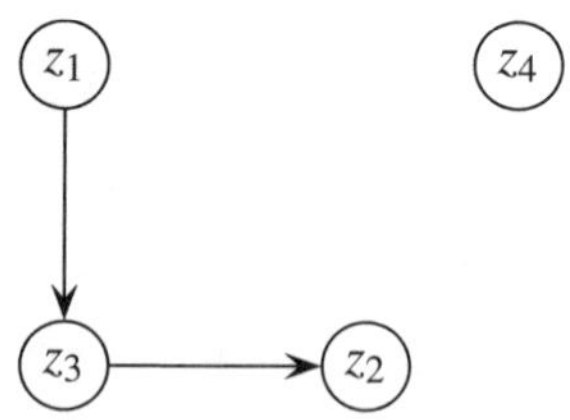

Zulässige und zusammenhängende Träger sind demnach

$$\{z_1\}, \quad \{z_1; z_3\}, \quad \{z_1; z_2; z_3\}, \quad \{z_4\}.$$

Die Eckpunkte des mit der linearen partiellen Information verträglichen Polyeders sind Gleichverteilungen über diesen Trägern. Trägt man diese

Eckpunktverteilungen zweckmäßigerweise als Spalten in einer Matrix **M** ein, so erhält man

M	$\{z_1\}$	$\{z_1;z_3\}$	$\{z_1;z_2;z_3\}$	$\{z_4\}$
p_1	1	$\frac{1}{2}$	$\frac{1}{3}$	0
p_2	0	0	$\frac{1}{3}$	0
p_3	0	$\frac{1}{2}$	$\frac{1}{3}$	0
p_4	0	0	0	1

Die Elemente des Matrixproduktes **UM** aus der Entscheidungsmatrix **U** und der Eckpunktematrix **M** sind die Nutzenerwartungswerte bezüglich der vier Eckpunkteverteilungen.

$$\mathbf{UM} = \begin{pmatrix} 10 & 12 & 5 & 4 \\ 11 & 9 & 10 & 3 \\ 5 & 2 & 14 & 7 \end{pmatrix} \begin{pmatrix} 1 & \frac{1}{2} & \frac{1}{3} & 0 \\ 0 & 0 & \frac{1}{3} & 0 \\ 0 & \frac{1}{2} & \frac{1}{3} & 0 \\ 0 & 0 & 0 & 1 \end{pmatrix} = \begin{pmatrix} 10 & 7{,}5 & 9 & 4 \\ 11 & 10{,}5 & 10 & 3 \\ 5 & 9{,}5 & 7 & 7 \end{pmatrix}.$$

Die drei Zeilenminima sind 4, sowie 3 und 5. Die LPI-optimale Aktion ist deshalb a_3.

Lösung zu Aufgabe 6.10

a) Da z_1 und z_2 nur gemeinsam in einem Träger enthalten sein können, erhält man nur zwei zulässige zusammenhängende Träger, nämlich

$$\{z_1;z_2\} \quad \text{und} \quad \{z_1;z_2;z_3\}.$$

Die Eckpunktematrix **M** (vergleiche die Lösung von Aufgabe 6.9) ist

$$\mathbf{M} = \begin{pmatrix} \frac{1}{2} & \frac{1}{3} \\ \frac{1}{2} & \frac{1}{3} \\ 0 & \frac{1}{3} \end{pmatrix}.$$

b) Das Matrixpodukt **UM** ist

$$\mathbf{UM} = \begin{pmatrix} 6 & 6 \\ \frac{11}{2} & \frac{17}{3} \\ 4 & 5 \end{pmatrix}$$

mit den Zeilenminima 6 sowie $\frac{11}{2}$ und 4. Die Investitionsalternative a_1 ist optimal.

Lösung zu Aufgabe 6.11

Es gibt 5 zulässige zusammenhängende Träger, nämlich

$$\{z_1\}, \quad \{z_1;z_2\}, \quad \{z_1;z_2;z_3\}, \quad \{z_1;z_2;z_3;z_4\}, \quad \{z_1;z_2;z_3;z_4;z_5\}.$$

Die Eckpunktematrix **M** mit den 5 Gleichverteilungen als Spalten ist infolgedessen

$$\mathbf{M} = \begin{pmatrix} 1 & \frac{1}{2} & \frac{1}{3} & \frac{1}{4} & \frac{1}{5} \\ 0 & \frac{1}{2} & \frac{1}{3} & \frac{1}{4} & \frac{1}{5} \\ 0 & 0 & \frac{1}{3} & \frac{1}{4} & \frac{1}{5} \\ 0 & 0 & 0 & \frac{1}{4} & \frac{1}{5} \\ 0 & 0 & 0 & 0 & \frac{1}{5} \end{pmatrix}.$$

Das Produkt **UM** enthält alle Nutzenerwartungswerte. Man errechnet

$$\mathbf{UM} = \begin{pmatrix} 6 & \frac{11}{2} & \frac{20}{3} & \frac{30}{4} & \frac{42}{5} \\ 5 & \frac{13}{2} & \frac{20}{3} & \frac{28}{4} & \frac{38}{5} \\ 10 & 8 & \frac{21}{3} & \frac{25}{4} & \frac{28}{5} \\ 12 & 10 & \frac{29}{3} & \frac{37}{4} & \frac{39}{5} \end{pmatrix}.$$

Die vier Zeilenminima sind

$$5{,}5; \quad 5; \quad 5{,}6; \quad 7{,}8.$$

Infolgedessen sollte der Kreditantrag von Unternehmung 4 positiv beschieden werden.

Lösung zu Aufgabe 6.12

Wegen der Risikoneutralität wählt der Auftragnehmer $\hat{c}$ so, dass sein erwarteter Gewinn

$$f(\hat{c}) = \hat{g}(\hat{c}) - s(\hat{c})\,[\mathrm{E}(C) - \hat{c}]$$

maximal wird. Einsetzen der Spezifizierung von $\hat{g}(\hat{c})$ und $s(\hat{c})$ sowie Ableiten nach $\hat{c}$ liefert

$$f(\hat{c}) = 3 - \tfrac{7}{8}\hat{c} + \tfrac{1}{16}\hat{c}^2 - (\tfrac{7}{8} - \tfrac{1}{8}\hat{c})\,[\mathrm{E}(C) - \hat{c}]$$
$$f'(\hat{c}) = -\tfrac{7}{8} + \tfrac{1}{8}\hat{c} + \tfrac{1}{8}\,[\mathrm{E}(C) - \hat{c}] + \tfrac{7}{8} - \tfrac{1}{8}\hat{c} = \tfrac{1}{8}\,[\mathrm{E}(C) - \hat{c}].$$

Wegen $f''(\hat{c}) = -\frac{1}{8}$ ergibt sich das optimale $\hat{c}$ aus $f'(\hat{c}) \overset{!}{=} 0$. Frau Dr. Klug hat in der Tat Recht. Die optimale Wahl der Zielkosten ist $\hat{c}_{\text{opt}} = \mathrm{E}(C)$. Die Vergabekommission ist in der Lage, die (private) Information $\mathrm{E}(C)$ wahrheitsgemäß übermittelt zu bekommen.

Bemerkung zu Aufgabe 6.12

Wegen des allgemeinen „Rezepts" zur Spezifizierung der beiden Kontrakt-Funktionen $\hat{g}(\hat{c})$ und $s(\hat{c})$ sei auf Abschnitt 6.6 bei Bamberg / Coenenberg (2002) verwiesen. Für risikoaverse Auftragnehmer resultiert allerdings $\hat{c}_{\text{opt}} >$ E(C), vergleiche hierzu Bamberg (1991).

Lösung zu Aufgabe 6.13

a) Falls für $x = 15$ keine Soll-Ist-Abweichung existiert, muss auch $\hat{x} = 15$ gelten. Die Entlohnung von Herrn Neun ist dann $y_0(15)$. Setzt man dies gleich 0,125, so resultiert für den Entlohnungsparameter g die Bestimmungsgleichung

$$y_0(15) = 0{,}025 \cdot 15^2 - g \stackrel{!}{=} 0{,}125,$$

woraus sich $g = 5{,}625 - 0{,}125 = 5{,}5$ ergibt.

b) Da der Geschäftsführer risikoneutral ist, orientiert er sich am Erwartungswert E(Y) der Jahresentlohnung Y und maximiert diesen bezüglich $\hat{x}$. Die erwartete Jahresentlohnung

$$\mathrm{E}(Y) = y_0(\hat{x}) + \frac{p(\hat{x})}{100}[\mathrm{E}(X) - \hat{x}]$$

wird nach $\hat{x}$ differenziert mit dem Ergebnis

$$y_0'(\hat{x}) + \frac{p'(\hat{x})}{100}[\mathrm{E}(X) - \hat{x}] - \frac{p(\hat{x})}{100}.$$

Einsetzen der gegebenen Spezifizierung von $y_0(\hat{x})$ und $p(\hat{x})$ ergibt

$$0{,}05\hat{x} + 0{,}05[\mathrm{E}(X) - \hat{x}] - 0{,}05\hat{x} = 0{,}05[\mathrm{E}(X) - \hat{x}].$$

Da die zweite Ableitung negativ ist, erhält man die optimale $\hat{x}$-Wahl durch Nullsetzen der ersten Ableitung. Es ergibt sich $\hat{x}_{\text{opt}} = \mathrm{E}(X)$, so dass durch die (den Eigennutzen von Herrn Neun maximierende) Wahl von $\hat{x}$ sein Gewinnerwartungswert offen gelegt wird.

Lösung zu Aufgabe 6.14

Da für den Gebietsvertreter eine Sicherheitssituation vorliegt, ist seine Entlohnung durch $y(110, \hat{x})$ gegeben.

a)

$$y(110,\hat{x}) = \begin{cases} 120000, & \text{falls} \quad 110 \geqq 1{,}1 \cdot \hat{x}, \quad \text{d.h. falls} \quad \hat{x} \leqq 100 \\ 110000, & \text{falls} \quad 110 < 1{,}1 \cdot \hat{x}, \quad \text{d.h. falls} \quad \hat{x} > 100 \end{cases}$$

Es ist demnach für den Gebietsvertreter optimal, eine Absatzprognose $\hat{x}$ von höchstens 100 Einheiten an den Hersteller zu übermitteln. Offensichtlich handelt es sich hierbei nicht um eine wahrheitsgemäße Prognose.

b) Für $\hat{x} \leqq 110$ liefert die erste Zeile des Entlohnungsschemas

$$y(110,\hat{x}) = 110000 - 300\,(110 - \hat{x}) = 77000 + 300 \cdot \hat{x}.$$

Demnach soll im gegebenen Rahmen ($\hat{x} \leqq 110$) die Absatzprognose $\hat{x}$ möglichst groß gewählt werden, also $\hat{x} = 110$. Für $\hat{x} \geqq 110$ liefert die zweite Zeile

$$y(110,\hat{x}) = 110000 - 300\,(\hat{x} - 110) = 143000 - 300 \cdot \hat{x}.$$

Nun muss $\hat{x}$ möglichst klein gewählt werden, also wieder $\hat{x} = 110$. Das Entlohnungsschema b) ist infolgedessen wahrheitsinduzierend und liefert für die Produktionsplanung bessere Prognosen als das Schema a).

Lösung zu Aufgabe 6.15*

Der Gebietsvertreter maximiert den Erwartungswert $\mathrm{E}(Y)$ seiner Entlohnung,

$$\mathrm{E}(Y) = 1000 \cdot \mathrm{E}(X) - \beta \cdot \tfrac{1}{3} \cdot \sum_{x \geqq \hat{x}} (x - \hat{x}) - \gamma \cdot \tfrac{1}{3} \cdot \sum_{x \leqq \hat{x}} (\hat{x} - x).$$

Zur Optimierung bezüglich $\hat{x}$ ist es zweckmäßig, die Fälle zu unterscheiden:

Fall 1:	$\hat{x} \leqq 110$
Fall 2:	$110 < \hat{x} \leqq 120$
Fall 3:	$120 < \hat{x} < 130$
Fall 4:	$130 \leqq \hat{x}$.

Im **Fall 1** ergibt sich

$$\begin{aligned}\mathrm{E}(Y) &= 1000 \cdot \mathrm{E}(X) - \tfrac{\beta}{3}\,[110 - \hat{x} + 120 - \hat{x} + 130 - \hat{x}]\\ &= 1000 \cdot \mathrm{E}(X) - 120\beta + \beta\hat{x},\end{aligned}$$

so dass $\hat{x}$ möglichst groß, das heißt $\hat{x} = 110$ gewählt werden sollte. Die resultierende (erwartete) Entlohnung ist $120000 - 120\beta + 110\beta = 120000 - 10\beta$. Analog ergibt sich für den **Fall 4** eine nur von γ abhängende Entlohnung, nämlich

$$\begin{aligned}\mathrm{E}(Y) &= 1000 \cdot \mathrm{E}(X) - \tfrac{\gamma}{3}\,[\hat{x} - 110 + \hat{x} - 120 + \hat{x} - 130]\\ &= 1000 \cdot \mathrm{E}(X) + 120\gamma - \gamma\hat{x},\end{aligned}$$

so dass $\hat{x}$ möglichst klein, das heißt $\hat{x} = 130$ gewählt werden sollte. Die resultierende (erwartete) Entlohnung ist $120000 + 120\gamma - 130\gamma = 120000 - 10\gamma$.

Für den **Fall 2** ergibt sich

$$\begin{aligned} \mathrm{E}(Y) &= 1000 \cdot \mathrm{E}(X) - \tfrac{\beta}{3}[120 - \hat{x} + 130 - \hat{x}] - \tfrac{\gamma}{3}[\hat{x} - 110] \\ &= 1000 \cdot \mathrm{E}(X) - \tfrac{250}{3}\beta + \tfrac{110}{3}\gamma - \tfrac{\hat{x}}{3}(\gamma - 2\beta). \end{aligned}$$

Das Vorzeichen von $\gamma - 2\beta$ entscheidet darüber, ob $\hat{x}$ gleich 120 oder nahe bei 110 gewählt werden muss. Ähnlich ist der Befund für den **Fall 3**:

$$\begin{aligned} \mathrm{E}(Y) &= 1000 \cdot \mathrm{E}(X) - \tfrac{\beta}{3}[130 - \hat{x}] - \tfrac{\gamma}{3}[\hat{x} - 120 + \hat{x} - 110] \\ &= 1000 \cdot \mathrm{E}(X) - \tfrac{130}{3}\beta + \tfrac{230}{3}\gamma - \tfrac{\hat{x}}{3}(2\gamma - \beta). \end{aligned}$$

Man erkennt, dass die erwartete Entlohnung $\mathrm{E}(Y)$ in allen Fällen eine lineare Funktion des Prognosewertes $\hat{x}$ ist. Durch Einsetzen der „Nahtstellen" 110, 120, 130 stellt man ferner fest, dass die Geradenstücke stetig aneinander gefügt sind. Um das Maximum dieses Polygonzuges zu ermitteln, muss festgestellt werden, welches Vorzeichen die jeweiligen Steigungen (= Koeffizienten von $\hat{x}$) haben. Die Steigungen in den Fällen 1, 2, 3, 4 sind

$$\beta, \quad -\frac{\gamma - 2\beta}{3}, \quad -\frac{2\gamma - \beta}{3}, \quad -\gamma.$$

a) Für $\beta = 100$ und $\gamma = 300$ resultieren die Steigungen

$$+100, \quad -\frac{100}{3}, \quad -\frac{500}{3}, \quad -300,$$

so dass $\mathrm{E}(Y)$ bis $\hat{x} = 110$ ansteigt und dann stets abfällt. Der Gebietsvertreter wählt deshalb die Prognose $\hat{x} = 110$.

b) Für $\beta = 300$ und $\gamma = 300$ resultieren die Steigungen

$$+300, \quad +100, \quad -100, \quad -300$$

und damit die prognostizierte Absatzzahl $\hat{x} = 120$.

c) Für $\beta = 300$ und $\gamma = 100$ resultieren die Steigungen

$$+300, \quad +\frac{500}{3}, \quad +\frac{100}{3}, \quad -100$$

und damit (auf Grund der Stetigkeit) die Absatzprognose $\hat{x} = 130$.

Die verschiedenen Spezifikationen von β und γ zeigen exemplarisch auf, dass die Absatzprognose $\hat{x}$ infolge der unterschiedlichen Sanktionierung von Über- und Unterschreitungen variiert und stets zur „sicheren Seite" hin tendiert. Die vom besser informierten Gebietsvertreter erwartete Absatzzahl $\mathrm{E}(X) = 120$ kann durch die symmetrische Spezifizierung b) wahrheitsgemäß extrahiert werden.

Bemerkung zu Aufgabe 6.15*

Pfingsten (1989) diskutiert die Entscheidungsrelevanz von monetären Anreizsystemen sehr ausführlich. Dort wird auch gezeigt, dass bei symmetrisch (aber ansonsten beliebig) verteiltem Absatz X der Erwartungswert $\mathrm{E}(X)$ durch die Spezifizierung $\beta = \gamma$ stets erreicht werden kann. Bei unsymmetrisch verteiltem X wird ein risikoneutraler Gebietsvertreter bei $\beta = \gamma$ dagegen stets den Median von X als Absatzprognose wählen.

Lösung zu Aufgabe 6.16

Die um das Arbeitsleid bereinigte Entlohnung Y_a ist wegen

$$Y_a = y_0 + \tfrac{p}{100} \cdot X_a - k \cdot a^2$$

ebenfalls normalverteilt. Das Sicherheitsäquivalent von Y_a ist (vergleiche Bamberg / Coenenberg, 2002, S. 108)

$$\begin{aligned} s(Y_a) &= \mathrm{E}(Y_a) - \tfrac{\alpha}{2}\,\mathrm{Var}(Y_a) \\ &= y_0 + \tfrac{p}{100}\,(\mu + a) - k \cdot a^2 - \tfrac{\alpha}{2}\,(\tfrac{p}{100})^2\,\sigma^2. \end{aligned}$$

Die Ableitung nach a ist $\frac{p}{100} - 2\,k \cdot a$. Da die zweite Ableitung $-2k$ negativ ist, ergibt sich das optimale Anstrengungsniveau a_* durch Nullsetzung der ersten Ableitung, das heißt

$$a_* = \frac{p}{200k}.$$

Offensichtlich ist a_* unabhängig von y_0 (dem Fixum), μ (dem Gewinn bei Normalanstrengung), σ^2 (der Gewinnvarianz) und α (der Risikoaversion). Diese Unabhängigkeit ist Ergebnis der vereinfachten LEN-Modellierung (vergleiche hierzu auch die Bemerkung zu Aufgabe 4.19 auf Seite 71). In Abhängigkeit vom Beteiligungsprozentsatz p steigt das Anstrengungsniveau a_* an; für eine Fixentlohnung ($p = 0$) resultiert nur das minimale Anstrengungsniveau $a_* = 0$. Ferner steigt a_* mit fallenden Arbeitsleidkosten k an.

7. Kapitel
Aufgaben zu Grundbegriffen der Spieltheorie

Vorbemerkung

Die nachfolgenden Aufgaben lassen sich grob in zwei Kategorien unterteilen: Die Aufgaben 7.1 bis 7.4 sowie 7.7* und 7.13 dienen hauptsächlich der Einübung einiger Grundbegriffe der Spieltheorie; deshalb wurden diesen Aufgaben bewusst einfach strukturierte Spielsituationen – wie sie etwa bei manchen Gesellschaftsspielen angetroffen werden können – zu Grunde gelegt. Dass Konzepte der Spieltheorie aber auch bei der Lösung komplexerer betriebswirtschaftlicher Probleme helfen können, sollen die restlichen Aufgaben belegen. In deren Vordergrund steht nicht das spieltheoretische Instrumentarium, sondern dessen betriebswirtschaftliche Anwendung.

Aufgabe 7.1

Max und Moritz spielen ein aus zwei Runden bestehendes Gesellschaftsspiel, das folgendermaßen abläuft: Zu Spielbeginn erhalten beide je einen Chip. Jeder muss seinen Chip in einer der beiden Runden setzen, wobei in der ersten Runde kein Spieler weiß, ob der jeweils andere Spieler seinen Chip in dieser Runde setzt oder nicht. Setzen beide ihren Chip in der gleichen Runde, so erhält jeder die Auszahlung 0; anderenfalls, also wenn Max und Moritz ihre Chips in verschiedenen Runden setzen, erhält jeder die Auszahlung 1.

a) Beschreiben Sie dieses Spiel durch einen Spielbaum.

b) Führen Sie dieses Spiel auf ein Spiel in Normalform zurück.

Aufgabe 7.2

Max und Moritz spielen das Spiel „Stein – Schere – Papier“ nach folgenden Regeln: Beide zahlen jeweils 1 € in eine gemeinsame Kasse ein und wählen sodann zeitgleich und unabhängig voneinander genau eine der drei Strategien aus $\{\text{Stein}; \text{Schere}; \text{Papier}\}$. Die von den beiden gewählten Alternativen werden dann verglichen und auf Basis des Vergleichs der Gewinner bestimmt.

Dabei gilt:

„Stein“	schlägt	„Schere“
„Schere“	schlägt	„Papier“
„Papier“	schlägt	„Stein“

Der Gewinner erhält den Inhalt der Kasse; der Verlierer geht leer aus. Haben beide die gleiche Strategie gewählt, so erhalten sie ihren Einsatz zurück.

a) Geben Sie die Auszahlungsmatrix dieses Spiels an.

b) Handelt es sich um ein Nullsummenspiel?

c) Bestimmen Sie alle (reinen) Maximin-Strategien von Max und Moritz.

d) Ist das Spiel determiniert?

e) Besitzt dieses Spiel ein Gleichgewichtspunkt (in reinen Strategien)?

Aufgabe 7.3*

Untersuchen Sie nun die gemischte Erweiterung des in Aufgabe 7.2 erläuterten Spiels „Stein – Schere – Papier“.

a) Ist das Spiel determiniert?

b) Wie lauten die gemischten Maximin-Strategien von Max und Moritz?

c) Wie groß ist der Spielwert der gemischten Erweiterung?

Aufgabe 7.4

Ein Zweipersonenspiel finde nach folgenden Regeln statt: Max (Spieler 1) erhält zwei Münzen zu je 1 €, die er nach seinem Ermessen zwischen sich und Moritz (Spieler 2) ganzzahlig aufteilen soll. Max kann Moritz also 0 € oder 1 € oder 2 € anbieten. Zeitgleich und unabhängig davon legt Moritz ein so genanntes „Akzeptanzniveau“ (0 € oder 1 € oder 2 €) fest.

Entspricht die von Max angebotene Zahlung mindestens dem Akzeptanzniveau von Moritz, so findet der Transfer statt, und die Spieler erhalten die daraus resultierenden Auszahlungen. Anderenfalls, wenn das Angebot das Akzeptanzniveau unterschreitet, werden die Münzen eingezogen, und beide Spieler erhalten die Auszahlung 0 €.

Interpretieren Sie dieses Spiel als nichtkooperatives Spiel in Normalform.

a) Geben Sie die Strategienmengen sowie die Auszahlungsfunktionen von Max und Moritz an.

b) Handelt es sich um ein Konstantsummenspiel?

c) Erstellen Sie die Auszahlungsmatrizen $\mathbf{U}_1$, $\mathbf{U}_2$ für Max und Moritz und bestimmen Sie alle Gleichgewichtspunkte in reinen Strategien.

Benutzen Sie dazu die im Anschluss an die Lösung formulierte Bemerkung zu Aufgabe 7.4.

d) Bestimmen Sie die Maximin-Strategien von Max und Moritz sowie den Garantiepunkt.

e) Streichen Sie, falls vorhanden, alle dominierten Strategien. Falls das Spiel reduzierbar ist, bestimmen Sie im reduzierten Spiel die Maximin-Strategien der beiden Spieler sowie den Garantiepunkt.

Aufgabe 7.5

Handwerksmeister Harry Harmlos (Spieler 1) hat mit der Factoring-Bank (Spieler 2) aus Aufgabe 4.17 (Seite 56) einen Rahmenvertrag abgeschlossen, in dem sich die Bank verpflichtet, Forderungen aus Lieferungen und Leistungen von Harry Harmlos anzukaufen.

Das Kreditsubstitut Factoring kann unterschiedlich ausgestaltet werden. Insbesondere wird, je nachdem, ob die Factoring-Bank das Ausfallrisiko übernimmt oder nicht, unterschieden zwischen dem so genannten Non-Recourse Factoring (= regressloser Ankauf, das heißt die Bank übernimmt das Ausfallrisiko) und dem Recourse Factoring (beim dem das Kreditrisiko beim Veräußerer der Forderung verbleibt). In der hier betrachteten Situation verlangt die Bank bei Non-Recourse Factoring pauschal Gebühren in Höhe von 20 % und bei Recourse Factoring Gebühren in Höhe von 10 % des jeweiligen Forderungsbetrages; sonstige Gebühren, Zinsen etc. fallen nicht an.

Die Qualität der handwerklichen Leistung von Harry Harmlos beeinflusst das Zahlungsverhalten seiner Kunden: Führt er die Aufträge zufrieden stellend aus, so beträgt das Risiko eines Forderungsausfalls 20 %. Ist darüber hinaus die Factoring-Bank beim Eintreiben der Forderungen hinreichend energisch, so reduziert sich das Risiko weiter auf 0 %. Lässt die Leistung von Harry Harmlos dagegen zu wünschen übrig, so werden die Kunden die Zahlung verweigern. Erfahrungsgemäß lassen sich jedoch 60 % der Kunden durch ein energisches Auftreten der Bank einschüchtern und zahlen dann trotz schlechter handwerklicher Leistung.

Lässt Harry Harmlos bei der Durchführung seiner Arbeiten die von den Kunden erwartete Sorgfalt walten, so bedeutet dies für ihn zusätzliche Kosten in Höhe von 10 % der Forderungsbeträge. Andererseits muss die Factoring-Bank mit zusätzlichen Kosten in Höhe von 5 % der Forderungsbeträge rechnen, wenn Sie beim Eintreiben der Forderungen besondere Druckmittel einsetzt.

Untersuchen Sie im Folgenden die Gestaltung des Factoring-Vertrages zwischen Harry Harmlos und der Factoring-Bank aus spieltheoretischer Sicht. Verwenden Sie dabei als Auszahlung von Harry Harmlos den Verkaufspreis eines auf 1 Geldeinheit ($\widehat{=}$ 100 %) normierten Forderungsbetrages abzüglich der jeweils fälligen Bankgebühren sowie eventuell abzüglich des erwarteten Schadens durch Forderungsausfall (sofern Harmlos das Risiko trägt) beziehungsweise zusätzlicher Kosten (durch erhöhte Sorgfalt). Analog dazu ist als Auszahlung der Bank die eingenommene Gebühr abzüglich eventuell anfallender zusätzlicher Kosten (durch energisches Eintreiben der Forderungen) sowie abzüglich des erwarteten Schadens durch Forderungsausfall (sofern die Bank das Risiko trägt) anzusetzen.

a) Bestimmen Sie die Strategienmengen A des Harry Harmlos beziehungsweise B der Factoring-Bank.

b) Geben Sie für jede Partie (a,b) aus $A \times B$ das resultierende Ausfallrisiko p an.

Bestimmen Sie die Auszahlungsmatrizen $\mathbf{U}_1$ des Harry Harmlos beziehungsweise $\mathbf{U}_2$ der Factoring-Bank sowie alle Gleichgewichtspunkte (in reinen Strategien) und interpretieren Sie diese, falls Harry Harmlos und die Bank

c) Non-Recourse Factoring,

d) Recourse Factoring

vereinbart haben.

Aufgabe 7.6

Schlagen Sie für die in Aufgabe 7.5 untersuchte Vertragsbeziehung eine Regressregelung vor, die sicherstellt, dass Harry Harmlos seine Arbeiten zufrieden stellend ausführt und zugleich die Factoring-Bank die angekauften Forderungen energisch eintreibt.

Hinweis:
Eine Lösungsmöglichkeit besteht darin, das Ausfallrisiko auf beide Parteien zu verteilen, indem der Bank ein auf z Prozent des Forderungsbetrages beschränktes Rückgriffsrecht eingeräumt wird („Partial Recourse Factoring“).

Aufgabe 7.7*

Betrachten Sie das in Aufgabe 7.1 (Seite 123) beschriebene Spiel als ein nichtkooperatives Zweipersonenspiel und bestimmen Sie alle Gleichgewichtspunkte der gemischten Erweiterung.

Aufgabe 7.8

Selten / Nagel (1998) berichten über die Ergebnisses eines Spiels, das im Jahr 1997 mit den Lesern der Zeitschrift „Spektrum der Wissenschaft“ (und darüber hinaus in ähnlicher Form bereits mehrere Male zuvor) durchgeführt wurde. Dieses so genannte „Zahlenwahlspiel“ wurde nach folgenden Regeln gespielt: Jeder Teilnehmer soll eine beliebige reelle Zahl zwischen 0 und 100 (beide einschließlich) einsenden. Wer mit seiner Einsendung zwei Dritteln des arithmetischen Mittels aller genannten Zahlen am nächsten kommt, erhält einen Preis in Höhe von 1 000 DM (Selten / Nagel, 1998, S. 16).

Welche Zahl würden Sie wählen, wenn Sie sich streng rational im Sinne der (nichtkooperativen) Spieltheorie verhalten und zudem davon ausgehen, dass alle anderen Spieler ebenfalls rational handeln?

Aufgabe 7.9

Für den seit geraumer Zeit sinkenden Aktienkurs der Telecom Germania wird ihr Vorstandsvorsitzender, Don Winter, verantwortlich gemacht. Er überlegt sich deshalb, ob er seinen Rücktritt erklären soll. Auch der Aufsichtsrat erwägt eine Abberufung von Don Winter. Beide Parteien sind an einer einvernehmlichen Lösung interessiert.

Entscheiden sich beide Parteien für eine Fortsetzung der Amtszeit von Don Winter, so ziehe Don Winter daraus einen Nutzen von 6, während der Nutzen des Aufsichtsrates 2 betrage. Scheidet Don Winter dagegen im gegenseitigen Einvernehmen aus, so sei sein Nutzen gleich 0 und der des Aufsichtsrates gleich 7, da er den ohnehin als überbezahlt geltenden Manager auf diese Weise elegant loswird.

Unangenehm für beide Seiten ist es, wenn es zu Meinungsverschiedenheiten kommt. Beruft der Aufsichtsrat Don Winter gegen seinen Willen ab, so muss eine Abfindung gezahlt werden, die mit einem Nutzen von -4 (für den Aufsichtsrat) bewertet wird. Don Winter wird in diesem Fall zwar finanziell entschädigt, erleidet aber durch die Abberufung einen Verlust an Ansehen, so dass sich für ihn insgesamt ein Nutzen von -2 ergibt.

Für den Fall, dass Don Winter seinen Rücktritt erklärt, obwohl ihn der Aufsichtsrat halten möchte, ist Don Winter zunächst arbeitslos (Nutzen -4), wohingegen der Aufsichtsrat sofort einen neuen Vorstandsvorsitzenden bestellen muss, was mit zusätzlichem Aufwand verbunden ist (Nutzen -1).

a) Beschreiben Sie die geschilderte Situation als ein Spiel Γ in Normalform.

b) Ermitteln Sie den Garantiepunkt von Γ.

c) Skizzieren Sie das Auszahlungsdiagramm von Γ sowie das kooperative Auszahlungsdiagramm ohne Seitenzahlungen. Beachten Sie zu diesen Begriffen die im Anschluss an die Lösung dieser Aufgabe formulierte Bemerkung zu den Aufgaben 7.9 und 7.10. Tragen Sie in die Skizze auch den in b) bestimmten Garantiepunkt ein.

Aufgabe 7.10

Ein PKW soll per Leasing finanziert werden. Der Kapitalwert k_1 des Leasingnehmers (Spieler 1) hängt von der noch zu bestimmenden Leasingrate ℓ in folgender Weise ab:

$$k_1(\ell) = 1\,000 - 4\ell.$$

Die Hausbank des PKW-Herstellers tritt als Leasinggeberin (Spieler 2) auf. Ihr aus dem Leasingvertrag resultierender Kapitalwert k_2 hängt ebenfalls von ℓ ab, und es gilt

$$k_2(\ell) = -600 + 3\ell.$$

Leasingraten, die zu negativen Kapitalwerten des Leasingnehmers führen, sind für ihn nicht akzeptabel. In diesen Fällen verzichtet er auf die Anschaffung des PKW, so dass beide Spieler Kapitalwerte in Höhe von 0 erzielen. Die Leasinggeberin ist dagegen bereit, gegebenenfalls auch einen negativen Kapitalwert hinzunehmen, wenn dadurch der Absatz des PKW sichergestellt wird, das heißt, wenn $k_1 \geqq 0$ ist.

In der oben beschriebenen Situation verhandeln der Leasingnehmer und die Leasinggeberin über die Höhe der Leasingrate $\ell \geqq 0$. Interpretieren Sie die Festlegung von ℓ als ein kooperatives Zweipersonenspiel.

a) Skizzieren Sie das kooperative Auszahlungsdiagramm ohne Seitenzahlungen (siehe dazu die Bemerkung zu den Aufgaben 7.9 und 7.10).

b) Ermitteln Sie die Verhandlungslösung von Nash, wenn Seitenzahlungen nicht möglich sind. Verwenden Sie dabei $(0,0)$ als ausgezeichneten Punkt.

   Welche Leasingrate müssten die beiden Spieler vereinbaren, um die Nash-Lösung zu realisieren?

c) Gehen Sie nun davon aus, dass Seitenzahlungen möglich sind. Ermitteln Sie für diese Situation die Verhandlungslösung von Nash. Als ausgezeichneter Punkt ist dabei wieder $(0,0)$ zu verwenden.

   Welche Leasingrate und welche Seitenzahlung müssten vereinbart werden, damit der so ermittelte Auszahlungspunkt erreicht werden kann?

Aufgabe 7.11

In einem 10-köpfigen Gremium wird ein von einer Gruppe K eingebrachter Antrag angenommen (Auszahlung $= 1$), wenn mindestens 75 % der Gremienmitglieder für den Antrag votieren; ansonsten wird der Antrag abgelehnt (Auszahlung $= 0$).

a) Stellen Sie die charakteristische Funktion des 10-Personenspiels auf.

b) Liegt ein Konstantsummenspiel vor?

c) Ist das Spiel wesentlich?

Aufgabe 7.12

Die sechs Studenten Anna, Bernd, Claudia, Dieter, Elisabeth und Friedrich (Spieler 1,...,6) planen nach dem Besuch eines Existenzgründerseminars, ausschließlich mit Teilnehmern aus ihrer Gruppe den Pizzalieferdienst „PowerPizza" zu gründen.

Dabei ist folgende Aufgabenverteilung geplant: Von denen, die tatsächlich an „PowerPizza" beteiligt sein werden, muss (mindestens) einer die Rolle des Pizzabäckers und (mindestens) ein anderer die Rolle des Auslieferfahrers übernehmen. Je ein Bäcker und ein Fahrer bilden ein Team. Ausschlaggebend für die Höhe des Gewinns von „PowerPizza" ist die Anzahl der Teams, die gleichzeitig tätig sein können. Jedes solche Team sorgt für einen Gewinn von 10 (in 1 000 €).

Da neben dem Backen und dem Fahren auch noch organisatorische Aufgaben (wie Buchhaltung und Einkauf) sowie die telefonische Auftragsannahme zu erledigen sind, sieht das Konzept von „PowerPizza" die Beteiligung von mindestens fünf Personen vor.

Nun können leider Claudia, Dieter, Elisabeth und Friedrich nicht backen; Elisabeth und Friedrich besitzen darüber hinaus keinen Führerschein und scheiden damit auch als Fahrer aus.

a) Stellen Sie die charakteristische Funktion dieses Spiels auf.

b) Ist das Spiel wesentlich?

c) Ist der Auszahlungsvektor $(3,3,3,3,8,0)$ eine Imputation?
Liegt er im Kern?

Aufgabe 7.13

In einem kooperativen 5-Personenspiel erhält eine Koalition genau dann 5 €, wenn sie aus mindestens 3 Personen besteht. Jede andere Koalition erhält 0 €.

a) Stellen Sie die charakteristische Funktion dieses Spiels auf.

b) Ist das Spiel wesentlich?

c) Geben Sie einen Auszahlungsvektor an, der keine Imputation ist.

d) Bestimmen Sie den Kern dieses Spiels.

Lösungen zu Kapitel 7

Lösung zu Aufgabe 7.1

a) Im Folgenden wird unterstellt, dass zuerst Max (Spieler 1) und dann Moritz (Spieler 2) darüber entscheidet, in welcher Runde er seinen Chip setzt. Bezeichnet man die Entscheidung von Max mit $a \in \{1;2\}$ (wobei a angibt, in welcher Runde er seinen Chip setzt) und die Entscheidung von Moritz mit $b \in \{1;2\}$, so erhält man den nachfolgenden Spielbaum.

Da Moritz zum Zeitpunkt seiner Entscheidung die von Max gewählte Alternative $a \in A$ nicht kennt, kann er nicht entscheiden, welche der beiden Spielsituationen 2 tatsächlich eingetreten ist. Sie bilden deshalb eine Informationsmenge.

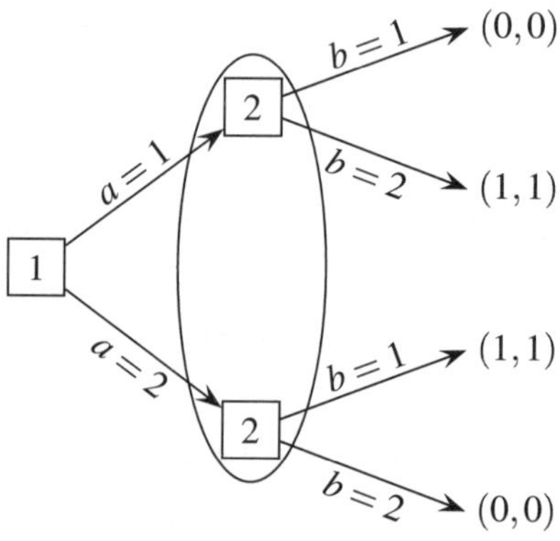

b) Mithilfe des Begriffs der Strategie, die – als vollständiger Verhaltensplan – für jede mögliche Spielsituation den vom Spieler auszuführenden Zug vorschreibt, ist es möglich, beliebige Spiele auf Spiele in Normalform zurückzuführen (vergleiche Bamberg / Coenenberg, 2002, S. 188). Das hier betrachtete Spiel lässt sich besonders einfach in Normalform darstellen:

Da jeder Spieler über nur einen Chip verfügt, ist mit der Festlegung der Runde, in der der Chip gesetzt werden soll, das Verhalten des Spielers in der gesamten Partie eindeutig bestimmt.

Folglich ist für jeden der beiden Spieler die Strategienmenge gleich $A = B = \{1;2\}$, wobei $i \in \{1;2\}$ das Setzen des Chips in der i-ten Runde bedeutet. Die Spielmatrix ist demnach:

(u_1, u_2)	$b = 1$	$b = 2$
$a = 1$	$(0,0)$	$(1,1)$
$a = 2$	$(1,1)$	$(0,0)$

Durch Angabe der Strategienmengen und der Spielmatrix wird das Spiel $\Gamma = (A, B; u_1, u_2)$ in Normalform vollständig beschrieben.

Lösung zu Aufgabe 7.2

a) Da Max (Spieler 1) und Moritz (Spieler 2) in diesem Spiel identisch behandelt werden, besitzen Sie offenkundig die gleiche Auszahlungsfunktion: Gewinnt ein Spieler, so wird der Inhalt der Kasse in Höhe von 2 € an ihn gezahlt; im Fall eines Patts erhält er seinen Einsatz in Höhe von 1 € zurück; wenn er verliert, wird nichts an ihn gezahlt. Subtrahiert man davon den Einsatz des Spielers in Höhe von 1 €, so erhält man die gleichermaßen für Max wie Moritz gültige Auszahlungsfunktion

$$u_i = \left\{ \begin{array}{rl} 1, & \text{falls } i \text{ gewinnt} \\ 0, & \text{bei einem Patt} \\ -1, & \text{falls } i \text{ verliert} \end{array} \right\} \quad \text{mit} \quad i \in \{1;2\}.$$

Gewinnt Max, so verliert Moritz, und umgekehrt. In diesen beiden Fällen erhält einer der beiden die Auszahlung $+1$ und der andere die Auszahlung -1, so dass die Auszahlungssumme gleich null ist. Gleiches gilt auch für die drei denkbaren Pattsituationen, in denen die beiden jeweils genau die gleiche Alternative wählen: Dann erhalten beide die Auszahlung null, und somit ist auch die Auszahlungssumme gleich null. Es liegt also ein Nullsummenspiel $\Gamma = (A, B; u)$ vor, wobei $A = B = \{\text{Stein}; \text{Schere}; \text{Papier}\}$ und u die Auszahlungsfunktion von Max ist. Die zugehörige Spielmatrix $\mathbf{U}$ ist demnach:

	Moritz wählt		
	Stein	Schere	Papier
Max wählt Stein	0	1	−1
Max wählt Schere	−1	0	1
Max wählt Papier	1	−1	0

b) Ja. Die Begründung ergibt sich aus den Überlegungen zu Teil a).

c) Max bewertet seine Aktionen ($\widehat{=}$ Zeilen von **U**) mit den jeweiligen Mindestauszahlungen und bestimmt demnach alle Zeilenminima von **U**. Diese sind alle gleich -1; somit sind *alle* Strategien von Max Maximin-Strategien.

Moritz dagegen bewertet seine Aktionen ($\widehat{=}$ Spalten von **U**) mit den jeweiligen Maximalverlusten, bestimmt also die Spaltenmaxima von **U**. Da diese ebenfalls alle gleich (nämlich gleich $+1$) sind, ist auch jede Strategie von Moritz eine Maximin-Strategie.

d) Wie in Teil c) erläutert, kann sich Max mithilfe seiner Maximin-Strategien den unteren Spielwert $u_* = -1$ sichern und Moritz sich gegen über den oberen Spielwert $u^* = 1$ hinausgehende Verluste absichern. Wegen $u_* < u^*$ ist das Spiel nicht determiniert.

e) Nein. Gleichgewichtspunkte existieren in Zweipersonennullsummenspielen nur, wie die Spiele determiniert sind. Wie eben in Teil d) gesehen, ist „Stein – Schere – Papier" aber nicht determiniert.

Lösung zu Aufgabe 7.3*

a) Ja. Die gemischte Erweiterung eines endlichen Zweipersonennullsummenspiels ist stets determiniert (Bamberg / Coenenberg, 2002, S. 206).

b) Da die Spielmatrix nicht reduzierbar ist und beide Spieler mehr als zwei Strategien besitzen, werden die gemischten Maximin-Strategien mithilfe der linearen Programmierung bestimmt. Auf Grund der identischen Behandlung der beiden Spieler ist offenkundig, dass ihre gemischten Maximin-Strategien übereinstimmen. Es genügt deshalb die Bestimmung der primalen Lösung, das heißt die Ermittlung der gemischten Maximin-Strategie von Moritz.

Man beachte, dass Bamberg / Coenenberg (2002, S. 207 ff.) für das dort vorgeschlagene lineare Programm eine Spielmatrix mit positiven Komponenten voraussetzen. Wir addieren deshalb zu jedem Element von **U** aus der Lösung zu Aufgabe 7.2 a) den Betrag 2 € und erhalten

$$\tilde{\mathbf{U}} = \begin{pmatrix} 2 & 3 & 1 \\ 1 & 2 & 3 \\ 3 & 1 & 2 \end{pmatrix}.$$

Mit $\mathbf{y} = (y_1, y_2, y_3)^T$, $\mathbf{i} = (1,1,1)^T$ und $\mathbf{o} = (0,0,0)^T$ lautet dann das für Moritz zu lösende (primale) Programm:

$$\mathbf{y}^T\mathbf{i} \to \max \quad \text{unter Beachtung von} \quad \tilde{\mathbf{U}}\mathbf{y} \leqq \mathbf{i} \quad \text{und} \quad \mathbf{y} \geqq \mathbf{o}.$$

Es handelt sich hierbei um ein Standardmaximierungsproblem, das ohne weitere Schwierigkeiten, wie auf Seite 133 dargestellt, nach dem Simplexverfahren (mit den Schlupfvariablen v_1, v_2, v_3) gelöst werden kann.

Der Zielfunktionszeile des Endtableaus kann der Maximalwert $\frac{1}{2}$ entnommen werden. Dividiert man durch diesen die Komponenten des Lösungsvektors $\mathbf{y}^* = \frac{1}{6} \cdot \mathbf{i}$, so erhält man die Maximin-Strategien von Max und Moritz,

$$\mathbf{p}^* = \mathbf{q}^* = \frac{1}{\frac{1}{2}} \cdot \frac{1}{6} \mathbf{i}^T = \left(\frac{1}{3}, \frac{1}{3}, \frac{1}{3} \right).$$

c) Der Spielwert $\tilde{v}$ des aus der Transformation $u_{ij} \mapsto \tilde{u}_{ij} = u_{ij} + 2$ hervorgegangenen Spiels entspricht dem Kehrbruch des Zielfunktionswerts $\frac{1}{2}$ im Endtableau des Simplexverfahrens, also $\tilde{v} = 2$. Will man den Spielwert des Ausgangsspiels bestimmen, so ist die Inverse der Transformation $u_{ij} \mapsto \tilde{u}_{ij}$ auf die Spielwerte anzuwenden, das heißt

$$\tilde{v} \mapsto v = \tilde{v} - 2 = 2 - 2 = 0.$$

Der Spielwert ist also gleich null.

y_1	y_2	y_3	v_1	v_2	v_3	
-1	-1	-1	0	0	0	0
2	3	1	1	0	0	1
1	2	3	0	1	0	1
3	1	2	0	0	1	1
0	$-\frac{2}{3}$	$-\frac{1}{3}$	0	0	$\frac{1}{3}$	$\frac{1}{3}$
0	$\frac{7}{3}$	$-\frac{1}{3}$	1	0	$-\frac{2}{3}$	$\frac{1}{3}$
0	$\frac{5}{3}$	$\frac{7}{3}$	0	1	$-\frac{1}{3}$	$\frac{2}{3}$
1	$\frac{1}{3}$	$\frac{2}{3}$	0	0	$\frac{1}{3}$	$\frac{1}{3}$
0	0	$-\frac{3}{7}$	$\frac{2}{7}$	0	$\frac{1}{7}$	$\frac{3}{7}$
0	1	$-\frac{1}{7}$	$\frac{3}{7}$	0	$-\frac{2}{7}$	$\frac{1}{7}$
0	0	$\frac{18}{7}$	$-\frac{5}{7}$	1	$\frac{1}{7}$	$\frac{3}{7}$
1	0	$\frac{5}{7}$	$-\frac{1}{7}$	0	$\frac{3}{7}$	$\frac{2}{7}$
0	0	0	$\frac{1}{6}$	$\frac{1}{6}$	$\frac{1}{6}$	$\frac{1}{2}$
0	1	0	$\frac{7}{18}$	$\frac{1}{18}$	$-\frac{5}{18}$	$\frac{1}{6}$
0	0	1	$-\frac{5}{18}$	$\frac{7}{18}$	$\frac{1}{18}$	$\frac{1}{6}$
1	0	0	$\frac{1}{18}$	$-\frac{5}{18}$	$\frac{7}{18}$	$\frac{1}{6}$

Lösung zu Aufgabe 7.4

a) Sowohl Max als auch Moritz wählen zwischen den Alternativen 0 €, 1 € oder 2 € (anbieten beziehungsweise für akzeptabel erachten). Somit gilt für beide Strategienmengen

$$A = B = \{0;1;2\}.$$

Bietet Max einen Betrag $a \in A$ an, der für Moritz akzeptabel ist, das heißt die Bedingung $a \geqq b$ erfüllt, wobei $b \in B$ das von Moritz gewählte Akzeptanzniveau ist, so kommt der Transfer zu Stande. Moritz erhält dann a € von Max, der den verbleibenden Rest in Höhe von $2 - a$ € behalten darf. Sonst, wenn also $a < b$ ist, erhalten beide eine Auszahlung in Höhe von null. Folglich sind die beiden Auszahlungsfunktionen:

$$u_1(a,b) = \begin{cases} 2-a, & \text{falls} \quad a \geqq b \\ 0, & \text{sonst} \end{cases} \quad \text{und}$$

$$u_2(a,b) = \begin{cases} a, & \text{falls} \quad a \geqq b \\ 0, & \text{sonst} \end{cases}$$

b) Nein, denn offensichtlich gilt

$$u_1(a,b) + u_2(a,b) = \begin{cases} 2, & \text{falls} \quad a \geqq b \\ 0, & \text{sonst} \end{cases}$$

Die Auszahlungssumme kann also die Werte 0 oder 2 annehmen und ist folglich *nicht* konstant.

c) Man erhält die Auszahlungsmatrix $\mathbf{U}_1$ von Max, indem man die denkbaren Partien $(a,b) \in \{0;1;2\} \times \{0;1;2\}$ in seine Auszahlungsfunktion u_1 aus Teil a) einsetzt:

	$b=$		
	0	1	2
$a=0$	2	0	0
$a=1$	1	1	0
$a=2$	0	0	0

Die Spaltenmaxima wurden hier grau unterlegt. Analog geht man bei der Bestimmung der Auszahlungsmatrix $\mathbf{U}_2$ und der Bayes-Strategien von Moritz vor:

	$b=0$	$b=1$	$b=2$
$a=0$	0	0	0
$a=1$	1	1	0
$a=2$	2	2	2

Insgesamt wurden vier Partien von beiden Spielern markiert, nämlich alle $(a,b) \in \{(0,0);(0,2);(1,1);(2,2)\}$. Dies sind die Gleichgewichtspunkte in reinen Strategien.

d) Fasst man die beiden in Teil c) erstellten Auszahlungsmatrizen $\mathbf{U}_1$ und $\mathbf{U}_2$ zur Bimatrix

(u_1,u_2)	$b=0$	$b=1$	$b=2$	$\min_b u_1$
$a=0$	(2,0)	(0,0)	(0,0)	0
$a=1$	(1,1)	(1,1)	(0,0)	0
$a=2$	(0,2)	(0,2)	(0,2)	0
$\min_a u_2$	0	0	0	

zusammen, so erkennt man, dass die Minima aller Zeilen von $\mathbf{U}_1$ und aller Spalten von $\mathbf{U}_2$ übereinstimmend den Wert null besitzen. Folglich ist jede Strategie (von Max wie auch von Moritz) Maximin-Strategie, und beide Spieler können sich jeweils den gleichen unteren Spielwert $u_{1*} = u_{2*} = 0$ sichern. Der Garantiepunkt (u_{1*}, u_{2*}) entspricht also dem Nullpunkt $(0,0)$.

e) Anhand der Auszahlungsmatrix von Max ist erkennbar, dass das Angebot $a = 2$ ineffizient ist, da es sowohl von $a = 0$ als auch von $a = 1$ dominiert wird. Gleiches gilt für das Akzeptanzniveau $b = 2$; dieses wird von $b = 0$ und von $b = 1$ dominiert (vergleiche die Auszahlungsmatrix von Moritz). Nach Streichung dieser beiden Strategien verbleibt noch die Bimatrix

(u_1,u_2)	$b=0$	$b=1$	$\min_b u_1$
$a=0$	(2,0)	(0,0)	0
$a=1$	(1,1)	(1,1)	1
$\min_a u_2$	0	0	

Aus dieser Darstellung ist unmittelbar ersichtlich, dass das größte Zeilenminimum, und damit der untere Spielwert u_{1*} von Max, gleich 1 ist. Um diesen zu garantieren, müsste Max seine Maximin-Strategie $a = 1$ verfolgen. Moritz besitzt dagegen zwei Maximin-Strategien, denn sowohl $b = 0$

als auch $b = 1$ führen zum gleichen unteren Spielwert $u_{2*} = 0$. Der Garantiepunkt im reduzierten Spiel ist damit $(u_{1*}, u_{2*}) = (1,0)$.

Vergleicht man obige Ergebnisse mit den Resultaten aus Teil d), so wird unmittelbar deutlich, dass

- Maximin-Strategien ineffizient sein können (hier $a = 2$ und $b = 2$),
- die Streichung einer ineffizienten Strategie durch einen der beiden Spieler (hier Spieler 2) bewirken kann, dass der untere Spielwert des *anderen* Spielers (hier Spieler 1) ansteigt.

Bemerkung zu Aufgabe 7.4

Laut Definition stellt eine Partie in einem Spiel genau dann einen Gleichgewichtspunkt dar, wenn für keinen Spieler ein Anreiz besteht, einseitig von dieser Partie abzuweichen. Ein solcher Anreiz liegt offenkundig genau dann nicht vor, wenn die Gleichgewichtsstrategien Bayes-Strategien gegeneinander sind.

Aus dieser Überlegung lässt sich ein einfaches *Verfahren zur Bestimmung der Gleichgewichtspunkte in* (nicht gemischten) *Matrixspielen* (mit den beiden Auszahlungsmatrizen $\mathbf{U}_1$, $\mathbf{U}_2$ für die Spieler 1, 2) konstruieren: Man bestimmt zunächst für jeden Spieler separat seine Bayes-Strategie gegen jede denkbare reine Strategie des Gegenspielers.

Die optimale Reaktion des „Zeilenspielers" (Spieler 1) auf die Strategiewahl des „Spaltenspielers" (Spieler 2) besteht in der Wahl der Zeile, die zum Auszahlungsmaximum in der vom Spaltenspieler gewählten Spalte führt. Der Zeilenspieler markiert also alle Spaltenmaxima seiner Auszahlungsmatrix $\mathbf{U}_1$.

Die Bayes-Strategien des Spaltenspielers ergeben sich als die jeweils besten Reaktionen auf die denkbaren Entscheidungen des Zeilenspielers. Die beste Antwort des Spaltenspielers auf eine vom Zeilenspieler gewählte Zeile ist die Wahl der Spalte, die in dieser Zeile zur höchsten Auszahlung führt. Der Spaltenspieler markiert also alle Zeilenmaxima seiner Auszahlungsmatrix $\mathbf{U}_2$.

In Partien, die von beiden Spielern markiert worden sind, treffen demnach Bayes-Strategien aufeinander; folglich sind derartige Partien Gleichgewichtspunkte. Fassen wir zusammen:

> Spieler 1 markiert in $\mathbf{U}_1$ alle Spaltenmaxima, Spieler 2 in $\mathbf{U}_2$ alle Zeilenmaxima. Doppelt markierte Felder der Spielmatrix entsprechen Gleichgewichtspunkten.

Vermerkt sei noch, dass in Zweipersonennullsummenspielen, in denen $\mathbf{U}_1 = \mathbf{U} = -\mathbf{U}_2$ gilt, die Bayes-Strategien von Spieler 2 sich durch Markierung der Zeilen*minima* in $\mathbf{U}$ bestimmen lassen; genau jedes Strategienpaar (a_i, b_j) mit der Eigenschaft, dass das zugehörige Element u_{ij} der Matrix $\mathbf{U}$ sowohl Spaltenmaximum als auch Zeilenminimum ist, ist somit ein Gleichgewichtspunkt.

Lösung zu Aufgabe 7.5

a) Beide Spieler haben jeweils zwei alternative reine Strategien zur Auswahl: Harry Harmlos wählt eine Strategie aus der Menge $A = \{a_1; a_2\}$, wobei a_1 für zufrieden stellende Ausführung der Aufträge und a_2 für nicht zufrieden stellende Ausführung steht. Dagegen ist die Strategienmenge der Factoring-Bank gegeben durch $B = \{b_1; b_2\}$ mit $b_1 \hat{=}$ energisches Eintreiben der Forderungen und $b_2 \hat{=}$ Verzicht auf energisches Auftreten.

b) Laut Problembeschreibung hängt das Ausfallrisiko wie folgt von der Partie $(a, b) \in A \times B$ ab:

p	b_1	b_2
a_1	0	0,2
a_2	0,4	1

c) Vereinbaren Harry Harmlos und die Bank Non-Recourse Factoring, so erhält Harmlos von der Bank den Forderungsbetrag zu 80 %, was auf Grund der Normierung einer Auszahlung von 0,8 entspricht. Lässt er die von seinen Kunden erwartete Sorgfalt walten, so entstehen ihm zusätzliche Kosten in Höhe von 10 %, so dass sich seine Auszahlung auf 0,7 reduziert. Da Harry Harmlos im Fall des Non-Recourse Factoring kein Ausfallrisiko trägt, hängen seine Auszahlungen *nicht* von der Strategie $b \in B$ der Bank ab. Somit gilt

$$\mathbf{U}_1 = \begin{pmatrix} 0{,}7 & 0{,}7 \\ 0{,}8 & 0{,}8 \end{pmatrix}.$$

In dieser Matrix wurden, entsprechend der Bemerkung zu Aufgabe 7.4, alle Spaltenmaxima markiert. Offenkundig ist a_2 dominante Strategie von Harry Harmlos; für ihn ist es in dieser Situation also optimal, nicht zufrieden stellend zu arbeiten.

Bestimmen wir nun die Auszahlungsmatrix der Factoring-Bank. Diese erhält die Gebühr in Höhe von 20 % (entspricht 0,2), von der jedoch bei Wahl der Strategie b_1 (energisches Auftreten) die zusätzlichen Kosten der Bank in Höhe von 5 % zu subtrahieren sind. Ferner trägt die Bank beim Non-Recourse Factoring das Ausfallrisiko p, so dass sich ihre Auszahlung im Fall der Partie (a_i, b_j) um den entsprechenden Wert der Matrix aus Teil b) reduziert. Insgesamt resultiert

$$\mathbf{U}_2 = \begin{pmatrix} 0{,}15 & 0 \\ -0{,}25 & -0{,}8 \end{pmatrix}.$$

Anhand der hier markierten Zeilenmaxima ist leicht erkennbar, dass in dieser Situation auch die Bank eine dominante Strategie besitzt, nämlich b_1, das heißt ein energisches Eintreiben der angekauften Forderungen.

Da a_2 und b_1 dominante Strategien sind, charakterisiert (a_2, b_1) den einzigen Gleichgewichtspunkt. Haben also Harry Harmlos und die Bank Non-Recourse Factoring vereinbart, so wird Harmlos seine Aufträge nicht zufrieden stellend ausführen und die Bank die daraus resultierenden Forderungen energisch eintreiben.

d) Im Fall des Recourse Factoring zahlt Harry Harmlos die geringere Gebühr in Höhe von 10 %, muss aber das Ausfallrisiko p tragen, so dass sich seine Auszahlung in der Partie (a_i, b_j) um den entsprechenden Wert in der Matrix aus Teil b) reduziert. Führt er darüber hinaus seine Aufträge zufrieden stellend aus (wählt er also a_1), so entstehen ihm zusätzliche Kosten in Höhe von 10 %, die dann ebenfalls zu subtrahieren sind. Es gilt also

$$\mathbf{U}_1 = \begin{pmatrix} 0{,}8 & 0{,}6 \\ 0{,}5 & -0{,}1 \end{pmatrix}.$$

Auch in dieser Situation besitzt Harry Harmlos eine dominante Strategie, nämlich a_1, die Aufträge zufrieden stellend auszuführen.

Aus Sicht der Bank stellt sich das Recourse Factoring folgendermaßen dar: Sie erhält die Gebühr in Höhe von 10 %, muss kein Risiko übernehmen (zieht also p nicht ab), hat aber bei Wahl von Strategie b_1 zusätzliche Kosten in Höhe von 5 % zu tragen. Somit erhalten wir

$$\mathbf{U}_2 = \begin{pmatrix} 0{,}05 & 0{,}1 \\ 0{,}05 & 0{,}1 \end{pmatrix}.$$

Offenkundig besitzt die Bank auch beim Recourse Factoring eine dominante Strategie – in diesem Fall handelt es sich um b_2 –, die den Verzicht auf ein energisches Eintreiben der Forderungen vorsieht.

Wie in Teil c) treffen also auch hier zwei dominante Strategien aufeinander und bilden demnach den einzigen Gleichgewichtspunkt. In dieser Partie (a_1, b_2) wird Harmlos zufrieden stellend arbeiten, die Bank aber die Forderungen nicht energisch (genug) eintreiben.

Lösung zu Aufgabe 7.6

Nun soll im Spiel aus Aufgabe 7.5 die Partie (a_1, b_1) als einziger Gleichgewichtspunkt implementiert werden. Um dies zu erreichen, wird im Folgenden die im Rahmen des Hinweises zur Aufgabenstellung vorgeschlagene Gestaltung eines „Partial Recourse Factoring" umgesetzt. Dieses sieht vor, das Risiko auf beide Parteien zu verteilen, indem der Bank bei Forderungsausfall ein auf z Prozent des Forderungsbetrags beschränktes Rückgriffsrecht eingeräumt wird. – Wobei z natürlich noch geeignet gewählt werden muss.

Eine realistische Gestaltung sollte darüber hinaus berücksichtigen, dass Harmlos nun einen Teil des Risikos übernehmen muss und dafür mit einer „angemessenen" Reduktion der Bankgebühr (im Vergleich zum Non-Recourse Factoring) entschädigt werden sollte. Man beachte jedoch, dass die Höhe des Gebührensatzes im hier betrachteten Spiel keinen Einfluss auf die Strategienwahl der Spieler besitzt. Deshalb besteht keine Notwendigkeit, den „angemessenen" Gebührensatz rechnerisch zu bestimmen; wir können ihn ohne Probleme willkürlich auf beispielsweise 15 % festsetzen.

Infolge dieser Vereinbarung würden die Auszahlungen von Harry Harmlos gegenüber der bisherigen Formulierung für das Non-Recourse Factoring (vergleiche die Lösung zu Aufgabe 7.5 c)) um 0,05 steigen (reduzierte Gebühr) sowie um zp sinken (Regress), wobei der konkrete Wert für p wieder der Matrix aus Aufgabe 7.5 b) zu entnehmen ist. Wir erhalten dann

$$\mathbf{U}_1 = \begin{pmatrix} 0{,}75 & 0{,}75 - 0{,}2z \\ 0{,}85 - 0{,}4z & 0{,}85 - z \end{pmatrix}.$$

Analog dazu sinken die Auszahlungen an die Bank gegenüber dem Non-Recourse Factoring um 0,05 (Gebühr) und steigen um zp (Regress), also:

$$\mathbf{U}_2 = \begin{pmatrix} 0{,}1 & -0{,}05 + 0{,}2z \\ -0{,}3 + 0{,}4z & -0{,}85 + z \end{pmatrix}.$$

Damit (a_1, b_1) ein Gleichgewichtspunkt sein kann, muss (vergleiche die Bemerkung zu Aufgabe 7.4) a_1 Bayes-Strategie des Harry Harmlos gegen die Strategie b_1 der Factoring-Bank sein und somit das Maximum der ersten Spalte von $\mathbf{U}_1$ in der ersten Zeile erreicht werden. Dies setzt voraus, dass wegen

$$0{,}75 \geqq 0{,}85 - 0{,}4z \iff 0{,}4z \geqq 0{,}1 \iff z \geqq \tfrac{1}{4}$$

Harry Harmlos mit mindestens 25 % an den Ausfällen beteiligt wird. Außerdem muss sichergestellt werden, dass die Wahl von b_1 eine Bayes-Strategie der Bank gegen a_1 darstellt, das heißt, dass das Maximum der ersten Zeile von $\mathbf{U}_2$ in der ersten Spalte erreicht wird. Dies ist wegen

$$0{,}1 \geqq -0{,}05 + 0{,}2z \iff 0{,}2z \leqq 0{,}15 \iff z \leqq \tfrac{3}{4}$$

offensichtlich genau für $z \leqq \frac{3}{4}$ der Fall. Kombiniert man beide Bedingungen, so erhält man:

$$z \in [\tfrac{1}{4};\tfrac{3}{4}] \Rightarrow (a_1,b_1) \text{ ist Gleichgewichtspunkt.}$$

Nun muss noch geprüft werden, ob diese Spezifikation von z sicherstellen kann, dass (a_1,b_1) der *einzige* Gleichgewichtspunkt des Spiels ist. Dazu betrachten wir zunächst die beiden Randwerte $z = \frac{1}{4}$ beziehungsweise $z = \frac{3}{4}$. Für $z = \frac{1}{4}$ erhält man

$$\mathbf{U}_1 = \begin{pmatrix} 0,75 & 0,7 \\ 0,75 & 0,6 \end{pmatrix} \quad \text{und} \quad \mathbf{U}_2 = \begin{pmatrix} 0,1 & 0 \\ -0,2 & -0,6 \end{pmatrix},$$

also ist auch (a_2,b_1) ein Gleichgewichtspunkt. Entsprechend ist für $z = \frac{3}{4}$ auch (a_1,b_2) ein Gleichgewichtspunkt, denn es gilt

$$\mathbf{U}_1 = \begin{pmatrix} 0,75 & 0,6 \\ 0,55 & 0,1 \end{pmatrix} \quad \text{und} \quad \mathbf{U}_2 = \begin{pmatrix} 0,1 & 0,1 \\ 0 & -0,1 \end{pmatrix}.$$

Somit schränken wir den zulässigen Bereich für z auf $(\frac{1}{4};\frac{3}{4})$ ein und untersuchen, ob für diese z die Eindeutigkeit des Gleichgewichtspunktes (a_1,b_1) folgt. Da a_1 und b_1 nun jeweils die einzigen Bayes-Strategien gegeneinander sind, kommt nur noch ein weiterer denkbarer Gleichgewichtspunkt infrage, nämlich (a_2,b_2). Diese Partie ist jedenfalls dann kein Gleichgewichtspunkt, wenn a_2 *keine* Bayes-Strategie gegen b_2 ist. Um dies zu prüfen, vergleichen wir die in den Partien (a_1,b_2) und (a_2,b_2) einschlägigen Auszahlungen von Harry Harmlos. Offensichtlich gilt

$$0,75 - 0,2z > 0,85 - z \iff 0,8z > 0,1 \iff z > \tfrac{1}{8}.$$

Man beachte, dass $z > \frac{1}{8}$ für alle Werte im oben identifizierten Intervall $(\frac{1}{4};\frac{3}{4})$ erfüllt ist. Also ist dann a_2 *nicht* Bayes-Strategie gegen b_2 und mithin (a_2,b_2) kein Gleichgewichtspunkt.

Genau die Wahl einer Partizipationsrate $z \in (\frac{1}{4};\frac{3}{4})$ implementiert also (a_1,b_1) als einzigen Gleichgewichtspunkt – und garantiert damit, dass Harry Harmlos seine Aufträge zufrieden stellend ausführt, und dass die Bank die angekauften Forderungen energisch eintreibt.

Bemerkung zu Aufgabe 7.6

Vergleicht man die Auszahlungen $u_1(a_1,b_1) = 0{,}75$, $u_2(a_1,b_1) = 0{,}1$ in dieser Partie mit den Auszahlungen im Gleichgewichtspunkt bei Recourse Factoring aus Aufgabe 7.5 d), $u_1(a_1,b_2) = 0{,}6$ beziehungsweise $u_2(a_1,b_2) = 0{,}1$, so ist leicht zu erkennen, dass hier der Wechsel von Recourse Factoring zu Partial Recourse Factoring eine Pareto-Verbesserung bewirkt: Während die Bank in beiden Fällen die gleiche (erwartete) Auszahlung erreicht, erhöht sie sich bei Harry Harmlos um 15 Prozentpunkte.

Eine derartige Dominanzbeziehung lässt sich hier für den Vergleich von Partial und Non-Recourse Factoring nicht identifizieren. Sie könnte aber durch eine andere Gestaltung des Partial Recourse Factoring erreicht werden: Wird beim Übergang zum Partial Recourse Factoring die Bankgebühr (im Vergleich zum Non-Recourse Factoring) um mehr als 10 % gesenkt (und damit geringer als im Fall des Recourse Factoring gewählt), so führt der Wechsel von Non-Recourse zu Partial Recourse Factoring zu einer Pareto-Verbesserung.

Eine Konstellation, in der Partial Recourse Factoring *sowohl* Recourse Factoring *als auch* Non-Recourse Factoring zugleich dominiert, ist dagegen *nicht* herstellbar: Es kann gezeigt werden, dass ceteris paribus – bei unveränderten Ausfallwahrscheinlichkeiten, Kosten- und Gebührensätzen (für Recourse und Non-Rccourse Factoring) – keine derartige Gestaltung des Recourse Factoring existiert.

Lösung zu Aufgabe 7.7*

Da hier beide Spieler über jeweils nur zwei reine Strategien verfügen, kann man die gemischte Strategie **p** von Max (Spieler 1) mit nur einer Wahrscheinlichkeit p identifizieren: $\mathbf{p} = (p, 1-p)$. Gleiches gilt für Moritz (Spieler 2): $\mathbf{q} = (q, 1-q)$, wobei p beziehungsweise q die Wahrscheinlichkeit angeben, mit der Max beziehungsweise Moritz ihren Chip in der ersten Runde setzen.

Geht man nun – analog zur Vorgehensweise in Bamberg / Coenenberg (2002, S. 205) für Zweipersonennullsummenspiele – zu den Erwartungswerten der beiden Spieler über, so erhält man mit den Auszahlungen aus der Lösung zu 7.1 b)

$$u_1(p,q) = p(1-q) + (1-p)q = p + q - 2pq = u_2(p,q).$$

Man beachte, dass Max und Moritz im geschilderten Spiel insofern symmetrisch behandelt werden, als ein Rollentausch das Spielergebnis nicht verändert. Dementsprechend besitzen Max und Moritz die gleichen Gleichgewichtsstrategien.

Wir ermitteln deshalb nachfolgend lediglich die Gleichgewichtsstrategien von Max. Da ein Gleichgewichtspunkt vorliegt, wenn zwei wechselseitige Bayes-Strategien aufeinander treffen (siehe die Bemerkung zur Aufgabe 7.4), ist es zweckmäßig, die Bayes-Strategie $\hat{p}(q)$ von Max gegen eine gegebene gemischte Strategie q von Moritz zu bestimmen. Die erste Ableitung seiner relevanten Auszahlungsfunktion $u_1(p,q) = q + p(1-2q)$ nach p (bei fixiertem q) ist

$$\frac{\partial}{\partial p} u_1(p,q) = 1 - 2q;$$

sie ist also stets konstant bezüglich p.

Im Folgenden müssen drei Fälle unterschieden werden:

1. Ist $1-2q = 0$ beziehungsweise $q = \frac{1}{2}$, so beeinflusst die Wahl von p die erwartete Auszahlung von Max nicht. Folglich ist jede gemischte Strategie von Max Bayes-Strategie gegen $q = \frac{1}{2}$. Auf Grund der Symmetrie gilt gleiches für Moritz; formal:

   $$\{\hat{p}(q) \mid q = \tfrac{1}{2}\} = \{\hat{q}(p) \mid p = \tfrac{1}{2}\} = [0;1].$$

   Da

   $$\tfrac{1}{2} \in \{\hat{p}(q) \mid q = \tfrac{1}{2}\} \quad \text{und} \quad \tfrac{1}{2} \in \{\hat{q}(p) \mid p = \tfrac{1}{2}\}$$

   gilt, sind $\hat{p} = \frac{1}{2}$ und $\hat{q} = \frac{1}{2}$ wechselseitige Bayes-Strategien. Damit haben wir den ersten Gleichgewichtspunkt $(p^*, q^*) = (\frac{1}{2}, \frac{1}{2})$ identifiziert.

2. Ist $1-2q > 0$ beziehungsweise $q < \frac{1}{2}$, so ist die erste Ableitung der Auszahlungsfunktion von Max im gesamten Bereich positiv, und es liegt ein Randmaximum „am rechten Rand“ vor. Folglich ist die beste Reaktion von Max auf eine gemischte Strategie von Moritz mit $q < \frac{1}{2}$ gegeben durch $\hat{p}(q) = 1$. Gleiches gilt für Moritz: $p < \frac{1}{2} \Rightarrow \hat{q}(p) = 1$.

3. Ist $1-2q < 0$ beziehungsweise $q > \frac{1}{2}$, so ist die erste Ableitung von u_1 nach p negativ, und es wird ein Randmaximum „am linken Rand“ erreicht. Es gilt also $q > \frac{1}{2} \Rightarrow \hat{p}(q) = 0$ und (auf Grund der Symmetrie) $p > \frac{1}{2} \Rightarrow \hat{q}(p) = 0$.

   Vergleicht man die in den beiden letzten Fällen ermittelten Bayes-Strategien, so kann man erkennen, dass insbesondere

   $$\hat{p}(0) = 1, \quad \hat{q}(1) = 0 \quad \text{sowie} \quad \hat{p}(1) = 0, \quad \hat{q}(0) = 1$$

   gilt. Deshalb sind $\hat{p} = 1$ und $\hat{q} = 0$ (sowie $\hat{p} = 0$ und $\hat{q} = 1$) wechselseitige Bayes-Strategien.

Somit besitzt die gemischte Erweiterung drei Gleichgewichtspunkte (p^*, q^*), nämlich

$$(\tfrac{1}{2}, \tfrac{1}{2}), \quad (1,0) \quad \text{und} \quad (0,1).$$

Dieses Ergebnis lässt sich auch visualisieren. Dazu zeichnet man in ein (p,q)-Koordinatensystem zwei Punktemengen ein, nämlich die Menge $\{(p,q) \mid p = \hat{p}(q)\}$, die alle Bayes-Strategien von Spieler 1 beschreibt, und die Menge $\{(p,q) \mid q = \hat{q}(p)\}$, die alle Bayes-Strategien von Spieler 2 beschreibt. Elemente, die in beiden Mengen enthalten sind – und folglich die Schnittmenge $\{(p,q) \mid p = \hat{p}(q)\} \cap \{(p,q) \mid q = \hat{q}(p)\}$ bilden – entsprechen Paaren wechselseitiger Bayes-Strategien und sind damit Gleichgewichtspunkte. In der graphischen Darstellung sind sie als „Schnittpunkte" der beiden Mengen erkennbar.

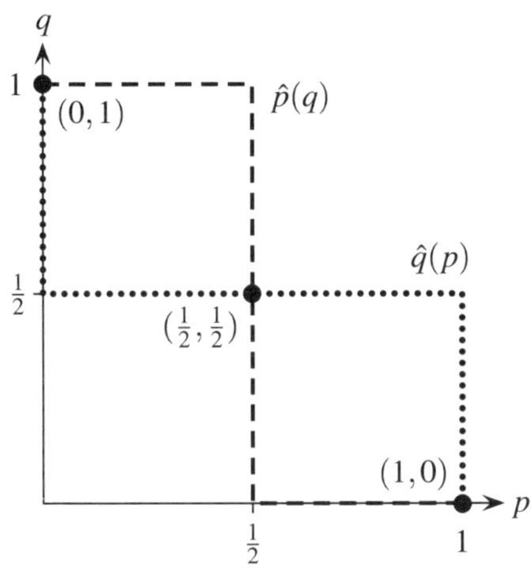

Lösung zu Aufgabe 7.8

Es ist zweckmäßig, das Spiel Γ zunächst formal zu erfassen. Offenkundig handelt es sich um ein nichtkooperatives N-Personenspiel in Normalform (da jeder Spieler nur einmal am Zug ist; N ist dabei nicht festgelegt). Laut Spielbeschreibung besitzt jeder Spieler i die gleiche Strategienmenge $A_1 = \cdots = A_N = [0; 100]$, aus der er eine Strategie a_i $(i = 1, \ldots, N)$ wählt. Auch die Auszahlungsfunktionen u_i aller Spieler stimmen überein: Wer zwei Dritteln des Durchschnittes $\frac{1}{N} \cdot (a_1 + \cdots + a_N)$ am nächsten kommt, erhält $u_i = 1\,000$, anderenfalls ist $u_i = 0$. Da in der Spielbeschreibung keine Regelung für den Fall getroffen wurde, dass die zum Sieg führende Zahl von mehr als einem Spieler genannt wird, nehmen wir zusätzlich an, dass dann die Prämie in Höhe von 1 000 DM in gleichen Teilen auf die Sieger verteilt wird.

Im derart beschriebenen Spiel lassen sich nun wiederholt dominierte Strategien eliminieren (ähnlich dem in Bamberg / Coenenberg, 2002, S. 206 f. beschriebenen Vorgehen), wie im Folgenden ausgeführt wird: Selbst wenn alle N Spieler $a_j = 100$ wählen, kann die Zielzahl $\frac{2}{3} \cdot \frac{1}{N} \cdot (a_1 + \cdots + a_N)$ nicht größer als $66\,\frac{2}{3}$ sein. Alle $a_j > 66\,\frac{2}{3}$ sind also ineffizient, denn sie sind mit Sicherheit weiter von der Zielzahl entfernt als die Nennung $66\,\frac{2}{3}$. Entfernt man diese dominierten Strategien, geht man also davon aus, dass alle Spieler eine Zahl zwischen 0 und $66\,\frac{2}{3}$ wählen, so kann die Zielzahl nicht größer als $\frac{2}{3} \cdot 66\,\frac{2}{3} = 44\,\frac{4}{9}$ sein; im Restspiel also sind also auch alle $a_j > 44\,\frac{4}{9}$ ineffizient. Dieses Überlegung kann beliebig lang fortgesetzt werden, bis schließlich jede positive Zahl elimiert wurde und als einzige undominierte Strategie die Nennung der Zahl 0 verbleibt.

Folglich ist $(a_1^*, \ldots, a_N^*) = (0, \ldots, 0)$ die einzige verbleibende Partie im Zahlenwahlspiel, und sie bildet somit auch den einzigen Gleichgewichtspunkt.

Dass es sich bei $(a_1^*, \ldots, a_N^*) = (0, \ldots, 0)$ um einen Gleichgewichtspunkt handelt, kann man alternativ auch folgendermaßen begründen: Ausgangspunkt ist die Partie $(a_1^*, \ldots, a_{i-1}^*, a_i^*, a_{i+1}^*, \ldots, a_N^*) = (0, \ldots, 0)$, in der alle Spiele, insbesondere auch Spieler i, die Gleichgewichtsstrategie 0 wählt. Nun wird aus Sicht von Spieler i geklärt, ob es in dieser Situation für ihn vorteilhaft ist, von $a_i^* = 0$ abzuweichen und stattdessen eine andere Zahl $x > 0$ zu nennen.

Behalten alle Spieler ihre Gleichgewichtsstrategien bei, so sind alle $a_1 = \cdots = a_N = 0$ und damit auch die Zielzahl $\frac{2}{3} \cdot \frac{1}{N} \cdot 0 = 0$. Da jeder Spieler exakt diese Zielzahl genannt hat, gibt es N Sieger, und jeder von ihnen – insbesondere auch Spieler i – erhält den N-ten Teil der Siegesprämie, $\frac{1000}{N}$. Es gilt also

$$u_i(a_1^*, \ldots, a_{i-1}^*, a_i^*, a_{i+1}^*, \ldots, a_N^*) = \frac{1}{N} \cdot 1\,000.$$

Weicht nun Spieler i als einziger Spieler von seiner Gleichgewichtsstrategie $a_i^* = 0$ ab und wählt er stattdessen $a_i = x > 0$, so resultiert die Zielzahl

$$\frac{2}{3} \cdot \frac{1}{N} \cdot (0 + \cdots + 0 + \underbrace{x}_{= a_i} + 0 \cdots + 0) = \frac{2}{3} \cdot \frac{x}{N}.$$

Spieler i würde das Spiel gewinnen, wenn seine Nennung x der Zielzahl $\frac{2}{3} \cdot \frac{x}{N}$ näher kommt als die Nennungen 0 der anderen Spieler. Im einzig relevanten Fall $N \geqq 2$ (sonst gewinnt der einzige Spieler „automatisch“) gilt

$$\left|x - \frac{2}{3} \cdot \frac{x}{N}\right| = x - \frac{2}{3} \cdot \frac{x}{N} = \frac{2}{3} \cdot \frac{x}{N} \cdot \left(\frac{3}{2} \cdot N - 1\right) > \frac{2}{3} \cdot \frac{x}{N} = \left|0 - \frac{2}{3} \cdot \frac{x}{N}\right|.$$

Das heißt, die Nennungen 0 der anderen Spieler sind der Zielzahl näher als $a_i = x > 0$. Folglich gewinnen nun die $N - 1$ anderen Spieler, und Spieler i erhält

$$u_i(a_1^*, \ldots, a_{i-1}^*, x, a_{i+1}^*, \ldots, a_N^*) = 0 < \frac{1000}{N} = u_i(a_1^*, \ldots, a_{i-1}^*, a_i^*, a_{i+1}^*, \ldots, a_N^*).$$

Folglich ist für Spieler i ein Abweichen von seiner Gleichgewichtsstrategie $a_i^* = 0$ schädlich; da diese Argumentation für alle Spieler $i = 1, \ldots, N$ zutrifft, muss $(a_1^*, \ldots, a_N^*) = (0, \ldots, 0)$ Gleichgewichtspunkt sein.

Lösung zu Aufgabe 7.9

a) Beiden Spielern stehen jeweils zwei Strategien zur Auswahl: Der Aufsichtsrat (Spieler 1) kann Don Winter abberufen ($\widehat{=} a_1$) oder nicht ($\widehat{=} a_2$); und Don Winter (Spieler 2) kann seinen Rücktritt erklären ($\widehat{=} b_1$) oder nicht ($\widehat{=} b_2$). Die Nutzenwerte der mit diesen beiden Strategienmengen $A = \{a_1; a_2\}$, $B = \{b_1; b_2\}$ assoziierten Spielmatrix können direkt der Aufgabenstellung entnommen werden. Man erhält dann die Bimatrix:

(u_1, u_2)	b_1	b_2
a_1	$(7,0)$	$(-4,-2)$
a_2	$(-1,-4)$	$(2,6)$

Durch Angabe der Strategiemengen und der Spielmatrix ist das Spiel $\Gamma = (A, B; u_1, u_2)$ vollständig beschrieben.

b) Wie in der Lösung zu Aufgabe 7.4 d) werden die erforderlichen Zeilenminima und Spaltenminima aus der Spielmatrix ermittelt:

(u_1, u_2)	b_1	b_2	$\min_{b_j} u_1$
a_1	$(7,0)$	$(-4,-2)$	-4
a_2	$(-1,-4)$	$(2,6)$	-1
$\min_{a_i} u_2$	-4	-2	

Das größte erhaltene Zeilenminimum und damit der untere Spielwert des Aufsichtsrates ist $u_{1*} = -1$. Analog entspricht das größte ermittelte Spaltenminimum dem unteren Spielwert von Don Winter, also $u_{2*} = -2$. Damit ist der Garantiepunkt $(u_{1*}, u_{2*}) = (-1, -2)$.

c) Um das Auszahlungsdiagramm für das Spiel in reinen Strategien zu konstruieren, interpretiert man jede Komponente der Auszahlungs(bi)matrix, also jedes Tupel $(u_1, u_2) \in \{(-4,-2); (-1,-4); (2,6); (7,0)\}$, als einen Punkt und trägt ihn in ein (u_1, u_2)-Koordinatensystem ein. Die derart dargestellte Punktewolke entspricht dem Auszahlungsdiagramm von Γ.

Wie in nachstehender Bemerkung ausgeführt, ist das kooperative Auszahlungsdiagramm ohne Seitenzahlungen gleich der Menge aller Konvexkombinationen aus den vier Punkten $(-4,-2)$, $(-1,-4)$, $(2,6)$, $(7,0)$ und damit die kleinste konvexe Menge, die diese vier Punkte enthält. Das kooperative Auszahlungsdiagramm ohne Seitenzahlungen entspricht also dem grau markierten Bereich K.

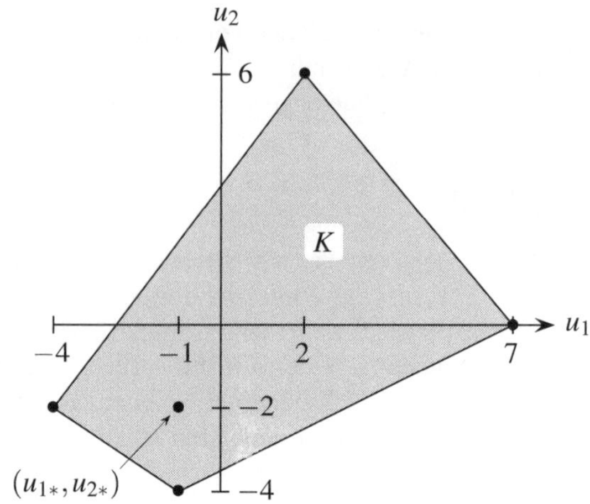

Bemerkung zu den Aufgaben 7.9 und 7.10

Ist Γ ein Zweipersonenspiel, so wird (siehe Bamberg / Coenenberg, 2002, S. 216) als *Auszahlungsdiagramm von* Γ die graphische Darstellung der Menge aller (durch den Einsatz reiner Strategien und) bei Verzicht auf Kooperation möglichen Auszahlungspunkte bezeichnet.

Lässt man Kooperation zu und skizziert man die Menge aller dann erreichbaren Auszahlungspunkte, so entsteht ein kooperatives Auszahlungsdiagramm (siehe Bamberg / Coenenberg, 2002, S. 224). Hierbei ist jedoch noch – je nachdem, welche Art von Kooperation zugelassen wird – folgende Differenzierung zweckmäßig:

- Sind als Kooperationsmöglichkeiten nur verbindliche Absprachen über einzusetzende Strategienpaare (beziehungsweise über vorzunehmende Mischungen solcher Paare), aber keine Seitenzahlungen zulässig, so bezeichnen wir die graphische Darstellung der Menge aller erreichbaren Auszahlungspunkte als *kooperatives Auszahlungsdiagramm ohne Seitenzahlungen*. Es besteht, wie leicht einzusehen ist, genau aus der Menge aller Konvexkombinationen von je endlich vielen Punkten des Auszahlungsdiagramms. (Denn sind zum Beispiel (a_1,b_1), (a_2,b_2), (a_3,b_3) drei reine Strategienpaare mit voneinander verschiedenen Auszahlungspunkten $(u_1(a_i,b_i),u_2(a_i,b_i))$, $i = 1,2,3$, so kann jeder Punkt im Dreieck, dessen Ecken diese drei Auszahlungspunkte bilden, als Konvexkombination $\sum_{i=1}^{3} p_i \cdot (u_1(a_i,b_i),u_2(a_i,b_i))$ mit $p_i \geqq 0$, $p_1 + p_2 + p_3 = 1$, dargestellt werden, das heißt, er entsteht durch die verbindliche Vereinbarung, jedes der Strategienpaare (a_i,b_i) genau mit der Wahrscheinlichkeit p_i zum Einsatz zu bringen.) Das kooperative Auszahlungsdiagramm ohne Seitenzahlungen ist somit die kleinste konvexe Menge, die alle durch reine Strategien resultierenden Auszahlungspunkte enthält.

- Sind (in einem Spiel, in dem die Nutzeneinheiten Geldeinheiten sind) als Kooperationsmöglichkeiten darüber hinaus auch noch Seitenzahlungen erlaubt, so ist zu jedem Punkt (u_1, u_2) aus dem kooperativen Auszahlungsdiagramm ohne Seitenzahlungen auch dessen Spiegelbild an der 45°-Linie, also der Punkt (u_2, u_1), ein erreichbarer Auszahlungspunkt; durch geeignete Aufteilung des Summenergebnisses $u_1 + u_2$ ist dann jedes Element auf der Verbindungsstrecke der beiden Punkte ebenfalls ein erzielbarer Auszahlungspunkt. Als *kooperatives Auszahlungsdiagramm mit Seitenzahlungen* bezeichnen wir deshalb die kleinste konvexe Menge, die sowohl das kooperative Auszahlungsdiagramm ohne Seitenzahlungen als auch dessen Spiegelbild an der 45°-Linie umfasst.

Lösung zu Aufgabe 7.10

a) Im beschriebenen Spiel existiert neben der Partie $(\bar{k}_1, \bar{k}_2) = (0,0)$, die dem Scheitern der Verhandlungen entspricht, ein Kontinuum weiterer Partien, nämlich $\{(k_1(\ell), k_2(\ell)) : \ell \geqq 0,\ k_1 \geqq 0\}$. Um das kooperative Auszahlungsdiagramm ohne Seitenzahlungen zu erstellen, ist es zweckmäßig, k_2 als Funktion von k_1 darzustellen. Hierzu muss der Parameter ℓ eliminiert werden. Zuerst löst man $k_1(\ell)$ nach ℓ auf,

$$k_1 = 1\,000 - 4\ell \iff \ell = 250 - \tfrac{1}{4}k_1,$$

und substituiert dann den derart ermittelten Term für ℓ in $k_2(\ell)$:

$$k_2 = -600 + 3\ell = -600 + 3 \cdot (250 - \tfrac{1}{4}k_1) = 150 - \tfrac{3}{4}k_1.$$

Offensichtlich ergibt sich k_2 durch eine lineare Transformation aus k_1. Dabei sind an k_1 zwei Bedingungen zu stellen: Laut Aufgabenstellung darf k_1 nicht negativ werden, also $k_1 \geqq 0$. Außerdem hängt die Leasingrate ℓ gemäß $\ell = 250 - \frac{1}{4}k_1$ von k_1 ab. Da auch die Leasingrate nicht negativ werden darf, muss $250 - \frac{1}{4}k_1 \geqq 0 \iff k_1 \leqq 1\,000$ erfüllt sein. Insgesamt darf k_1 also im Intervall $[0; 1\,000]$ variieren.

Im hier betrachteten Spiel besteht also das Auszahlungsdiagramm (ohne Kooperation) aus dem Punkt $(0,0)$ sowie allen Punkten auf der Geraden $k_2 = 150 - \frac{3}{4}k_1$ (mit $0 \leqq k_1 \leqq 1\,000$). Wie in obiger Bemerkung zu den Aufgaben 7.9 und 7.10 ausgeführt, ist das kooperative Auszahlungsdiagramm ohne Seitenzahlungen dann die kleinste konvexe Menge, die diese Punkte enthält. Insgesamt ergibt sich damit der in der folgenden Abbildung grau markierte Bereich K.

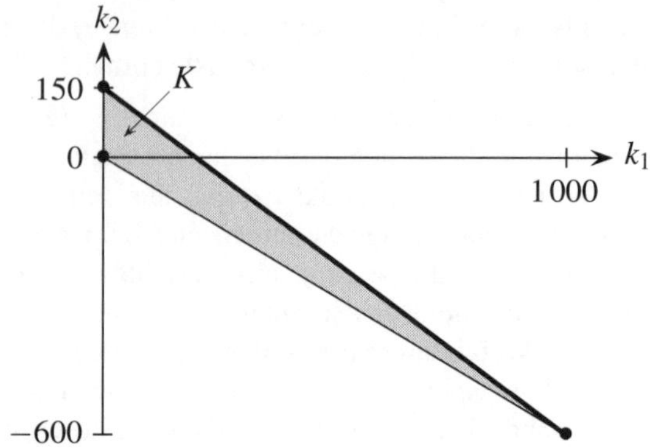

b) Zunächst sei darauf hingewiesen, dass die Forderung nach Pareto-Optimalität (Forderung 3 in Bamberg / Coenenberg, 2002, S. 227) erzwingt, dass der gesuchte Auszahlungspunkt $(\hat{k}_1, \hat{k}_2)$ auf dem „Nordost-Rand" von K liegt. Dieser ist hier durch $k_2 = 150 - \frac{3}{4}k_1$ (mit $k_1 \in [0; 1\,000]$) gegeben. Substituiert man k_1 für u_1, $150 - \frac{3}{4}k_1$ für u_2 sowie 0 für $\bar{u}_1$ und $\bar{u}_2$ in der zur Bestimmung der Nash-Lösung zu maximierenden Funktion $(u_1 - \bar{u}_1)(u_2 - \bar{u}_2)$, so erhält man mit

$$(k_1 - 0)(150 - \tfrac{3}{4}k_1 - 0) = 150k_1 - \tfrac{3}{4}k_1^2$$

eine Funktion, die nur noch von k_1 abhängt. Da sie darüber hinaus offenkundig konkav ist (als nach unten geöffnete Parabel), ist die Bedingung erster Ordnung

$$\frac{\partial}{\partial k_1}(150k_1 - \tfrac{3}{4}k_1^2) = 150 - \tfrac{3}{2}k_1 \stackrel{!}{=} 0 \iff \hat{k}_1 = 100$$

notwendig und hinreichend für ein Maximum. Den damit assoziierten Kapitalwert von Spieler 2, $\hat{k}_2$, erhalten wir durch Einsetzen von $\hat{k}_1 = 100$ in $k_2 = 150 - \frac{3}{4}k_1$; es folgt $\hat{k}_2 = 150 - \frac{3}{4} \cdot 100 = 75$. Damit ergibt sich die Nash-Lösung als $(\hat{k}_1, \hat{k}_2) = (100, 75)$.

Die Leasingrate ℓ, die vereinbart werden müsste, um die Nash-Lösung $(100, 75)$ zu erreichen, ergibt sich aus der in der Aufgabenstellung angegebenen Beziehung zwischen k_1 und ℓ, nämlich $k_1(\ell) = 1\,000 - 4\ell$. Damit ist $k_1 = 100$ nur möglich, wenn $1\,000 - 4\ell = 100$, das heißt wenn $\ell = 225$ ist. (Natürlich kann man die gleiche Leasingrate auch bestimmen, wenn man $k_2(\ell) = \hat{k}_2$ setzt.)

c) Der gesuchte Auszahlungspunkt muss also jetzt auf dem „Nordost-Rand" des kooperativen Auszahlungsdiagramms mit Seitenzahlungen liegen. Dieses ist, wie in obiger Bemerkung zu den Aufgaben 7.9 und 7.10 ausgeführt, gleich der kleinsten konvexen Menge, die sowohl den in a) skizzierten Bereich K als auch dessen Spiegelbild an der 45°-Linie (das heißt das Dreieck mit den Ecken $(0,0)$, $(150,0)$ und $(-600, 1\,000)$) enthält.

Der zugehörige „Nordost-Rand“ ist somit die Verbindungsstrecke zwischen den Punkten $(1\,000, -600)$ und $(-600, 1\,000)$ und beinhaltet genau diejenigen Punkte (k_1, k_2), für die die (durch Kooperation und Seitenzahlungen erreichbare) Auszahlungssumme $k_1 + k_2$ beider Spieler den maximal möglichen Wert ($= 400$) annimmt. In der nun vorliegenden Verhandlungssituation mit einem ausgezeichneten Punkt (hier $(0,0)$), der keinen Spieler bevorzugt, und mit dem (symmetrischen) kooperativen Auszahlungsdiagramm mit Seitenzahlungen sind die Rollen beider Spieler völlig symmetrisch.

Zur Ermittlung der Nash-Lösung ist somit nur noch die Forderung 4 aus Bamberg / Coenenberg (2002, S. 227) zu beachten, wonach $\hat{k}_1 = \hat{k}_2$ gelten muss. Der einzige Punkt auf dem „Nordost-Rand“ (das heißt mit $\hat{k}_1 + \hat{k}_2 = 400$), für den $\hat{k}_1 = \hat{k}_2$ gilt, ist die Allokation $\hat{k}_1 = \hat{k}_2 = 200$.

Um diese Allokation zu erreichen, muss im Diagramm ohne Seitenzahlungen (siehe die Skizze aus a)) der Punkt $(1\,000, -600)$ realisiert werden. Wegen $k_1(\ell) = 1\,000 - 4\ell$, $k_2(\ell) = -600 + 3\ell$ geschieht dies offensichtlich durch die Wahl $\ell = 0$. Damit beide Spieler 200 Einheiten erzielen, muss dann der Leasingnehmer 800 Einheiten von seinem Kapitalwert $k_1(0) = 1\,000$ an die Leasinggeberin transferieren (zu Gunsten deren Kapitalwert $k_2(0) = -600$).

Lösung zu Aufgabe 7.11

a) Da nach Aufgabenstellung nur zwei unterschiedliche Auszahlungen, 0 oder 1, resultieren können, besitzt die charakteristische Funktion v ebenfalls nur diese beiden Werte. Damit eine Koalition die Auszahlung 1 erreicht, muss sie aus mindestens 75 % der Gremienmitglieder bestehen. Insgesamt umfasst das Gremium 10 Mitglieder; 75 % davon sind rechnerisch 7,5. Aus der Ganzzahligkeitsbedingung (es gibt keine „halben Gremienmitglieder“) folgt $|K| \geqq 8$ (wobei $|K|$ die Anzahl der Elemente der Menge K angibt). Damit ist

$$v(K) = \begin{cases} 1, & \text{falls} \quad |K| \geqq 8 \\ 0, & \text{sonst.} \end{cases}$$

b) Damit ein Konstantsummenspiel vorliegt, müsste gelten

$$v(K) + v(S \setminus K) = v(S) \quad \forall K \subseteq S.$$

Dass diese Bedingung hier nicht erfüllt ist, lässt sich durch ein einfaches Gegenbeispiel nachweisen: Man betrachte die beiden Koalitionen $K_1 = \{1; \ldots; 8\}$ (mit Gegenkoalition $S \setminus K_1 = \{9; 10\}$) einerseits und $K_2 =$

$\{1;\ldots;5\}$ (mit Gegenkoalition $S \setminus K_2 = \{6;\ldots;10\}$) andererseits. Dann belegt die Ungleichung

$$v(K_1) + v(S \setminus K_1) = 1 + 0 = 1 \neq 0 = 0 + 0 = v(K_2) + v(S \setminus K_2),$$

dass das hier betrachtete 10-Personenspiel *kein* Konstantsummenspiel ist.

c) Ein Spiel ist wesentlich, wenn die Bedingung

$$v(S) > \sum_{i \in S} v(\{i\})$$

erfüllt ist. Dies ist hier offenkundig der Fall, denn es sind $v(S) = 1$ und $v(\{1\}) = \cdots = v(\{10\}) = 0 \Rightarrow$

$$v(S) = 1 > 0 = \sum_{i=1}^{10} v(\{i\}).$$

Lösung zu Aufgabe 7.12

a) Die Gewinnhöhe richtet sich nach der Anzahl der Teams, und jedes Team muss aus je einem Bäcker und je einem Fahrer bestehen. Da zwei der sechs Studenten (nämlich Elisabeth und Friedrich) weder backen noch fahren können, verbleiben nur noch vier Studenten, die Teams bilden können. Die Anzahl der Teams, die gleichzeitig einsetzbar sind, ist also auf jeden Fall kleiner oder gleich 2, so dass als alternative Auszahlungen nur die Werte 0, 10 oder 20 infrage kommen.

Damit eine Koalition K den maximalen Gewinn 20 erreichen kann, muss sie aus mindestens fünf Personen bestehen ($|K| \geqq 5$), und es müssen ihr alle vier „teamfähigen" Studenten angehören ($\{\text{Anna}; \text{Bernd}; \text{Claudia}; \text{Dieter}\} \subset K$).

Besteht eine Koalition K aus genau fünf Studenten und ist die nicht beteiligte Person in $S \setminus K$ einer der vier „teamfähigen" Studenten ($S \setminus K \subset \{\text{Anna}; \text{Bernd}; \text{Claudia}; \text{Dieter}\}$), so kann nur ein Team gebildet werden, und es resultiert ein Gewinn in Höhe von 10.

In allen anderen Fällen ist die Anzahl der Teilnehmer kleiner als fünf und somit kein Gewinn realisierbar. Damit ergibt sich insgesamt die folgende charakteristische Funktion:

$$v(K) = \begin{cases} 20, & \text{falls} \quad |K| \geqq 5, \quad K \supset \{\text{Anna}; \text{Bernd}; \text{Claudia}; \text{Dieter}\} \\ 10, & \text{falls} \quad |K| = 5, \quad S \setminus K \subset \{\text{Anna}; \text{Bernd}; \text{Claudia}; \text{Dieter}\} \\ 0, & \text{sonst.} \end{cases}$$

b) Da ein positiver Gewinn nur bei Teilnahme von mindestens fünf Studenten möglich ist, kann sich jede Ein-Personen-Koalition $\{i\}$ nur $v(\{i\}) = 0$

sichern. Beteiligen sich dagegen alle Studenten an „PowerPizza", so resultiert $v(S) = 20 > 0$. Infolgedessen ist das Spiel wesentlich.

c) Damit ein Auszahlungsvektor $(x_1, \ldots, x_N)$ eine Imputation ist, muss $x_1 + \cdots + x_N = v(S)$ sowie $x_i \geqq v(\{i\})$ für alle $i = 1, \ldots, N$ gelten. Da der hier zur Diskussion gestellte Auszahlungsvektor $(3,3,3,3,8,0)$ keine negativen Komponenten besitzt, ist $x_i \geqq 0 = v(\{i\})$ erfüllt. Ferner ist $3+3+3+3+8+0 = 20 = v(S)$. Folglich handelt es sich um eine Imputation.

   Wäre $(x_1, \ldots, x_6) = (3,3,3,3,8,0)$ Element des Kerns, so müsste für jede mögliche Koalition $K \subseteq S$ die Bedingung $\sum_{i \in K} x_i \geqq v(K)$ gelten. Betrachtet man nun speziell die Koalition K aus den Spielern 1, 2, 3, 4 und 6, so folgt $\sum_{i \in K} x_i = 4 \cdot 3 + 0 = 12 < 20 = v(K)$ (denn da die Koalition K die vier „Teamfähigen" enthält, kann sie sich den Maximalgewinn sichern). Also gehört $(3,3,3,3,8,0)$ nicht zum Kern.

Lösung zu Aufgabe 7.13

a) Die charakteristische Funktion ergibt sich ohne weitere Überlegungen direkt aus der Aufgabenstellung:

$$v(K) = \begin{cases} 5, & \text{falls} \quad |K| \geqq 3 \\ 0, & \text{sonst.} \end{cases}$$

b) Ja, da $v(\{1\}) + \cdots + v(\{5\}) = 0 + \cdots + 0 = 0 < 5 = v(S)$.

c) Beispielsweise verletzt $(x_1, x_2, x_3, x_4, x_5) = (0,0,0,0,0)$ die Bedingung $x_1 + \cdots + x_5 \stackrel{!}{=} 5 = v(S)$.

d) Man beachte, dass wegen $|S| = 5$ gilt

$$|K| \geqq 3 \Rightarrow |S \setminus K| \leqq 2 \quad \text{und damit} \quad v(K) + v(S \setminus K) = 5 + 0 = 5 = v(S).$$

   Analog gilt

$$|K| \leqq 2 \Rightarrow |S \setminus K| \geqq 3 \quad \text{und damit} \quad v(K) + v(S \setminus K) = 0 + 5 = 5 = v(S).$$

   Weitere Fälle können nicht auftreten. Das hier diskutierte Spiel erfüllt demnach

$$v(K) + v(S \setminus K) = v(S) \quad \forall K \subseteq S$$

   und ist infolgedessen ein Konstantsummenspiel. Da es des Weiteren wesentlich ist (vergleiche b)), können wir die in der Aufgabe 5 von Bamberg / Coenenberg (2002), Kapitel 7 bewiesene Aussage nutzen. Diese besagt, dass jedes wesentliche Konstantsummenspiel einen leeren Kern besitzt. Demnach ist der Kern des hier betrachteten 5-Personenspiels gleich der leeren Menge.

Zum selben Ergebnis gelangt man auch auf folgendem alternativen Weg: Nehmen wir an an, die Imputation $(x_1, \dots, x_5)$ stamme aus dem Kern von Γ. Da je drei Personen bereits eine Gewinnkoalition bilden, müssen zum Beispiel die folgenden fünf Ungleichungen erfüllt sein:

$$\begin{aligned}
x_1 + x_2 + x_3 \phantom{{}+x_4+x_5} &\geqq 5\\
x_2 + x_3 + x_4 \phantom{{}+x_5} &\geqq 5\\
x_3 + x_4 + x_5 &\geqq 5\\
x_1 \phantom{{}+x_2+x_3} + x_4 + x_5 &\geqq 5\\
x_1 + x_2 \phantom{{}+x_3+x_4} + x_5 &\geqq 5
\end{aligned}$$

Durch Summation dieser fünf Ungleichungen erhält man

$$3x_1 + 3x_2 + 3x_3 + 3x_4 + 3x_5 \geqq 25.$$

Folglich müsste $x_1 + \cdots + x_5 \geqq \frac{25}{3} > 5 = v(S)$ gelten, und dies steht im Widerspruch zu obiger Annahme.

8. Kapitel
Aufgaben zu Gremienentscheidungen

Vorbemerkung

Das Unmöglichkeitstheorem von Arrow sowie weitere einschlägige Unmöglichkeitstheoreme bedingen, dass die im Gremienalltag benutzten Wahl- und Entscheidungsprozeduren Schwachstellen beziehungsweise problematische Eigenschaften haben müssen. Die Aufgaben betreffen einige Prozeduren, die wegen ihrer Einfachheit sowie ihrer langen Tradition weit verbreitet sind und zielen darauf ab, solche Schwachstellen beispielhaft zu illustrieren.

Aufgabe 8.1

Bei dem (nach dem französischen Ingenieur Jean Charles Borda (1733–1799) benannten) *Borda-Verfahren* wird aus den einzelnen Präferenzordnungen der Mitglieder eines Entscheidungsgremiums folgendermaßen eine Gremien-Präferenzordnung für die zur Debatte stehenden Alternativen erzeugt: Die höchstpräferierte Alternative bekommt m Punkte, die zweite Wahl bekommt $(m-1)$ Punkte etc. (Bei Indifferenz werde die auf die gleichwertigen Alternativen entfallende Punktsumme gleichmäßig aufgeteilt.) Die Gremien-Präferenzordnung stuft die Alternativen gemäß der jeweils resultierenden Punktsumme ein.

a) Wenden Sie das Borda-Verfahren auf ein fünfköpfiges Entscheidungsgremium an, dessen Mitglieder bezüglich der vier Alternativen a, b, c, d folgende individuellen Präferenzordnungen haben:

R_1	R_2	R_3	R_4	R_5
a	a	b	c	d
b	b	c	b	a
d	d	d	d	b
c	c	a	a	c

b) Infolge neu eingetretener Umstände falle die vom Gremium am wenigsten präferierte Alternative aus der Konkurrenz heraus (wobei alle restlichen relativen Präferenzen erhalten bleiben). Bestimmen Sie die Gremien-Präferenzordnung bezüglich der reduzieren Alternativenmenge.

Aufgabe 8.2

Die Präferenzordnung eines Entscheidungsremiums wird gemäß der *Pluralitätsregel* (die auch Einstimmen-Regel oder Single-Vote-Kriterium heißt) nur durch die Erstpräferenzen der Gremienmitglieder bestimmt: Jedes Mitglied vergibt für die am höchsten präferierte Alternative das Gewicht 1 und für die restlichen Alternativen das Gewicht 0. Die Gremien-Präferenzordnung bestimmt sich gemäß der Gewichtssumme der Alternativen.

Es werde ein fünfköpfiges Gremium mit dem Präferenzordnungs-Profil von Aufgabe 8.1 betrachtet.

a) Welche Gremien-Präferenzordnung liefert die Pluralitätsregel?

b) Gibt es in dieser Situation einen so genannten *Condorcet-Gewinner* (das heißt eine Alternative, die bei jedem Paarvergleich die Mehrzahl der Stimmen erhält)?

Aufgabe 8.3

Ein dreiköpfiges Entscheidungsgremium verwendet die Pluralitätsregel (vergleiche Aufgabe 8.2). Bezüglich der vier Investitionsalternativen a, b, c, d haben die Gremienmitglieder die Präferenzen:

R_1	R_2	R_3
a	a	c
b	b	b
c	c	d
d	d	a

a) Welche Gremien-Präferenzordnung resultiert hieraus?

b) Das Gremium erfährt, dass die zuständige Aufsichtsbehörde eine für a wesentliche Genehmigung versagt. Wie wirkt sich der Ausfall von a insbesondere für die Gremienpräferenz zwischen b und c aus?

Aufgabe 8.4

Ein zehnköpfiges Komitee hat über die Rangfolge der drei Standorte a, b, c für das neu zu errichtende Werk für eine Großraumlimousine zu befinden. Die einzelnen Mitglieder des Komitees haben zum Teil identische Präferenzordnungen, wie man aus folgendem Profil ersehen kann:

$R_1 = R_2 = R_3$	$R_4 = R_5 = R_6 = R_7$	$R_8 = R_9 = R_{10}$
a	b	c
b	a	a
c	c	b

a) Welche Präferenzordnung resultiert, wenn das Komitee die Pluralitätsregel anwendet?

b) Stellen Sie fest, ob ein Condorcet-Gewinner existiert, und nehmen Sie zur Behauptung Stellung, dass für den Fall der Existenz eines Condorcet-Gewinners dieser bei Anwendung der Pluralitätsregel der „Gremien-Spitzenreiter" sein muss.

c) Bleibt die bei a) ermittelte Gremien-Präferenzordnung auch für die Zweistimmen-Regel (bei der die Erst- und die Zweitpräferenzen jeweils einen Punkt bekommen) gültig?

Aufgabe 8.5

Ein dreiköpfiges Entscheidungsgremium hat über die vier Alternativen a, b, c, d zu befinden und wendet das Borda-Verfahren (vergleiche Aufgabe 8.1) an. Die wahren Präferenzordnungen sind

R_1	R_2	R_3
a	d	d
b	a	a
c	b	b
d	c	c

so dass die Gremien-Präferenzordnung $a \succ d \succ b \succ c$ resultieren würde. Das Gremienmitglied Nr. 3 kennt auf Grund besonderer Umstände die Präferenzordnungen der Mitglieder Nr. 1 und Nr. 2 und ist sich sicher, dass diese auch wahrheitsgemäß in den Mechanismus eingespeist werden. Kann Mitglied Nr. 3 durch Angabe einer (von seiner wahren Präferenz abweichenden) Präferenzordnung $\tilde{R}_3$ erreichen, dass nicht seine zweite Wahl (nämlich a), sondern seine am höchsten präferierte Alternative (nämlich d) die Höchstpräferenz des Gremiums erreicht?

Aufgabe 8.6

In einem dreizehnköpfigen Entscheidungsgremium haben die Mitglieder bezüglich der vier Alternativen a, b, c, d folgende Präferenzen

$R_1 = R_2$	$R_3 = R_4 = R_5$	$R_6 = \cdots = R_{11}$	$R_{12} = R_{13}$
c	a	b	d
a	b	a	c
b	c	d	a
d	d	c	b

Das Gremium hat sich auf Grund der Hare-Regel für eine der Alternativen zu entscheiden. Die Regel werde in derjenigen Variante angewandt, dass bei einer Übereinstimmung der jeweiligen Stimmenzahl alle Verlierer-Alternativen eliminiert werden.

a) Nehmen Sie an, dass alle Mitglieder strikt gemäß obigem Präferenzordnungs-Profil abstimmen und rechnen Sie nach, dass a die siegreiche Alternative sein muss.

b) Nehmen Sie an, dass Gremienmitglied Nr. 11 das Präferenzordnungs-Profil kennt und sich sicher ist, dass alle restlichen 12 Mitglieder demgemäß abstimmen. Kann Nr. 11 die Entscheidung für Alternative a vermeiden und seiner höchstpräferierten Alternative b zum Sieg dadurch verhelfen, dass er sich abstimmungsstrategisch verhält und zum Beispiel in allen Runden für seine schlechteste Alternative c votiert?

Aufgabe 8.7

Es werde wieder das dreizehnköpfige Entscheidungsgremium von Aufgabe 8.6 betrachtet mit der Abweichung, dass die Präferenzordnung R_{11} nun in

$$c \succ a \succ d \succ b$$

geändert sei. Kein Gremienmitglied stimme strategisch ab.

a) Prüfen Sie, ob ein Condorcet-Gewinner existiert.

b) Prüfen Sie, ob die Hare-Regel den (möglicherweise existierenden) Condorcet-Gewinner als Gremien-Spitzenreiter auswählt.

Lösungen zu Kapitel 8

Lösung zu Aufgabe 8.1

a) Die Punktsummen sind

$$\begin{aligned} &\text{für a:} && 4+4+1+1+3=13 \\ &\text{für b:} && 3+3+4+3+2=15 \\ &\text{für c:} && 1+1+3+4+1=10 \\ &\text{für d:} && 2+2+2+2+4=12. \end{aligned}$$

Gemäß dem Borda-Verfahren ergibt sich die Gremien-Präferenzordnung

$$b \succ a \succ d \succ c.$$

b) Nach Wegfall von c sind die neuen Punktsummen

$$\begin{aligned} &\text{für a:} && 3+3+1+1+2=10 \\ &\text{für b:} && 2+2+3+2+1=10 \\ &\text{für d:} && 1+1+2+2+3=\ 9. \end{aligned}$$

Die Alternativen a und b sind infolge des Wegfalls der (nur scheinbar irrelevanten) Alternative c gleichwertig geworden. Die Gremien-Präferenzordnung bezüglich der reduzieren Alternativenmenge $\{a;b;d\}$ ist

$$a \sim b \succ d.$$

Lösung zu Aufgabe 8.2

a) Von den Erstpräferenzen entfallen zwei auf a und jeweils eine auf b, c, d. Die Gremien-Präferenzordnung ist demnach

$$a \succ b \sim c \sim d.$$

b) Es gibt $\binom{4}{2} = 6$ denkbare Paarvergleiche. Dabei entnimmt man dem gegebenen Präferenzordnungs-Profil bezüglich a die Paarvergleiche

$$\begin{aligned} a &\succ b && \text{(mit 3 : 2 Stimmen)} \\ a &\succ c && \text{(mit 3 : 2 Stimmen)} \\ d &\succ a && \text{(mit 3 : 2 Stimmen).} \end{aligned}$$

Wegen des letzten Paarvergleichs kann a kein Condorcet-Gewinner sein. Auch b und c können wegen der ersten beiden Paarvergleiche keine Condorcet-Gewinner sein. Es bleibt noch die weitere Überprüfung von d. Wegen

$$b \succ d \quad \text{(mit 4 : 1 Stimmen)}$$

kann schließlich auch d kein Condorcet-Gewinner sein.

Lösung zu Aufgabe 8.3

a) Die Pluralitätsregel liefert die Gremien-Präferenzordnung

$$a \succ c \succ b \sim d.$$

b) Das Präferenzordnungs-Profil nach Wegfall von a ist

R_1	R_2	R_3
b	b	c
c	c	b
d	d	d

Die Gremien-Präferenz ist $b \succ c \succ d$. Insbesondere ist die bei a) festgestellte Präferenz $c \succ b$ durch den Wegfall von a gerade umgedreht.

Lösung zu Aufgabe 8.4

a) Da der Standort b vier Punkte und die Standorte a und c jeweils 3 Punkte bekommen, resultiert für das Komitee die Präferenzordnung:

$$b \succ a \sim c.$$

b) Es gilt $a \succ b$ mit 6 zu 4 Stimmen
und $a \succ c$ mit 7 zu 3 Stimmen,
so dass ein Condorcet-Gewinner (nämlich a) existiert. Wie man an dem Beispiel sieht, muss der Condorcet-Gewinner keineswegs mit dem Spitzenreiter (nämlich b) der von der Pluralitätsregel generierten Gremien-Präferenzordnung identisch sein.

c) Nun bekommen die Alternativen a, b, c die Punktsummen 10, 7, 3. Die resultierende Gremien-Präferenzordnung ist

$$a \succ b \succ c.$$

Sie differiert von derjenigen der Pluralitätsregel; auch der Spitzenreiter hat sich (von b zu a) geändert.

Lösung zu Aufgabe 8.5

Mitglied Nr. 3 kann sein Ziel erreichen, indem es vorgibt,

$$\tilde{R}_3: \quad d \succ b \succ c \succ a$$

als wahre Präferenzordnung zu haben. Der bei ehrlichem Input resultierende Spitzenreiter a wird von ihm demnach vom zweiten auf den letzten Platz zurückgestuft. Gemäß Borda-Verfahren wird aus $(R_1, R_2, \tilde{R}_3)$ die Gremien-Präferenzordnung $d \succ a \sim b \succ c$ erzeugt mit dem vom Gremienmitglied Nr. 3 gewünschten neuen Spitzenreiter d.

Bemerkung

Mit diesem Beispiel illustriert Gibbard (1973) die Manipulationsanfälligkeit des Borda-Verfahrens.

Lösung zu Aufgabe 8.6

a) Es gibt nur zwei Durchgänge, wobei auf a, b, c, d die folgenden Stimmenzahlen entfallen

	Durchgang	
	Nr. 1	Nr. 2
a	3	7
b	6	6
c	2	–
d	2	–

Damit ist a beim zweiten Durchgang mit der erforderlichen absoluten Mehrheit als siegreiche Alternative ermittelt.

b) Stimmt Gremienmitglied Nr. 11 entgegen seiner wahren Präferenz in allen Durchgängen jeweils für c, so resultieren folgende Ergebnisse

	Durchgang		
	Nr. 1	Nr. 2	Nr. 3
a	3	3	–
b	5	5	8
c	3	5	5
d	2	–	–

Man sieht, dass Gremienmitglied Nr. 11 durch diese Manipulation sein Ziel erreicht. (Um dieses Ziel zu erreichen, genügt es übrigens, dass Gremienmitglied Nr. 11 seine Präferenz im ersten Durchgang verfälscht; eine Manipulation auch der nachfolgenden Durchgänge ist hier nicht zwingend erforderlich.)

Lösung zu Aufgabe 8.7

a) Es votieren 8 Mitglieder für $a \succ b$,
8 Mitglieder für $a \succ c$ und
11 Mitglieder für $a \succ d$,
also ist Alternative a Condorcet-Gewinner.

b) Die Hare-Regel erfordert drei Runden; die Ergebnisse stimmen mit denen von Aufgabe 8.6 b) überein:

	Durchgang		
	Nr. 1	Nr. 2	Nr. 3
a	3	3	–
b	5	5	8
c	3	5	5
d	2	–	–

Man erkennt, dass b gemäß Hare gewinnt und der Condorcet-Gewinner a verliert.

9. Kapitel
Aufgaben zu mehrstufigen Entscheidungen

Vorbemerkungen

In den folgenden Aufgaben zu mehrstufigen Entscheidungen ist – mit Ausnahme der Aufgabe 9.16* – davon auszugehen, dass die jeweils betrachteten Entscheidungsträger risikoneutral sind und sich dementsprechend (sofern Zufallseinflüsse vorhanden sind) am Erwartungswert orientieren. Deshalb wurde in den Problembeschreibungen auf die Angabe der konkreten Risikonutzenfunktionen verzichtet.

Außerdem lassen sich alle Aufgaben dieses Kapitels – wieder abgesehen von Aufgabe 9.16* – mithilfe von Entscheidungsbäumen lösen, so dass die wesentliche Arbeit in der Erstellung des jeweiligen Baumes und der Bestimmung der optimalen Politik (mithilfe von Rückwärts- und Vorwärtsrechnung) besteht. Ist der Entscheidungsbaum konstruiert, so lassen sich die im Rahmen der Rückwärtsrechnung erforderlichen Rechenschritte (Erwartungswertbildung bei Zufallsknoten, Maximierung / Minimierung bei Entscheidungsknoten) in der Regel direkt anhand des Entscheidungsbaumes durchführen; es genügt dann, die jeweiligen Rechenergebnisse (als Knotenbewertungen) im Entscheidungsbaum zu notieren und sodann daraus (im Zuge der Vorwärtsrechnung) die optimale Politik abzulesen. Dementsprechend sollen die im Lösungsteil ab Seite 173 wiedergegebenen, teils sehr ausführlichen diesbezüglichen Erläuterungen (inklusive der jeweiligen Interpretationen der Stufenentscheidungen) „nur“ das Zustandekommen der Knotenbewertungen im Baum dokumentieren – und sind keineswegs als „Pflichtbestandteil“ einer vollständigen Lösung zu verstehen; diese besteht in der Regel aus dem Entscheidungsbaum (inklusive der darin notierten Zahlen aus der Rückwärtsrechnung) sowie aus der daraus abgelesenen optimalen Politik.

Sofern ein deterministisches Entscheidungsproblem (also ohne Zufallseinflüsse) vorliegt, kann die optimale Politik interpretiert werden als eine Pfeilfolge, die vom Entscheidungsknoten der ersten Stufe [1] zu einem Baumende führt. Diese Pfeilfolge wurde dann im jeweiligen Entscheidungsbaum fett hervorgehoben. Enthält der Entscheidungsbaum dagegen auch Zufallsknoten, so umfasst die optimale Politik im Allgemeinen auch (von den Realisationen der Zufallseinflüsse abhängende) bedingte Anweisungen – und ist somit keine Pfeilfolge mehr. Dementsprechend wurde in solchen Aufgaben auf die Eintragung der optimalen Politik im Entscheidungsbaum verzichtet.

Aufgabe 9.1

Ein Fuhrunternehmer sucht nach einer ausgabenminimalen Politik für den Ersatz der Lastwagen seines Fahrzeugparks. Einmal jährlich, jeweils am Jahresende, entscheidet er für jedes Fahrzeug, ob er es beibehält oder durch ein neues Fahrzeug ersetzt. Zurzeit haben alle Fahrzeuge im Fuhrpark ein Alter von 4 Jahren. Außerdem plant der Unternehmer, nach 3 Jahren auf Spezialtransporte umzustellen und dann alle Lastwagen zu verkaufen.

Die Ausgaben für einen neuen Lastwagen betragen 90 000 €; die Ausgaben für den jährlichen Unterhalt (eines Fahrzeugs) sowie die Wiederverkaufspreise für verschieden alte Fahrzeuge können nachfolgender Tabelle entnommen werden:

Alter	Unterhalt	Verkaufspreis
1	13 000	60 000
2	21 000	40 000
3	24 000	30 000
4	27 000	22 500
5	30 000	15 000
6	36 000	9 000
7	45 000	5 000
8	55 000	2 000

Das angegebene „Alter" bezieht sich auf das Alter des Lastwagens am Jahresende. Ist beispielsweise ein Fahrzeug 5 Jahre alt, so könnte es entweder sofort zu 15 000 € verkauft werden oder im sechsten Jahr mit Unterhaltsausgaben in Höhe von 36 000 € weiterbetrieben werden.

Gehen Sie vereinfachend davon aus, dass der Fuhrpark nur ein Fahrzeug umfasst, zeichnen Sie für diesen Fall den Entscheidungsbaum für die nächsten drei Jahre und bestimmen Sie damit die optimale Politik.

Aufgabe 9.2

Mark Etting, Vertriebsvorstand der Telecom Germania, plant eine Anzeigenkampagne zur Belebung des Geschäfts mit Multifunktionsgeräten. Derartige Geräte basieren auf Mobiltelefonen mit Farbdisplay und Internetfähigkeit und bieten darüber hinaus unter anderem Zusatzfunktionen wie Faxempfang und Terminkalender. Angestrebte Zielgruppe für diese hochpreisigen Artikel sind leitende Angestellte und Selbstständige. Aus Voruntersuchungen ist bekannt, dass ein typischer Angehöriger dieses Personenkreises entweder den Fokus, die Handelswoche oder das Börsenblatt konsumiert; die Anzahl Personen, die zwei oder mehr dieser Medien liest, sei vernachlässigbar gering.

Mark Etting plant, insgesamt vier Anzeigen zu schalten, die auf die drei Zeitschriften derart aufgeteilt werden sollen, dass die Gesamtreichweite maximal ist. Die Reichweiten pro Zeitschrift können der nachfolgenden Tabelle entnommen werden.

	Anzahl Anzeigen			
	1	2	3	4
Fokus	40000	60000	80000	90000
Handelswoche	50000	80000	90000	90000
Börsenblatt	60000	70000	75000	80000

Die angegebenen Reichweiten beziffern die erreichte Leserzahl der jeweiligen Zeitschrift in Abhängigkeit von der Anzahl Ausgaben, in denen eine Anzeige geschaltet wird; da die Personen, die zwei oder mehr dieser Medien konsumieren, vernachlässigt werden können, lässt sich die Gesamtreichweite durch Addition der Reichweiten bezüglich der einzelnen Zeitschriften berechnen. Planen Sie für Mark Etting die Anzeigenkampagne.

Aufgabe 9.3

Die Telecom Germania segmentiert den Markt für Telekommunikationsdienstleistungen in drei Teilmärkte, nämlich die jugendlichen Handynutzer (Teilmarkt 1), die mittelständischen Geschäftskunden (Teilmarkt 2) sowie die Konzernkunden (Teilmarkt 3). Im Landkreis Kaltenburg stehen insgesamt sechs Vertreter zur Verfügung, die jeweils einem der drei Teilmärkte zuzuweisen sind. Dabei können alle sechs Vertreter als gleichwertig angesehen werden, so dass es bei der Verteilung nur darum geht, wie viele (und nicht, welche) Vertreter den einzelnen Teilmärkten zugeordnet werden.

Im Rahmen der Entscheidungsvorbereitung wurde die Unternehmensberatung Schlau & Berger beauftragt, für jeden Teilmarkt j die Umsatzfunktion $f_j(x_j)$ zu ermitteln, die den Umsatz (in 1 000 €) im Teilmarkt j bei Einsatz von x_j Vertretern in diesem Teilmarkt im Landkreis Kaltenburg angibt. Die Untersuchung von Schlau & Berger hat folgende Umsatzfunktionen ergeben:

$$f_1(x_1) = \begin{cases} 100 + 50x_1 & \text{für} \quad 0 \leqq x_1 \leqq 1 \\ 100 + 30x_1 & \text{für} \quad 2 \leqq x_1 \end{cases}$$

$$f_2(x_2) = \begin{cases} 150 & \text{für} \quad 0 \leqq x_2 \leqq 2 \\ 50 + 80x_2 & \text{für} \quad 3 \leqq x_2 \end{cases}$$

$$f_3(x_3) = \begin{cases} 50 + 50x_3^2 & \text{für} \quad 0 \leqq x_3 \leqq 2 \\ 150 + 50x_3 & \text{für} \quad 3 \leqq x_3 \end{cases}$$

Unter der Bedingung, dass jeder Teilmarkt von mindestens einem Vertreter betreut werden soll, ermittle man die optimale Aufteilung der sechs Vertreter.

Aufgabe 9.4

Braumeister Maximilian Maisch ist als Leiter der Wartungsabteilung der Kaltenburger Brauerei zuständig für die Instandhaltung der dortigen Sudanlagen. Jährlich muss er zu Jahresbeginn entscheiden, ob die Anlagen erneuert oder ohne Erneuerung für ein weiteres Jahr betrieben werden sollen. Auf Grund zunehmenden Verschleißes wachsen die jährlichen Betriebskosten (inklusive der Kosten, die infolge von Wartung, Produktionsausfall etc. entstehen) quadratisch mit dem Alter der Sudanlage (gerechnet in Jahren seit der letzten Erneuerung) an; genauer gilt: $B_t = (2 + a_{t-1})^2$, wobei B_t die Betriebskosten im Jahr t und a_{t-1} das Alter der Sudanlage zu Beginn des Jahres t (und damit im Zeitpunkt der Erneuerungsentscheidung), gemessen in Jahren seit der letzten Erneuerung, bezeichnet. Entscheidet sich Maximilian Maisch für eine Erneuerung der Sudanlage, so fallen zusätzlich 6 Geldeinheiten an Erneuerungskosten an.

Bestimmen Sie mithilfe dieser Daten die optimale Erneuerungsstrategie von Maximilian Maisch für die ersten vier Jahre ab Anschaffung der Sudanlage, wenn sein Ziel in der Minimierung der (nicht diskontierten) Gesamtkosten besteht.

Aufgabe 9.5

Peter Pfiffig ist Prokurist des Pfannenherstellers P. Fanny AG. Im Zuge der Produktionsplanung muss Herr Pfiffig die in den nächsten vier Perioden jeweils herzustellende Stückzahl der Spezialgarpfanne „Küchenfee" festlegen.

Im Rahmen der Entscheidungsvorbereitung hat Herr Pfiffig prognostiziert, wie sich in den nächsten vier Perioden $t = 1, \ldots, 4$ die Nachfrage d_t nach dem Modell Küchenfee entwickeln wird; er geht davon aus, dass in der ersten Periode 7 000 Stück, in der zweiten Periode 6 000 Stück, in der dritten Periode 9 000 Stück und in der vierten Periode 5 000 Stück abgesetzt werden können.

Auf Grund produktionstechnischer Restriktionen kann die P. Fanny AG in jeder Periode jeweils nur höchstens ein Los von Modell „Küchenfee" herstellen, wobei als Losgrößen nur 5 000 Stück oder 10 000 Stück infrage kommen. In Abhängigkeit der Losgröße entstehen Produktionskosten in Höhe von

$$K_t(x_t) = \begin{cases} 12\,000 + 1\,000 \cdot t + 3x_t, & \text{falls } x_t > 0 \\ 0, & \text{falls } x_t = 0, \end{cases}$$

wobei K_t die Produktionskosten in Periode t und $x_t \in \{0; 5\,000; 10\,000\}$ die Losgröße in Periode t bezeichnen.

Sind in einer Periode mehr Stück „Küchenfee" vorhanden, als in der gleichen Periode abgesetzt werden können, so wird die nicht abgesetzte Menge bis zum Periodenende gelagert; der daraus resultierende Lagerendbestand stimmt mit dem Anfangsbestand zu Beginn der Folgeperiode überein. Ist dieser Anfangsbestand zu Beginn der Periode t größer als null, so entstehen in Periode t pauschal Lagerkosten in Höhe von $c > 0$ (gemessen in Tausend €), sonst (falls der Lagerbestand zu Periodenbeginn gleich null ist) fallen in dieser Periode keine Lagerkosten an. Bei seiner Planung geht Peter Pfiffig von einem konstanten Lagerkostensatz aus, das heißt c hängt nicht von der Höhe des Lagerbestandes ab, sondern nur davon, ob dieser Bestand größer als null ist.

Bei der Planung der Produktionsmengen hat Herr Pfiffig darüber hinaus zu beachten, dass

- die Losgröße 10 000 aus technischen Gründen nicht in zwei unmittelbar aufeinander folgenden Perioden produziert werden kann,
- der Lagerbestand nicht negativ werden darf und dass
- zu Beginn der ersten Periode bereits 2 000 Stück des Modells „Küchenfee“ auf Lager liegen.

Bestimmen Sie in Abhängigkeit des Lagerkostensatzes c die optimale Politik der P. Fanny AG, wenn das Ziel darin besteht, die Summe der (nicht diskontierten) Gesamtkosten, bestehend aus Lager- und Produktionskosten, der vier Perioden zu minimeren.

Aufgabe 9.6

Die Kraut & Rüben AG plant, ein neues biologisches Pflanzenschutzmittel anzubieten. Um entsprechende Fertigungskapazitäten bereit zu stellen, ist der Bau einer neuen Fabrikationsanlage erforderlich. Diesbezüglich stehen zwei Alternativen, nämlich der Bau einer großen oder der Bau einer kleinen Anlage, zur Auswahl. Die große Anlage würde 3 Mio. €, die kleine Anlage 1,5 Mio. € kosten.

Hinsichtlich der Nachfrageentwicklung unterscheidet die Geschäftsführung der Kraut & Rüben AG zwischen der (infolge einführender Werbemaßnahmen tendenziell höheren) „Anfangsnachfrage“ und der sich auf längere Sicht einstellenden „Dauernachfrage“. Beide können „hoch“ oder „gering“ sein, wobei nur die große Anlage in der Lage ist, die hohe Nachfrage zu befriedigen. Bei einer kleinen Fabrikationsanlage müsste im Fall einer hohen Anfangsnachfrage eine Erweiterung der Anlage in Erwägung gezogen werden; ihr Bau würde zusätzlich (diskontierte) Kosten in Höhe von 2 Mio. € verursachen.

Nach Ansicht der Marktforschungsabteilung der Kraut & Rüben AG ist mit einer Wahrscheinlichkeit von $\frac{2}{3}$ für eine hohe Anfangsnachfrage zu rechnen. Ist die Anfangsnachfrage hoch, wird die Dauernachfrage mit einer Wahrscheinlichkeit von $\frac{3}{4}$ ebenfalls hoch sein. Dagegen wird die Dauernachfrage mit Sicherheit gering sein, wenn die Anfangsnachfrage gering war.

Sofern sich die Geschäftsführung für die große Anlage entschließt, können, falls Anfangs- und Dauernachfrage hoch sind, Rückflüsse erwirtschaftet werden, deren Ertragswert (das ist die Summe der Barwerte der Rückflüsse) 8 Mio. € beträgt; ist nur die Anfangs-, nicht aber die Dauernachfrage hoch, so beträgt der Ertragswert der Rückflüsse 4 Mio. €; ansonsten (das heißt falls Anfangs- und Dauernachfrage gering sind) wird nur ein Ertragswert in Höhe von 1 Mio. € erreicht.

Entscheidet sich die Geschäftsführung für die kleine Anlage, so wird sie im Fall einer geringen Anfangsnachfrage auf die Erweiterungsmaßnahme verzichten und einen Ertragswert in Höhe von 3 Mio. € erzielen. Ist die Anfangsnachfrage hoch und verzichtet die Geschäftsführung dennoch auf die Erweiterung, so kann sie eine gegebenenfalls hohe Dauernachfrage nicht bedienen und wird in beiden Fällen (also bei hoher wie bei geringer Dauernachfrage) einen Ertragswert in Höhe von 2,5 Mio. € erwirtschaften. Ist dagegen die Anfangsnachfrage hoch und wird die Erweiterung durchgeführt, so realisiert die Kraut & Rüben AG bei hoher Dauernachfrage einen Ertragswert in Höhe von 6 Mio. € und bei geringer Dauernachfrage einen Ertragswert in Höhe von 2 Mio. €.

Erstellen Sie einen Entscheidungsbaum und bestimmen Sie die optimale Politik der Kraut & Rüben AG.

Aufgabe 9.7

Willi Weggle, frischgebackener Konditormeister in einer süddeutschen Großstadt, möchte sich auf die Herstellung und den Vertrieb von Nougat spezialisieren.

Nougat ist ein Masse, die entweder durch Zerquetschen von Mandel- oder Nusskrokant erzeugt wird (Rezept 1), oder die man aus gerösteten Nüssen oder Mandeln und Puderzucker herstellen kann (Rezept 2). Eine ausgezeichnete Qualität erhält man mit Rezept 1, das allerdings nur in erwärmten Räumen mit ebenfalls erwärmten Geräten bei besonders niedriger Luftfeuchtigkeit gelingt. Ist es in den Herstellungsräumen zu feucht oder stimmt die Luft- und die Gerätetemperatur nicht, so trennt sich das Öl der Nüsse oder Mandeln vom Zucker, und die Herstellung ist gescheitert.

Rezept 2 stellt geringere Ansprüche an die Produktionsbedingungen, führt aber zu einer schlechteren Nougatqualität, die am Markt nur zu geringeren Preisen abgesetzt werden kann. Konkret nimmt Willi Weggle an, dass gemäß Rezeptur 1 hergestelltes Nougat zu einem Preis von 3 € / 100 g verkauft werden kann, gemäß Rezeptur 2 hergestelltes Nougat dagegegen nur zu einem

Preis in Höhe von 2 € / 100 g. Die Kosten für Produktion und Zutaten werden dagegen bei beiden Rezepten mit 1 € / 100 g als gleich hoch veranschlagt.

Auf Grund seiner Meisterausbildung ist Herrn Weggle bekannt, dass es bezüglich der Produktionsbedingungen im Wesentlichen drei typische Konstellationen gibt, wobei Konstellation 1 mit der Wahrscheinlichkeit 0,4 auftritt und die anderen beiden jeweils mit Wahrscheinlichkeit 0,3. Je nachdem, welche dieser Konstellationen vorliegt, ergeben sich andere Wahrscheinlichkeiten für das Gelingen der beiden oben diskutierten Rezepturen: Liegt Konstellation 1 vor, so wird Rezeptur 1 mit einer Wahrscheinlichkeit von $\frac{1}{4}$ gelingen, Rezeptur 2 dagegen mit Sicherheit misslingen; tritt Konstellation 2 ein, so gelingt Rezeptur 2 mit Sicherheit, während bei Rezeptur 1 die Wahrscheinlichkeiten für Gelingen und Misslingen gleich groß sind; im Fall von Konstellation 3 schließlich werden beide Rezepte jeweils mit Wahrscheinlichkeit $\frac{1}{3}$ gelingen.

Gelingt ein Rezept, so kann das Nougat zu den oben genannten Preisen verkauft werden, misslingt das Rezept, so ist die Ware unverkäuflich, und es entsteht ein Verlust in Höhe der Produktionskosten.

a) Skizzieren Sie den Sachverhalt mithilfe eines Entscheidungsbaumes.
b) Welche Rezeptur sollte Willi Weggle verwenden, und welchen Gewinn lässt diese erwarten?
c) Alternativ bestehe nun für Herrn Weggle die Möglichkeit, zugekauftes Nougat zu vertreiben. Der Einkaufspreis beträgt 2,50 € / 100 g für Nougat nach Rezeptur 1 und 1,80 € / 100 g für Nougat nach Rezeptur 2. Für welche Alternative (selbst herstellen oder zukaufen, Rezept 1 oder 2?) sollte sich Herr Weggle entscheiden?

Aufgabe 9.8

Anleger Robert T. Offline verfügt über 200 T€, die er zwei Jahre lang anlegen möchte. Im ersten Jahr stehen ihm hierfür zwei Wertpapiere 1, 2 mit einjähriger Laufzeit zur Verfügung, deren Kauf jeweils 200 T€ erfordern würde. Die daraus resultierenden Endwerte nach einem Jahr sind risikobehaftet: Wertpapier 1 führt entweder zu einem Endwert in Höhe von 260 T€ oder zu einem Endwert in Höhe von 205 T€, wobei beide Fälle gleich wahrscheinlich sind. Legt Robert T. Offline sein Geld in Wertpapier 2 an, so erzielt er nach einem Jahr entweder 240 T€ oder 220 T€; wieder werden beide Fälle als gleich wahrscheinlich eingestuft.

Im zweiten Jahr kann Robert T. Offline zwischen zwei anderen Wertpapieren 3, 4 (wieder mit einjähriger Laufzeit) wählen, bei denen ebenfalls jeweils nur zwei unterschiedliche Endwerte am Jahresende als möglich erachtet werden: bei Wertpapier 3 sind entweder 300 T€ oder 280 T€ möglich, bei

Wertpapier 4 entweder 250 T € oder 200 T €. Für beide Wertpapiere gilt, dass die Wahrscheinlichkeit für den größeren der beiden Endwerte 20 % beträgt. Wertpapier 3 kostet 230 T €, Wertpapier 4 kostet 210 T €.

Statt Wertpapiere zu kaufen, kann Robert T. Offline Geldmittel auch auf ein mit 3 % p.a. verzinstes Sparbuch einzahlen; eine Kreditaufnahme ist indes nicht möglich.

a) Bilden Sie obige Problemstellung in einem Entscheidungsbaum ab. Bezeichnen Sie dabei mit
   - a_i die Anlage in Wertpapier Nr. i ($i = 1, \ldots, 4$);
   - b die Einzahlung der zum jeweiligen Zeitpunkt (eventuell nach Wertpapierkauf) verfügbaren Geldmittel auf das Sparbuch.
b) Ermitteln und beschreiben Sie die optimale(n) Strategie(n) von Robert T. Offline mithilfe der Rückwärtsrechnung.

Aufgabe 9.9

Die Schall & Rauch Alarmtechnik GmbH hat eine neue biosensorische Alarmanlage entwickelt und steht nun vor der Entscheidung, dieses Produkt am Markt einzuführen oder auf dessen Einführung zu verzichten. Es besteht die Möglichkeit, zur Entscheidungsfindung einen Markttest durchzuführen; die Entscheidung kann aber auch ohne Markttest getroffen werden.

Beim Markttest, dessen Durchführung Kosten in Höhe von 100 000 € verursachen würde, sind zwei Testergebnisse denkbar, nämlich ein positives beziehungsweise ein negatives; a priori wird davon ausgegangen, dass das positive Testergebnis mit Wahrscheinlichkeit 0,6 eintritt.

Die Einführung der biosensorischen Alarmanlage ist mit Kosten in Höhe von 150 000 € verbunden. Der durch die Einführung erzielbare Gesamterlös beträgt 500 000 €, falls das Produkt zielgruppengerecht vermarktet wird, anderenfalls sind nur 250 000 € erzielbar. Die Wahrscheinlichkeit, dass die Alarmanlage zielgruppengerecht vermarktet wird, beträgt ohne Markttest 0,5, bei positivem Ergebnis des Markttests 0,75 und bei negativem Testergebnis 0,1. Verzichtet die Schall & Rauch Alarmtechnik auf die Markteinführung, so entstehen weder Kosten noch Erlöse.

a) Stellen Sie das Problem als Entscheidungsbaum dar.
b) Geben Sie die optimale Politik für das Entscheidungsproblem an.
c) Wie groß müsste die a priori Wahrscheinlichkeit für ein positives Testergebnis sein, damit sich die Durchführung des Markttests lohnt?

Aufgabe 9.10

Die Eder OHG setzt zurzeit jährlich 2 000 Echtholz-Puppenschränke ab, die sie zu Herstellkosten in Höhe von 4 € pro Stück selbst erstellt. Den Verkaufspreis setzt die Eder OHG einmal jährlich, jeweils zu Jahresbeginn fest. Auf Grund langjähriger Erfahrungen weiß der Geschäftsführer der Eder OHG, Johann Eder, dass der jeweilige Jahresabsatz im Jahr t von drei Faktoren abhängt, nämlich vom Absatz des Vorjahres $t-1$, vom für das Jahr t festgelegten Verkaufspreis sowie von einem nicht kontrollierbaren Zufallseinfluss.

Als Handwerksmeister will sich Johann Eder nicht allzu lange mit Planungsaufgaben beschäftigen, weshalb er vereinfachend unterstellt, dass nur zwei unterschiedliche jährliche Absatzmengen, 1 000 Stück oder 2 000 Stück, möglich sind. Außerdem zieht er nur zwei alternative Verkaufspreise, 10 € oder 12 € pro Stück, in Betracht.

Legt die Eder OHG den Verkaufspreis für Jahr t auf 10 € pro Stück fest, so beträgt die Wahrscheinlichkeit für einen Absatz in Höhe von 2 000 Stück in diesem Jahr 75 %, falls der Absatz im Vorjahr 1 000 war, ansonsten (falls also der Vorjahresabsatz 2 000 war) ist sie fünf Prozentpunkte höher. Wird dagegen ein Verkaufspreis von 12 € pro Stück vorgegeben, so wird mit 80 % Wahrscheinlichkeit ein Vorjahresabsatz von 1 000 Stück beibehalten, während die Chancen für einen Absatz von 1 000 beziehungsweise 2 000 Stück im Jahr t bei Vorjahresabsatz 2 000 Stück gleich hoch sind.

a) Erstellen Sie den Entscheidungsbaum für die nächsten zwei Jahre.

b) Bestimmen Sie die optimale Politik der Eder OHG, wenn Sie die Maximierung des undiskontierten Gesamtgewinns betreibt.

c) Wie groß ist der erwartete Gesamtgewinn der Eder OHG bei Einsatz der in b) bestimmten optimalen Politik?

Aufgabe 9.11

Walter Wurm, Schreinermeister und Komplementär der Holz-Wurm KG, nutzt für das Zuschneiden von Brettern eine Sägemaschine, die leider auf Grund ihres mittlerweile hohen Alters relativ häufig ausfällt. Vereinfachend wird davon ausgegangen, dass maximal ein Defekt pro Woche auftreten kann. Fällt die Maschine in einer Woche aus, so entstehen Kosten in Höhe von 500 €, anderenfalls kann die Holz-Wurm KG in dieser Woche einen Erlös in Höhe von 400 € erwirtschaften.

Ob die Sägemaschine ausfällt, ist zufallsabhängig. Die Wahrscheinlichkeit für einen Ausfall in der jeweils betrachteten Woche hängt davon ab,

- ob die Sägemaschine in der Vorwoche ausgefallen ist und
- ob zu Beginn der betrachteten Woche eine Inspektion stattgefunden hat.

Es liegt im Ermessen von Walter Wurm, ob er eine Inspektion vorsieht oder nicht, und er kann diese Entscheidung für jede einzelne Woche separat treffen. Jede Inspektion verursacht Kosten in Höhe von 300 €.

Verzichtet Walter Wurm auf die Inspektion, so wird die Sägemaschine, wenn sie in der Vorwoche nicht ausgefallen ist, mit Wahrscheinlichkeit 0,2 auch in der darauffolgenden Woche nicht ausfallen. Ist dagegen die Säge in der Vorwoche ausgefallen, so sind Ausfall und Nicht-Ausfall in der darauffolgenden Woche gleich wahrscheinlich.

Wird die Inspektion durchführt, so fällt die Sägemaschine, wenn sie in der Vorwoche nicht ausgefallen ist, mit Sicherheit auch in der darauffolgenden Woche nicht aus. Ansonsten beträgt die Ausfallwahrscheinlichkeit für die darauffolgende Woche 0,4.

Unterstellen Sie einen Planungshorizont von zwei Wochen und gehen Sie davon aus, dass die Sägemaschine in der letzten Woche vor Beginn des Planungszeitraumes nicht ausgefallen ist.

a) Stellen Sie das Entscheidungsproblem graphisch dar.
b) Ermitteln Sie die optimale Politik.
c) Bestimmen Sie für die kommenden zwei Wochen den erwarteten Gewinn bei Verfolgung der optimalen Politik.

Aufgabe 9.12

Betrachten Sie erneut das in der Aufgabe 9.11 beschriebene Planungsproblem. Es ist nun davon auszugehen, dass die Sägemaschine in der letzten Woche vor Beginn des Planungszeitraumes ausgefallen ist. Abgesehen von dieser Modifikation gilt die Problembeschreibung der Aufgabe 9.11 unverändert weiter.

a) Erstellen Sie für das derart modifizierte Problem einen Entscheidungsbaum.
b) Ermitteln Sie die optimale Politik.
c) Bestimmen Sie für die kommenden zwei Wochen den erwarteten Gewinn bei Verfolgung der optimalen Politik.

Aufgabe 9.13

Handwerksmeister Harry Harmlos möchte sich an einer Ausschreibung seiner Heimatstadt beteiligen. Ihm ist bekannt, dass es genau einen Mitbewerber gibt und dass dieser nur eine der drei möglichen Preisforderungen 100 000 €, 150 000 € oder 200 000 € stellt. Nehmen Sie im Folgenden vereinfachend an, dass auch Harry Harmlos genau einen dieser drei Beträge nennen wird.

Die Ausschreibung sieht vor, dass der billigste Anbieter den Zuschlag erhält; ist dieser nicht eindeutig, so entscheidet das Los. Verlangen also Harry Harmlos und sein Mitbewerber den gleichen Preis, so wird Harmlos mit 50 % Wahrscheinlichkeit den Zuschlag erhalten.

Bezüglich des tatsächlich vom Konkurrenten verlangten Preises geht Harry Harmlos von folgender (a priori) Einschätzung aus: Die Wahrscheinlichkeiten, dass der Wettbewerber 100 000 € beziehungsweise 200 000 € fordert, sind gleich groß und in der Summe 40 %.

Bei Durchführung des Auftrages würden Harry Harmlos Kosten in Höhe von 120 000 € entstehen, ansonsten (wenn er den Zuschlag nicht erhält) wäre sein Gewinn gleich null.

a) Bestimmen Sie, eventuell mithilfe eines Entscheidungbaumes, den Angebotspreis, der den erwarteten Gewinn von Harry Harmlos maximiert.

b) Stadtrat Siegfried Schmierig entscheidet über die Auftragsvergabe. Unter Umständen ist er bereit, Harry Harmlos gegen gewisse Gefälligkeiten – wie etwa kostenlose Reparaturmaßnahmen an Schmierigs Eigentumswohnung – vorab über den Angebotspreis des Mitbewerbers zu informieren und bei einem Patt der Angebote den Losentscheid so zu manipulieren, dass Harmlos den Zuschlag mit Sicherheit erhält.

   Wieviel dürfen Harry Harmlos die „gewissen Gefälligkeiten“ maximal kosten, damit er sich im Vergleich zu a) besser stellt?

Aufgabe 9.14*

Diplom-Ingenieur Daniel Dreistein konstruiert in seiner Freizeit unkonventionelle Haushaltsgeräte. Von seiner neuesten Erfindung, einem akkubetriebenen Picknick-Toaster, ist er derart begeistert, dass er eine professionelle Vermarktung erwägt. Der erwartete Gewinn im Fall einer Vermarktung hängt von der sich einstellenden Nachfrage ab. Ist diese hoch, so rechnet Dreistein mit einem Gewinn in Höhe von 1 000 000 €, sonst (also bei geringer Nachfrage) mit einem Verlust in Höhe von 3 000 000 €. Bereits angefallene („versunkene“) Entwicklungskosten bezieht Dreistein nicht in sein Kalkül ein und kalkuliert demnach für den Fall eines Verzichts auf die Markteinführung mit einem Gewinn in Höhe von null.

Auf Grund mangelnder Erfahrung auf dem relevanten Markt fällt es Daniel Dreistein schwer, die Chancen seines Picknick-Toasters korrekt einzuschätzen; er vermutet, dass die (a priori) Wahrscheinlichkeit für eine hohe Nachfrage doppelt so groß ist wie die (a priori) Wahrscheinlichkeit für eine geringe Nachfrage. Zur Präzisierung seines Informationsstandes kann Daniel Dreistein eine Expertise der Unternehmensberatung Schlau & Berger anfertigen lassen. Diese würde 100 000 € kosten, ist aber nur eingeschränkt verlässlich: Mit einer Wahrscheinlichkeit von 10 % stufen Schlau & Berger eine tatsächlich hohe Nachfrage als „gering" ein und mit Wahrscheinlichkeit 30 % eine tatsächlich geringe Nachfrage als „hoch".

Klären Sie für Daniel Dreistein, ob er Schlau & Berger mit der Anfertigung der Experise beauftragen und ob er seinen Picknick-Toaster vermarkten soll.

Aufgabe 9.15*

Konrad Knobel ist Kandidat in der Fernsehshow „Millionenquiz". Dieses Quiz läuft folgendermaßen ab: Der Quizmaster stellt Herrn Knobel eine Frage und bietet ihm drei Antwortalternativen a, b, c an, von denen genau eine richtig ist. Nachdem sich der Kandidat für eine Alternative entschieden hat, streicht der Quizmaster eine der beiden falschen Antwortalternativen – jedoch auf keinen Fall die vom Kandidaten zuvor genannte Alternative – und erlaubt dem Kandidaten, seine ursprüngliche Entscheidung zu revidieren, das heißt zur anderen der beiden nach Streichung verbleibenden Alternativen zu wechseln.

a) Zunächst ist davon auszugehen, dass Herr Knobel die richtige Antwort auf die ihm gestellte Quizfrage nicht kennt und er alle drei angebotenen Alternativen als gleichermaßen plausibel erachtet. Er nimmt deshalb an, dass jede Antwortalternative mit der gleichen (subjektiven) Wahrscheinlichkeit in Höhe von jeweils $\frac{1}{3}$ korrekt ist.

   Klären Sie mithilfe eines Entscheidungsbaumes, ob Herr Knobel in dieser Situation von der Option, die ursprüngliche Entscheidung zu revidieren, Gebrauch machen sollte.

b) Auch in diesem Teil ist sich Herr Knobel bezüglich der korrekten Antwort nicht sicher, erachtet aber eine der drei Alternativen als „wahrscheinlicher", ordnet dieser eine subjektive Wahrscheinlichkeit in Höhe von p (mit $p > \frac{1}{3}$) zu und wählt diese im Rahmen seiner ersten Entscheidung aus; die anderen beiden Alternativen stuft Herr Knobel als gleichermaßen wahrscheinlich ein.

Wie sehr muss Herr Knobel von seiner ursprünglichen Entscheidung überzeugt sein (gemessen mit der Wahrscheinlichkeit p), damit er diese nicht revidiert?

Aufgabe 9.16*

Herr Ring verfügt über einen künstlich angelegten Teich, in dem er Anfang Dezember 2002 (im Zeitpunkt $t = 0$) eine Population speziell gezüchteter Forellen mit einem Gesamtgewicht von 840 kg ausgesetzt hat. Diese spezielle Forellensorte zeichnet sich durch eine hohe Wachstumsrate aus: Die Population verdoppelt sich innerhalb eines Jahres. Ist also der Bestand zu Beginn von Jahr t, gemessen ab Dezember 2002, gegeben durch z_{t-1} (= Bestand in kg am Ende des Vorjahres), so wird bis Jahresende ein Bestand in Höhe von $z_t = 2z_{t-1}$ erreicht – sofern zwischenzeitlich keine Forellen gefangen wurden.

Ab 2003 will Herr Ring drei Jahre lang jedes Jahr $t = 1, \ldots, 3$ im Dezember eine bestimmte Menge Forellen x_t (gemessen in kg) fangen und im Weihnachtsgeschäft zu einem Preis von 9 € pro kg verkaufen. Am Ende des dreijährigen Planungshorizonts will Herr Ring in den Ruhestand gehen; der Forellenbestand darf deshalb bis zum Zeitpunkt $t = 3$ komplett abfischt sein.

Die Zielsetzung von Herrn Ring besteht in der Maximierung der Funktion

$$U = \sum_{t=1}^{3} \sqrt{y_t},$$

wobei y_t den Umsatz im Jahr t bezeichnet. (Die Verwendung der Wurzelfunktion kann dabei als Risikoaversion interpretiert werden.)

Wieviel kg Forellen sollte Herr Ring in jedem der drei Jahre optimalerweise fangen (und verkaufen)?

Lösungen zu Kapitel 9

Lösung zu Aufgabe 9.1

Im folgenden Entscheidungsbaum sind die möglichen Entscheidungen des Fuhrunternehmers in den nächsten drei Jahren zusammengestellt. Die Knotennummern geben jeweils das Jahr der Stufenentscheidung an; sind in einem Jahr unterschiedliche Entscheidungssituationen möglich (dies ist in den Jahren 2 und 3 der Fall), so wurden die Nummern der Entscheidungsknoten dieses Jahres um einen Buchstaben (a,...,d) ergänzt. Die Pfeilbewertungen ergeben sich direkt aus den Daten der Aufgabenstellung. So errechnet sich beispielsweise die Bewertung des Pfeils [2a] → [3b] folgendermaßen: In der Entscheidungssituation [2a] ist der betrachtete Lastwagen fünf Jahre alt (denn er war in [1] vier Jahre alt und wurde *nicht* ersetzt), wird also nach fünf Jahren ersetzt, was zu einem Verkaufserlös in Höhe von 15 000 € führt. Diesem stehen 90 000 € für den Kauf des Ersatzfahrzeugs sowie dessen Unterhalt (im dann ersten Einsatzjahr) in Höhe von 13 000 € gegenüber, so dass insgesamt eine Ausgabe in Höhe von $15000 - 90000 - 13000 = -88000$ € resultiert. An den Endknoten schließlich wurden die jeweiligen Verkaufserlöse am Ende des dreijährigen Planungszeitraums notiert. Die Höhe dieser Erlöse hängt vom jeweiligen Alter des dann verkauften Fahrzeugs ab und kann direkt der Problemstellung entnommen werden.

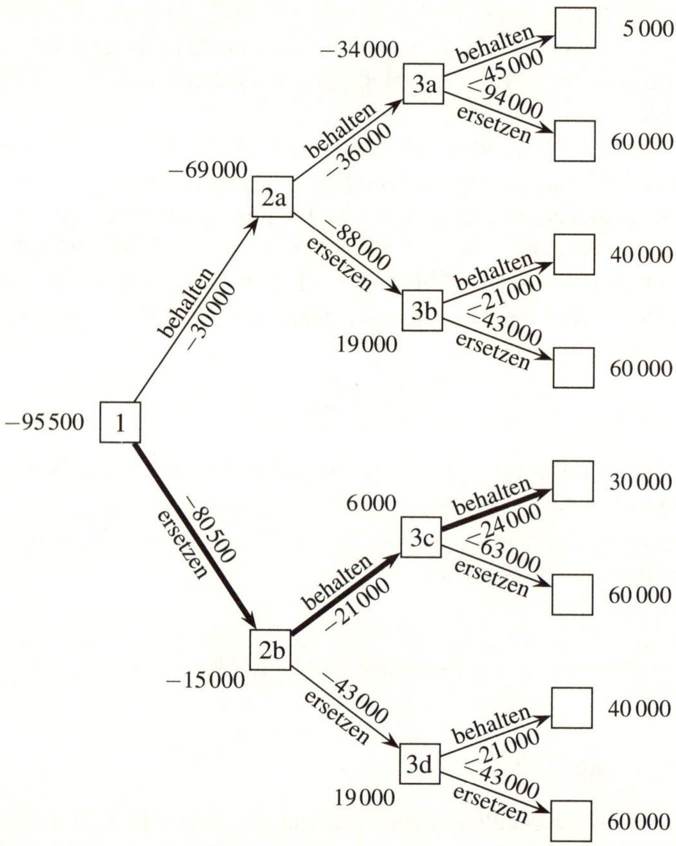

Im Zuge der Rückwärtsrechnung werden zunächst die optimalen Entscheidungen zu Beginn des dritten Jahres, das heißt in den Entscheidungsknoten [3a],..., [3d], bestimmt: Wegen $\max\{5000 - 45000; 60000 - 94000\} = \max\{-40000; -34000\} = -34000$ sollte der Lastwagen in Situation [3a] ersetzt werden. Dagegen sollte der Fuhrunternehmer das Fahrzeug in der Situation [3b] (sowie in der identischen Situation [3d]) behalten, denn es gilt $\max\{40000 - 21000; 60000 - 43000\} = 19000$. Gleiches gilt offensichtlich wegen $\max\{30000 - 24000; 60000 - 63000\} = 6000$ für Situation [3c].

Zu Beginn des zweiten Jahres sind die Entscheidungen [2a] beziehungsweise [2b] zu treffen. Für [2a] gilt $\max\{-34000 - 36000; 19000 - 88000\} = -69000$, das heißt, es sollte der Lastwagen ersetzt werden. Und auf Grund von $\max\{6000 - 21000; 19000 - 43000\} = -15000$ sollte das Fahrzeug in Entscheidungssituation [2b] behalten werden.

Schließlich ist noch die Entscheidung im ersten Jahr, das heißt im Knoten [1], zu klären: $\max\{-69000 - 30000; -15000 - 80500\} = -95500$ impliziert, dass der Unternehmer den Lastwagen im ersten Jahr ersetzen sollte.

Die Vorwärtsrechnung ergibt dann folgende – im Entscheidungsbaum mit dickeren Pfeilen kenntlich gemachte – optimale Politik des Fuhrunternehmers: Er sollte das Fahrzeug sofort (zu Beginn des ersten Jahres) ersetzen und das Ersatzfahrzeug dann drei Jahre lang nutzen (das heißt kein Ersatz im zweiten und im dritten Jahr).

Lösung zu Aufgabe 9.2

Ohne Beschränkung der Allgemeinheit wird unterstellt, dass Mark Etting die jeweils zu schaltende Anzahl Anzeigen in folgender Reihenfolge der Zeitschriften bestimmt: Zuerst wird sie für den Fokus (Knoten [1]), dann für die Handelswoche (Knoten [2a] bis [2d], je nach Entscheidung in Knoten [1]) und zuletzt für das Börsenblatt ermittelt.

In diesem Zusammenhang sind drei Aspekte zu beachten:

- Auf Grund der Bedingung, dass insgesamt vier Anzeigen geschaltet werden sollen, ist nach den Entscheidungen bezüglich der Anzahl Anzeigen in Fokus und Handelswoche auch die Anzahl der Anzeigen im Börsenblatt festgelegt. In den Knoten [2a] bis [2d] wird also *sowohl* über die Anzeigen in der Handelswoche *als auch* im Börsenblatt entschieden. Dies berücksichtigt der Entscheidungsbaum, indem die entsprechenden Pfeile mit Tupeln (y,z) bewertet werden, wobei y die Anzahl Anzeigen in der Handelswoche und z die Anzahl Anzeigen im Börsenblatt angibt.
- Schaltet die Telecom Germania vier Anzeigen im Fokus, so sind Entscheidungen bezüglich der Anzahl Anzeigen in der Handelswoche und im Börsenblatt hinfällig, da diese gleich null sein müssen (weil insgesamt genau vier Anzeigen geschaltet werden).
- Grundsätzlich ist zu beachten, dass in einer Zeitschrift auch *keine* Anzeige geschaltet werden kann.

Somit bestimmt Mark Etting in der ersten Stufe (Fokus) eine Anzahl Anzeigen $x \in \{0;\ldots;4\}$ und in der zweiten Stufe (Handelswoche) eine Anzahl Anzeigen $y \in \{0;\ldots;4-x\}$; die Anzahl Anzeigen im Börsenblatt ist dann gemäß $z = 4 - x - y$ implizit festgelegt. Die daraus resultierenden Reichweiten können wie folgt der in der Problemstellung angegebenen Tabelle entnommen und im Entscheidungsbaum auf der nächsten Seite festgehalten werden:

In der Zeile „Fokus" bestimmt man (im Fall $x > 0$) den Wert aus der gemäß x festgelegten Spalte und notiert diesen als Bewertung des entsprechenden, in Knoten $\boxed{1}$ beginnenden Pfeils (im Fall $x = 0$ ist die Pfeilbewertung gleich null).

Der Zeile „Handelswoche" der angegebenen Tabelle wird der Wert aus der gemäß y festgelegten Spalte und der Zeile „Börsenblatt" der Wert aus der gemäß z festgelegten Spalte entnommen, die beiden Zahlen addiert und die Summe im Entscheidungsbaum neben den jeweiligen Endknoten notiert.

Schaltet Mark Etting etwa zwei Anzeigen im Fokus und jeweils eine in der Handelswoche und dem Börsenblatt, so ergibt sich eine Gesamtreichweite in Höhe von $60000 + 50000 + 60000 = 170000$.

Im Rahmen der Rückwärtsrechnung wird zunächst die Entscheidung bezüglich der Anzahl der im Fokus zu schaltenden Anzeigen als gegeben betrachtet und – in Abhängigkeit dieser Entscheidung – die jeweils optimale Folgeentscheidung bezüglich der in der Handelswoche und dem Börsenblatt zu schaltenden Anzeigen ermittelt:

Wegen $\max\{80000; 125000; 150000; 90000\} = 150000$ ist Mark Etting in der Situation $\boxed{2a}$ (in der auf Anzeigen im Fokus verzichtet wird) indifferent zwischen den beiden Alternativen „je zwei Anzeigen in der Handelswoche und im Börsenblatt" und „drei Anzeigen in der Handelswoche und eine Anzeige im Börsenblatt". Hat sich Mark Etting dagegen für genau eine Anzeige im Fokus entschieden (Situation $\boxed{2b}$), so sollte er wegen $\max\{75000; 120000; 140000; 90000\} = 140000$ zwei Anzeigen in der Handelswoche und eine im Börsenblatt schalten. Die beste Folgeentscheidung in Situation $\boxed{2c}$ (zwei Anzeigen im Fokus) besteht darin, jeweils eine Anzeige in der Handelswoche und im Börsenblatt zu schalten, denn es gilt $\max\{70000; 110000; 80000\} = 110000$. Sollen schließlich drei Anzeigen im Fokus erscheinen (Situation $\boxed{2d}$), so ist auf Anzeigen in der Handelswoche zu verzichten und eine Anzeige im Börsenblatt zu schalten.

Nun kann die Entscheidung bezüglich der Anzahl Anzeigen im Fokus, das heißt im Knoten $\boxed{1}$, getroffen werden: $\max\{150000 + 0; 140000 + 40000; 110000 + 60000; 60000 + 80000; 90000\} = 180000$ impliziert, dass eine Anzeige im Fokus erscheinen sollte. Daraus ergibt sich folgende optimale Politik: Die Telecom Germania sollte je eine Anzeige im Fokus und im Börsenblatt und zwei Anzeigen in der Handelswoche platzieren.

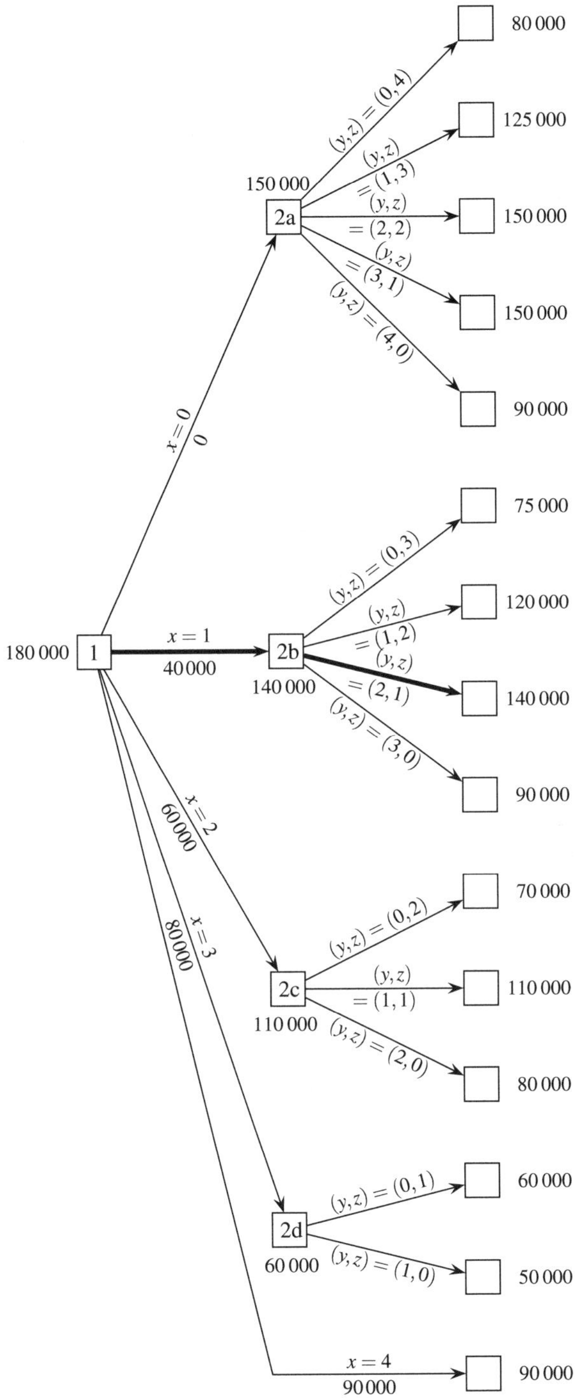
80 000
(y,z) = (0,4)
125 000
(y,z) = (1,3)
150 000
2a
(y,z) = (2,2)
150 000
(y,z) = (3,1)
150 000
(y,z) = (4,0)
90 000
x = 0
0
75 000
(y,z) = (0,3)
120 000
(y,z) = (1,2)
180 000
1
x = 1
40000
2b
140 000
(y,z) = (2,1)
140 000
(y,z) = (3,0)
90 000
x = 2
60000
70 000
(y,z) = (0,2)
x = 3
80000
2c
110 000
(y,z) = (1,1)
110 000
(y,z) = (2,0)
80 000
60 000
(y,z) = (0,1)
2d
60 000
(y,z) = (1,0)
50 000
x = 4
90000
90 000

Lösung zu Aufgabe 9.3

Zunächst sei festgehalten, dass auf Grund der Bedingung, dass jeder Teilmarkt von mindestens einem Vertreter betreut werden soll, de facto nurmehr drei Vertreter zu verteilen sind. In jeden Teilmarkt können deshalb höchstens vier Vertreter gelangen.

Setzt man die möglichen Anzahlen $x_j = 1,2,3$ oder 4 von Vertretern für Teilmarkt j in die Umsatzfunktionen f_j $(j = 1,\ldots,3)$ ein, so erhält man folgende Werte:

	Umsatzfunktion		
Anzahl	f_1	f_2	f_3
1	150	150	100
2	160	150	250
3	190	290	300
4	220	370	350

Bei der Konstruktion des nachfolgenden Entscheidungsbaumes wurde ohne Beschränkung der Allgemeinheit als erste Stufenentscheidung die Festlegung der Anzahl Vertreter im Teilmarkt 1 und als zweite Stufenentscheidung die Festlegung der Anzahl Vertreter im Teilmarkt 2 angenommen. Die Bestimmung der Anzahl Vertreter x_3 im dritten Teilmarkt stellt keine selbstständige Entscheidung dar, da diese Zahl auf Grund der Bedingung $x_1 + x_2 + x_3 = 6$ mit x_1 und x_2 eindeutig festgelegt ist. Insofern liegt ein Entscheidungproblem mit zwei Stufenentscheidungen vor, wobei die Stufenentscheidung der zweiten Stufe der Allokation der noch zu verteilenden Anzahl Vertreter auf die Teilmärkte zwei und drei entspricht. Analog zu Aufgabe 9.2 wurde diese Allokation im Entscheidungsbaum auf der nächsten Seite als Tupel (x_2,x_3) notiert.

Die an den Endknoten notierten Zahlen geben die bei Zugrundelegung der dem Zweig entsprechenden Allokation der sechs Vertreter auf die Teilmärkte resultierenden Umsätze $f_2(x_2) + f_3(x_3)$ an, wobei die Summanden $f_j(x_j)$ $(j = 2,3)$ obiger Tabelle entnommen wurden. Die im Teilmarkt 1 resultierenden Umssatzzahlen $f_1(x_1)$ wurden dagegen als Pfeilbewertungen der im Entscheidungsknoten [1] beginnenden Pfeile angegeben.

Im Zuge der Rückwärtsrechnung wird zunächst die Allokation der verbleibenden Vertreter auf die Teilmärkte zwei und drei bei gegebener Entscheidung bezüglich der Anzahl Vertreter in Teilmarkt eins ermittelt: In Zustand [2a] sollten wegen $\max\{500;450;540;470\} = 540$ im Teilmarkt zwei drei und im Teilmarkt drei zwei Vertreter eingesetzt werden. Liegt dagegen Zustand [2b] vor, so ist es optimal, im Teilmarkt zwei einen und im Teilmarkt drei drei Vertreter einzusetzen, denn es gilt $\max\{450;400;390\} = 450$. Ist schließlich nur noch ein Vertreter zuzuordnen (Zustand [2c]), so sollten

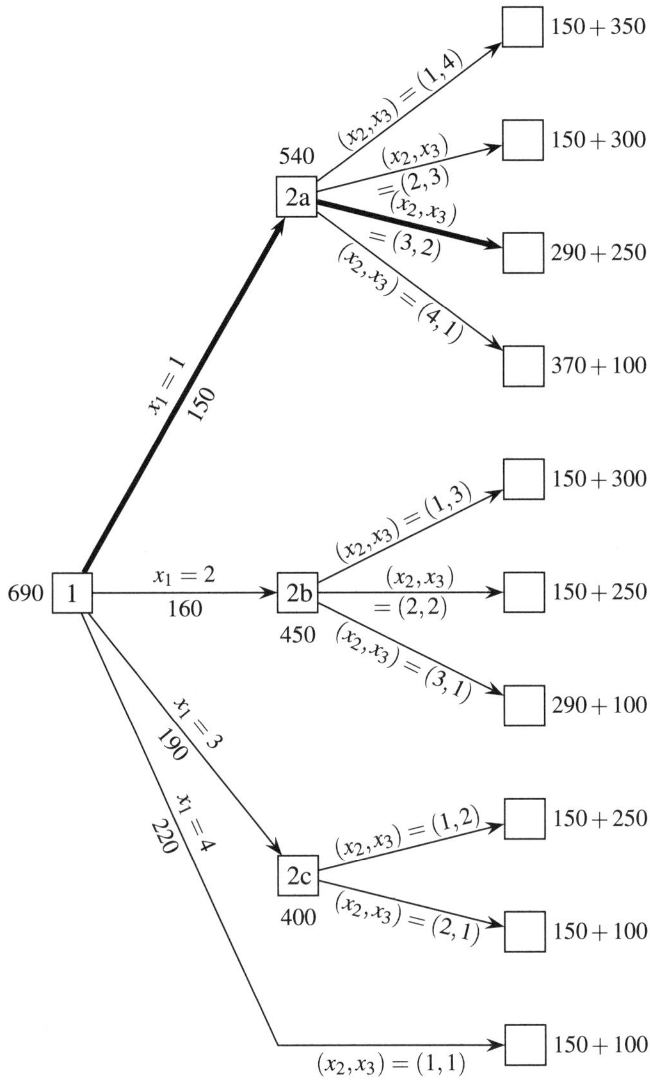
150 + 350
$(x_2, x_3) = (1, 4)$
150 + 300
$(x_2, x_3) = (2, 3)$
540
2a
$(x_2, x_3) = (3, 2)$
290 + 250
$(x_2, x_3) = (4, 1)$
370 + 100
$x_1 = 1$
150
150 + 300
$(x_2, x_3) = (1, 3)$
690
1
$x_1 = 2$
160
2b
450
$(x_2, x_3) = (2, 2)$
150 + 250
$(x_2, x_3) = (3, 1)$
290 + 100
$x_1 = 3$
190
$x_1 = 4$
220
150 + 250
$(x_2, x_3) = (1, 2)$
2c
400
$(x_2, x_3) = (2, 1)$
150 + 100
150 + 100
$(x_2, x_3) = (1, 1)$

– wegen $\max\{400;250\} = 400$ – ein Vertreter für Teilmarkt zwei und zwei Vertreter für Teilmarkt drei vorgesehen werden.

Nachdem die optimalen Stufenentscheidungen für die Teilmärkte zwei und drei getroffen worden sind, kann nun die Entscheidung bezüglich der im Teilmarkt eins einzusetzenden Vertreter (Knoten [1]) ermittelt werden, indem man zu den Bewertungen der Knoten [2a] bis [2c] noch die Bewertungen der jeweils dort endenden Pfeile addiert, ferner den durchgehenden, mit $x_1 = 4$ assoziierten Weg berücksichtigt und sodann die maximale Summe auswählt: $\max\{690;610;590;470\} = 690$ impliziert die Optimalität von $(x_1,x_2,x_3) = (1,3,2)$ und ermöglicht einen Gesamtumsatz in Höhe von 690.

Lösung zu Aufgabe 9.4

Im Folgenden wird mit $x_t \in \{0;1\}$ die Erneuerungsentscheidung zu Beginn von Jahr t (mit $t \in \{1;2;3;4\}$) bezeichnet, wobei $x_t = 0$ den Verzicht auf eine Erneuerung und $x_t = 1$ die Durchführung einer Erneuerungsmaßnahme zu Jahresbeginn kennzeichnet. Bei der Erstellung des Entscheidungsbaumes ist insbesondere zu beachten, dass eine Erneuerung *zwei* Konsequenzen zur Folge hat:

- Einerseits resultieren aus der Erneuerungsentscheidung zusätzliche Kosten in Höhe von 6 Geldeinheiten zu Beginn von Periode t.
- Andererseits bewirkt eine Erneuerung die „Zurücksetzung" des (relativen) Alters der Sudanlage von a_{t-1} auf den Wert $a_{t-1} = 0$, so dass im Jahr t lediglich Betriebskosten in Höhe von $(2+0)^2 = 4$ Geldeinheiten anfallen.

Die derart resultierenden Kosten für Jahr t ($t = 2,\dots,4$) sind im nachstehenden Entscheidungsbaum als Pfeilbewertungen und die Gesamtkosten für den Planungshorizont bis $t = 4$ an den Endknoten notiert. Bei der Berechnung dieser Gesamtkosten ist zu berücksichtigen, dass die Planung der *ersten* vier Jahre untersucht wird und somit das Alter a_0 zu Beginn des ersten Jahres des Planungshorizonts gleich null ist. Somit ist eine Erneuerung im Zeitpunkt $t = 0$ offenkundig sinnlos, da in beiden Fällen (Erneuerung oder nicht) Betriebskosten in Höhe von 4 Geldeinheiten resultieren, bei Erneuerung aber zusätzlich Erneuerungskosten in Höhe von 6 Geldeinheiten.

Damit sind die Kosten im ersten Jahr 4 Geldeinheiten (Betriebskosten, keine Erneuerung) und das relative Alter der Sudanlage zu Beginn des zweiten Jahres $a_1 = 1$; ferner besteht der noch zu betrachtende Planungszeitraum aus den Jahren zwei, drei und vier. Daraus resultiert der folgende Entscheidungsbaum, in dem sich die an den Endknoten stehenden Gesamtkosten jeweils aus der Summe der Pfeilbewertungen plus der Zahl 4 (für Jahr 1) ergeben:

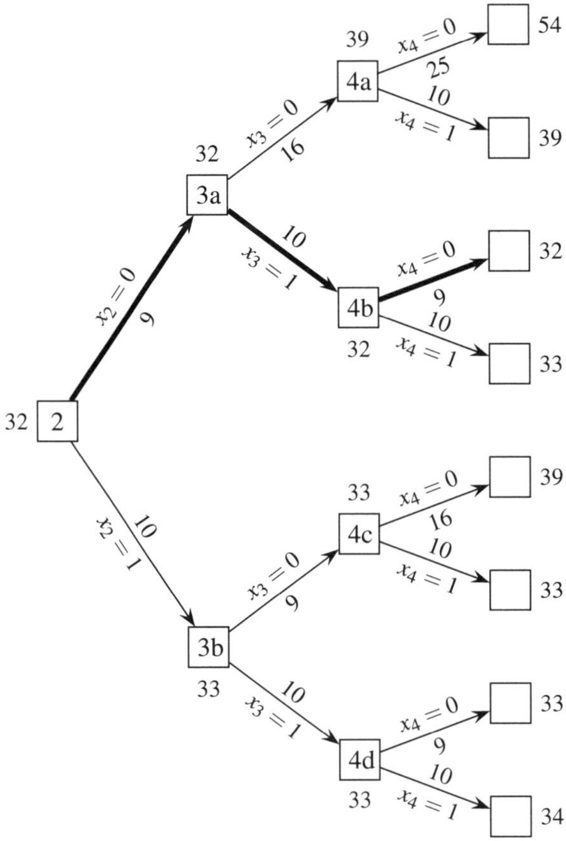

Die Rückwärtsrechnung stellt sich hier wie folgt dar: Liegt zu Beginn des vierten Jahres Zustand $\boxed{4a}$ vor, so impliziert $\min\{54;39\} = 39$ die Durchführung einer Erneuerungsmaßnahme; im Zustand $\boxed{4b}$ sollte dagegen auf eine Erneuerung verzichtet werden, denn es gilt $\min\{32;33\} = 32$. Die Entscheidungen in den Zuständen $\boxed{4c}$ beziehungsweise $\boxed{4d}$ entsprechen denen in den Zuständen $\boxed{4a}$ beziehungsweise $\boxed{4b}$: $\min\{39;33\} = 33$ impliziert eine Erneuerung im Zustand $\boxed{4c}$ und $\min\{33;34\} = 33$ den Verzicht darauf im Zustand $\boxed{4d}$.

Die Zustände $\boxed{3a}$ und $\boxed{3b}$ repräsentieren die möglichen Entscheidungssituationen zu Beginn des dritten Jahres; im Zustand $\boxed{3a}$ ist wegen $\min\{39;32\} = 32$ eine Erneuerung sinnvoll, wohingegen Maximilian Maisch im Zustand $\boxed{3b}$ indifferent zwischen der Durchführung und dem Verzicht auf eine Erneuerung ist (denn beide verursachen Kosten in Höhe von 33).

Die optimale Entscheidung zu Beginn des zweiten Jahres (Zustand $\boxed{2}$) folgt direkt aus $\min\{32;33\} = 32$: Maximilian Maisch sollte auf die Erneuerung verzichten. Insgesamt sollte Maximilian Maisch also optimalerweise zu

Beginn des ersten (siehe oben) und des zweiten Jahres keine Erneuerung vorsehen, zu Beginn des dritten Jahres eine Erneuerung vorsehen und schließlich zu Beginn des vierten Jahres auf die Erneuerung verzichten; die damit verbundenen Gesamtkosten belaufen sich auf 32 Geldeinheiten (vergleiche auch die im obigen Entscheidungsbaum hervorgehobene Pfeilfolge).

Bemerkung zu Aufgabe 9.4

Da im obigen Entscheidungsbaum an den Endknoten bereits die jeweiligen Gesamtkosten stehen, kann die optimale Strategie hier auch ohne Durchführung der Rückwärtsrechnung unmittelbar abgelesen werden: Optimal ist genau der Weg, der zum minimalen Gesamtkostenwert 32 führt. Nach diesem Prinzip wird auch nachfolgend die Aufgabe 9.5 gelöst.

Lösung zu Aufgabe 9.5

Vor Erstellung des Entscheidungsbaumes bietet es sich an, die angebebene Produktionskostenfunktion $K_t(x_t)$ geeignet umzuformulieren. Da nur die alternativen Losgrößen 0, 5 000 und 10 000 (sofern in der Vorperiode weniger als 10 000 Stück produziert wurden) möglich sind, kann $K_t(x_t)$ maximal drei alternative Werte annehmen:

$$K_t(x_t) = \begin{cases} 42000 + 1000 \cdot t, & \text{falls} \quad x_t = 10000 \\ 27000 + 1000 \cdot t, & \text{falls} \quad x_t = 5000 \\ 0, & \text{falls} \quad x_t = 0. \end{cases}$$

Zu diesen Produktionskosten in Periode t müssen gegebenenfalls (sofern der Lagerbestand zu Periodenbeginn größer als null ist) noch Lagerkosten in Höhe von c addiert werden. In der ersten Periode fallen diese auf jeden Fall an, da nach Problemstellung von einem Anfangsbestand in Höhe von 2 000 Stück auszugehen ist.

Aus Gründen der Übersichtlichkeit wurden im Entscheidungsbaum an den Pfeilen neben den jeweiligen Produktionsentscheidungen x_t noch Tupel (y_t, z_t) notiert, wobei y_t die Summe der Kosten der Periode t in Tausend € beschreibt (nämlich $K_t(x_t)$ zuzüglich c, sofern der Lagerendbestand z_{t-1} der Vorperiode $t-1$ größer als null war) und wobei z_t den Lagerendbestand der Periode t $(= z_{t-1} + x_t - d_t)$ in Tausend Stück angibt.

Bei der Konstruktion des Entscheidungsbaumes sind alle angegebenen Bedingungen zu berücksichtigen, insbesondere die Einschränkung, dass auf die Losgröße 10 000 nur die Losgrößen 0 oder 5 000 folgen können (also $x_{t-1} = 10000 \Rightarrow x_t \in \{0; 5000\}$). Des Weiteren kann eine deutliche Reduktion des Entscheidungsbaumes bewirkt werden, wenn man beachtet, dass unnötig hohe Lagerbestände am Ende der vierten Periode im Sinne der vorgegebenen Zielsetzung suboptimal sind: Sie verursachen in Periode vier höhere Produktionskosten *im* Planungszeitraum, mögliche Kosteneinsparungen durch ein entsprechend kleineres Los in der Folgeperiode fünf fallen dagegen *außerhalb* des Planungshorizontes an – und werden dementsprechend in der Zielfunktion nicht berücksichtigt. Da laut Angabe in Periode vier mit einer Nachfrage von 5 000 Stück zu rechnen ist und zur Befriedigung dieser Nachfrage offensichtlich eine Losgröße von $x_4 = 5000$ (oder eventuell $x_4 = 0$, falls zu Periodenbeginn mindestens 5 000 Stück Küchenfee auf Lager liegen) ausreichend ist, kann $x_4 = 10000$ nicht optimal sein. Es ist deshalb legitim, bei der Konstruktion des Entscheidungsbaums a priori von folgenden Alternativen abzusehen: von $x_4 = 10000$ auf jeden Fall, und von $x_4 = 5000$, sofern $z_3 \geqq 5000$.

Beachtet man ferner den Anfangsbestand, die jeweiligen Nachfragewerte sowie die Tatsache, dass der Lagerbestand in keiner Periode negativ werden darf – und somit die Wahl von x_t sicher stellen muss, dass $z_{t-1} + x_t - d_t \geqq 0$ gilt –, so ergibt sich insgesamt der nachfolgende Entscheidungsbaum. An dessen Endknoten sind die jeweiligen Gesamtkosten der vier Perioden notiert.

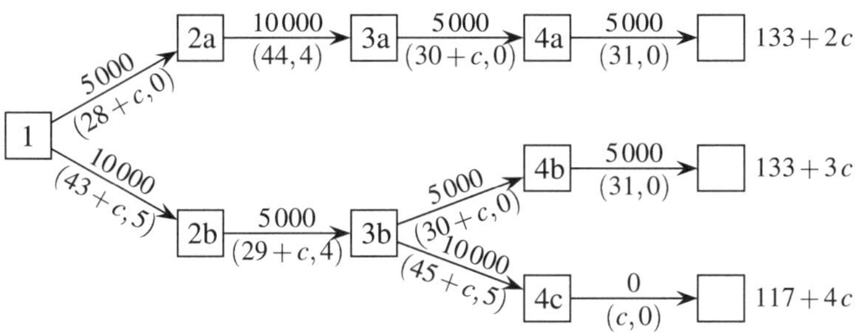

Vergleicht man die Gesamtkosten der alternativen Politiken (x_1, x_2, x_3, x_4), so erkennt man, dass die Politik $\delta_1 = (5000, 10000, 5000, 5000)$ die Politik $\delta_2 = (10000, 5000, 5000, 5000)$ dominiert, denn es gilt

$$133 + 2c < 133 + 3c \quad \forall c > 0.$$

Somit genügt im Folgenden der Vergleich zwischen δ_1 und der dritten Politik $\delta_3 = (10000, 5000, 10000, 0)$. Offenkundig ist

$$117 + 4c < 133 + 2c \iff c < 8,$$

woraus für die optimale Politik

$$\delta^* = \begin{cases} \delta_1, & \text{falls} \quad c > 8 \\ \delta_3, & \text{falls} \quad c < 8 \end{cases}$$

folgt. Ist der Lagerkostensatz also vergleichsweise gering ($c < 8$), so sollte Peter Pfiffig eine Politik (δ_3) wählen, die die im Vergleich zu den Lagerkosten schwerer wiegenden Produktionskosten durch wenige große Lose begrenzt und häufigere Lagerung impliziert. Ist Lagerung dagegen vergleichsweise teuer ($c > 8$), so erweist sich die Politik δ_1, die mit einer größeren Anzahl kleinerer Lose Lagerhaltung zu vermeiden trachtet, vorteilhaft. Ist der Lagerkostensatz c exakt gleich 8, so sind die beiden Politiken δ_1 und δ_3 gleichwertig.

Lösung zu Aufgabe 9.6

Im folgenden Entscheidungsbaum steht „AN" für „Anfangsnachfrage" und „DN" für „Dauernachfrage". An den Endknoten wurden die jeweils resultierenden Ertragswerte notiert. Die Beschriftung der von den (eckigen) Entscheidungsknoten ausgehenden Pfeile gibt die jeweilige Aktion sowie die mit ihr verbundenen Kosten wider; die in (runden) Zufallsknoten beginnenden Pfeile wurden mit den jeweiligen Ereignissen und ihren (Übergangs-)Wahrscheinlichkeiten versehen.

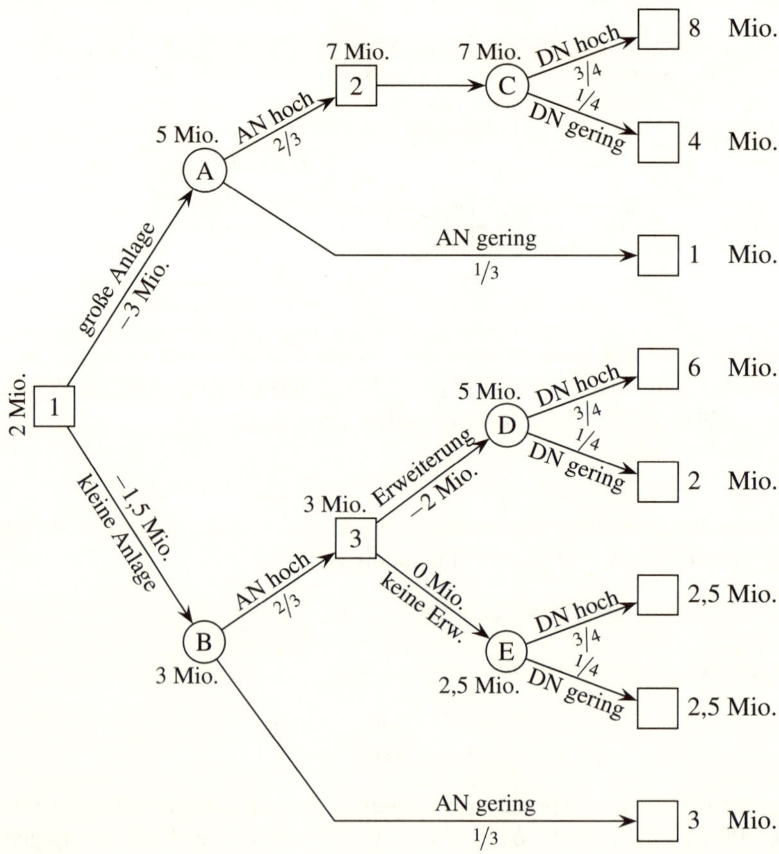

Um die optimale Politik zu bestimmen, ist es erforderlich, zunächst im Rahmen der Rückwärtsrechnung jeweils für die Zufallsknoten die zugehörigen Erwartungswerte und für die Entscheidungsknoten die Maxima der von ihnen aus erreichbaren Erwartungswerte – gegebenenfalls abzüglich der mit dem jeweiligen Pfeil verbundenen Kosten – zu bestimmen.

Zu Ⓒ ergibt sich der Erwartungswert

$$E_C = 8 \cdot \tfrac{3}{4} + 4 \cdot \tfrac{1}{4} = 7 \text{ Mio. €},$$

die Erwartungswerte zu Ⓓ beziehungsweise Ⓔ sind $E_D = 6 \cdot \frac{3}{4} + 2 \cdot \frac{1}{4} =$ 5 Mio. € beziehungsweise $E_E = 2{,}5$ Mio. €.

Da vom Entscheidungsknoten [2] nur ein (kostenfreier) Pfeil ausgeht, ist das zugehörige Maximum E_2 gleich $E_C = 7$ Mio. €.

Für [3] ist das Maximum aus dem bei Erweiterung zu erwartenden Gewinn $E_D - 2 = 5 - 2 = 3$ Mio. € und dem Gewinnerwartungswert bei Verzicht auf Erweiterung $E_E - 0 = 2{,}5 - 0 = 2{,}5$ Mio. € zu ermitteln; man erhält

$$E_3 = \max\{3; 2{,}5\} = 3 \text{ Mio. €}.$$

In diesem Fall ist also offensichtlich eine Erweiterung vorteilhaft.

Im nächsten Schritt berechnet man

$$E_A = 7 \cdot \tfrac{2}{3} + 1 \cdot \tfrac{1}{3} = 5 \text{ Mio. €}$$
$$E_B = 3 \cdot \tfrac{2}{3} + 3 \cdot \tfrac{1}{3} = 3 \text{ Mio. €}$$

und ordnet dann dem Entscheidungsknoten [1] das für den Vergleich der großen mit der kleinen Anlage zu bestimmende Maximum

$$E_1 = \max\{E_A - 3; E_B - 1{,}5\} = \max\{2; 1{,}5\} = 2 \text{ Mio. €}$$

zu. Hieraus lässt sich die optimale Entscheidung der Geschäftsführung sofort ablesen: Die Kraut & Rüben AG sollte sich für den Bau der großen Fabrikationsanlage entscheiden. (Eine bedingte Anweisung, was je nach Realisierung des Zufallsknotens Ⓐ zu tun ist, erübrigt sich hier auf Grund der speziellen Struktur des Baumes.)

Lösung zu Aufgabe 9.7

a) Der Entscheidungsbaum ist auf der nächsten Seite zu finden; dort steht „g" für „Rezept gelingt" und „$\bar{g}$" für „Rezept misslingt".

b) Im Rahmen der Rückwärtsrechnung werden zunächst die Erwartungswerte für die Zufallsknoten Ⓒ,…,Ⓗ bestimmt. Diese sind offenkundig

$$E_C = \tfrac{3}{4} \qquad E_F = 0$$
$$E_D = \tfrac{3}{2} \qquad E_G = 2$$
$$E_E = 1 \qquad E_H = \tfrac{2}{3}$$

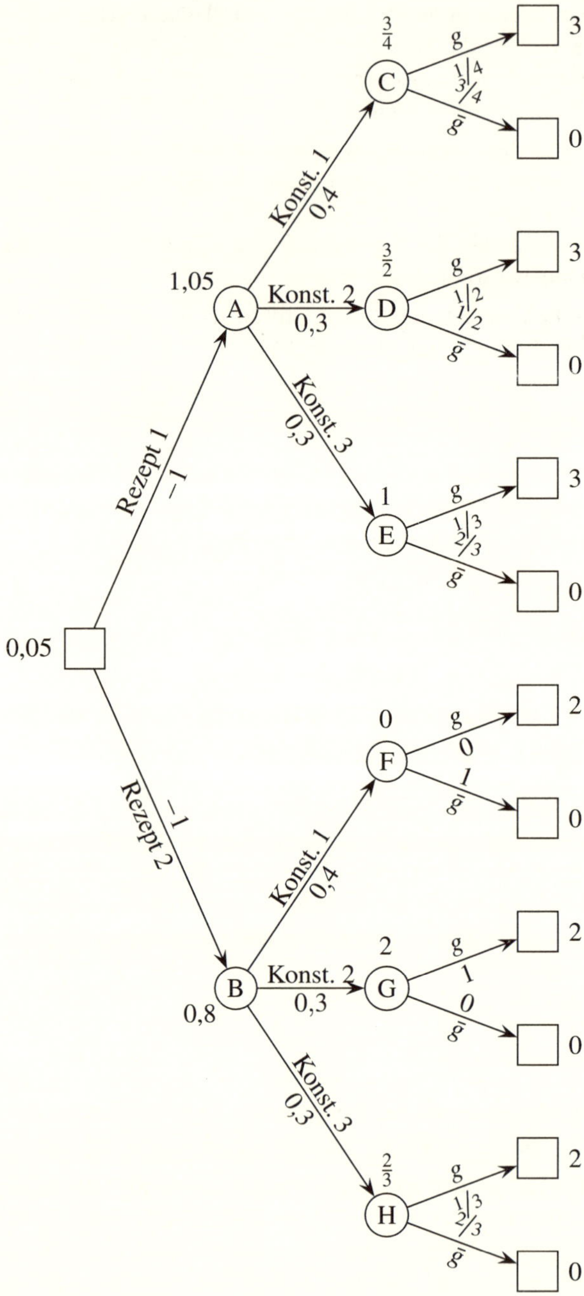
0,05
Rezept 1
−1
Rezept 2
−1
1,05
A
0,8
B
Konst. 1
0,4
Konst. 2
0,3
Konst. 3
0,3
C
D
E
F
G
H
3/4
3/2
1
0
2
2/3
g
ḡ
1/4
3/4
1/2
1/2
1/3
2/3
0
1
1
0
3
0
3
0
3
0
2
0
2
0
2
0

(jeweils in €/100 g). Daraus ergeben sich folgende Erwartungswerte für die Zufallsknoten Ⓐ und Ⓑ:

$$E_A = 0{,}4 \cdot E_C + 0{,}3 \cdot E_D + 0{,}3 \cdot E_E = 0{,}4 \cdot \tfrac{3}{4} + 0{,}3 \cdot \tfrac{3}{2} + 0{,}3 \cdot 1 = 1{,}05$$
$$E_B = 0{,}4 \cdot E_F + 0{,}3 \cdot E_G + 0{,}3 \cdot E_H = 0{,}4 \cdot 0 + 0{,}3 \cdot 2 + 0{,}3 \cdot \tfrac{2}{3} = 0{,}8$$

(jeweils in €/100 g). Berücksichtigt man nun noch die Produktionskosten in Höhe von jeweils 1 €/100 g, so resultiert bei Wahl von Rezeptur 1 ein erwarteter Gewinn in Höhe von 0,05 €/100 g, während bei Rezeptur 2 ein Verlust in Höhe von 0,2 €/100 g zu erwarten ist. Somit sollte sich Herr Weggle für Rezeptur 1 entscheiden.

c) Kauft Herr Weggle Nougat nach Rezeptur 1 zu, so entstehen ihm Kosten in Höhe von 2,50 €/100 g; um diese reduziert sich sein Umsatz von 3 €/100 g, so dass ein Gewinn in Höhe von 0,5 €/100 g verbleibt. Würde Willi Weggle dagegen Nougat nach Rezeptur 2 zukaufen, so würde ein Gewinn in Höhe von $2 - 1{,}80 = 0{,}20$ €/100 g entstehen. Vergleicht man diese Werte mit den Ergebnissen aus b), so lässt sich sofort erkennen, dass Weggle nunmehr auf Eigenerstellung verzichten und stattdessen Nougat nach Rezeptur 1 zukaufen sollte.

Bemerkung zu Aufgabe 9.7

Streng genommen handelt es sich bei dem in Aufgabe 9.7 a) und b) behandelten Problem nicht um eine „mehrstufige Entscheidung“: Willi Weggle trifft nur *eine* Entscheidung, nämlich bezüglich der zu verwendenden Rezeptur. Die Mehrstufigkeit bezieht sich hier also nicht auf die Entscheidungen, sondern „nur“ auf die Berechnung der Erfolgswahrscheinlichkeiten (mithilfe bedingter Wahrscheinlichkeiten). Insofern wäre die Bezeichnung „Entscheidung bei mehrstufig ermittelten Wahrscheinlichkeiten“ treffender. Ähnliches gilt übrigens auch für die Aufgabe 9.13. Aufgaben dieses Typus sind damit prinzipiell auch mit dem Instrumentarium aus Kapitel 6 lösbar.

Lösung zu Aufgabe 9.8

a) Bei der Konstruktion des Entscheidungsbaumes (Seite 189) sind im Wesentlichen zwei Besonderheiten zu beachten:

- Während zu Beginn des ersten Jahres drei Alternativen (a_1, a_2 und b) zur Auswahl stehen, hängt die Alternativenmenge zu Beginn des zweiten Jahres vom Erfolg der Anlagestrategie im ersten Jahr ab: Hat Robert T. Offline im ersten Jahr Wertpapier 1 gekauft und dieses nur einen Endwert in Höhe von 205 T€ generiert, so kann er sich im zweiten Jahr weder Wertpapier 3 noch Wertpapier 4 leisten (weshalb er den Betrag auf das Sparbuch einzahlen wird); gleiches gilt, wenn

Robert T. Offline im ersten Jahr Alternative *b* wählt. Hat er stattdessen im ersten Jahr Wertpapier 2 gekauft und mit diesem einen Endwert in Höhe von 220 T € erzielt, so hat er zu Beginn des zweiten Jahres die Möglichkeit, zwischen der Anlage seiner gesamten Mittel auf dem Sparbuch und dem Kauf von Wertpapier 4 (in Verbindung mit der Einzahlung der verbleibenden Mittel auf dem Sparbuch) zu wählen; Wertpapier 3 kann er dagegen nicht bezahlen.

- Unter Umständen muss Robert T. Offline den zu Beginn des zweiten Jahres verfügbaren Betrag in zwei Teilbeträge aufteilen, die er unterschiedlich anlegt. Hat er zum Beispiel im ersten Jahr Wertpapier 2 gekauft, einen Endwert in Höhe von 240 T € erzielt und damit zu Beginn des zweiten Jahres Wertpapier 3 (zu 230 T €) gekauft, so verbleibt ein Differenzbetrag in Höhe von 10 T €, der dann auf das Sparbuch eingezahlt wird. Derartige Aufteilungen werden im Entscheidungsbaum als Pfeilbewertungen der Form a_i, b notiert, wobei a_i das jeweils gekaufte Wertpapier bezeichnet und b für die Einzahlung des Differenzbetrages auf das Sparbuch steht.

Die an den Endknoten angegebenen Beträge errechnen sich wie folgt: Bei einer Geldanlage auf dem Sparbuch wird der zu Jahresbeginn eingezahlte Betrag mit 3 % verzinst, z.B. $206 \cdot 1{,}03 = 212{,}18$ (vergleiche Knoten [4]); wird der Betrag aufgeteilt, so ergibt sich das Endkapital als Summe des (zufällig bestimmten) Endwertes des Wertpapiers und des auf dem Sparbuch mit 3 % verzinsten Restbetrages. So ergibt sich beispielsweise der beim obersten Endknoten notierte Betrag in Höhe von 330,90 T € als $300 + 30 \cdot 1{,}03 = 330{,}90$.

b) Im Zuge der Rückwärtsrechnung werden zunächst die Erwartungswerte für die Zufallsknoten (C),...,(G) bestimmt. Diese sind offenkundig

$$
\begin{aligned}
E_C &= 330{,}90 \cdot 0{,}2 + 310{,}90 \cdot 0{,}8 = 314{,}90 \text{ T€}\\
E_D &= 301{,}50 \cdot 0{,}2 + 251{,}50 \cdot 0{,}8 = 261{,}50 \text{ T€}\\
E_E &= 310{,}30 \cdot 0{,}2 + 290{,}30 \cdot 0{,}8 = 294{,}30 \text{ T€}\\
E_F &= 280{,}90 \cdot 0{,}2 + 230{,}90 \cdot 0{,}8 = 240{,}90 \text{ T€}\\
E_G &= 260{,}30 \cdot 0{,}2 + 210{,}30 \cdot 0{,}8 = 220{,}30 \text{ T€}
\end{aligned}
$$

Die möglichen Anlageentscheidungen zu Beginn des zweiten Jahres – also in den Entscheidungsknoten [2],..., [6] – lassen sich durch Auswahl des größten der an jeweiligen Folgeknoten notierten Bewertungen bestimmen.

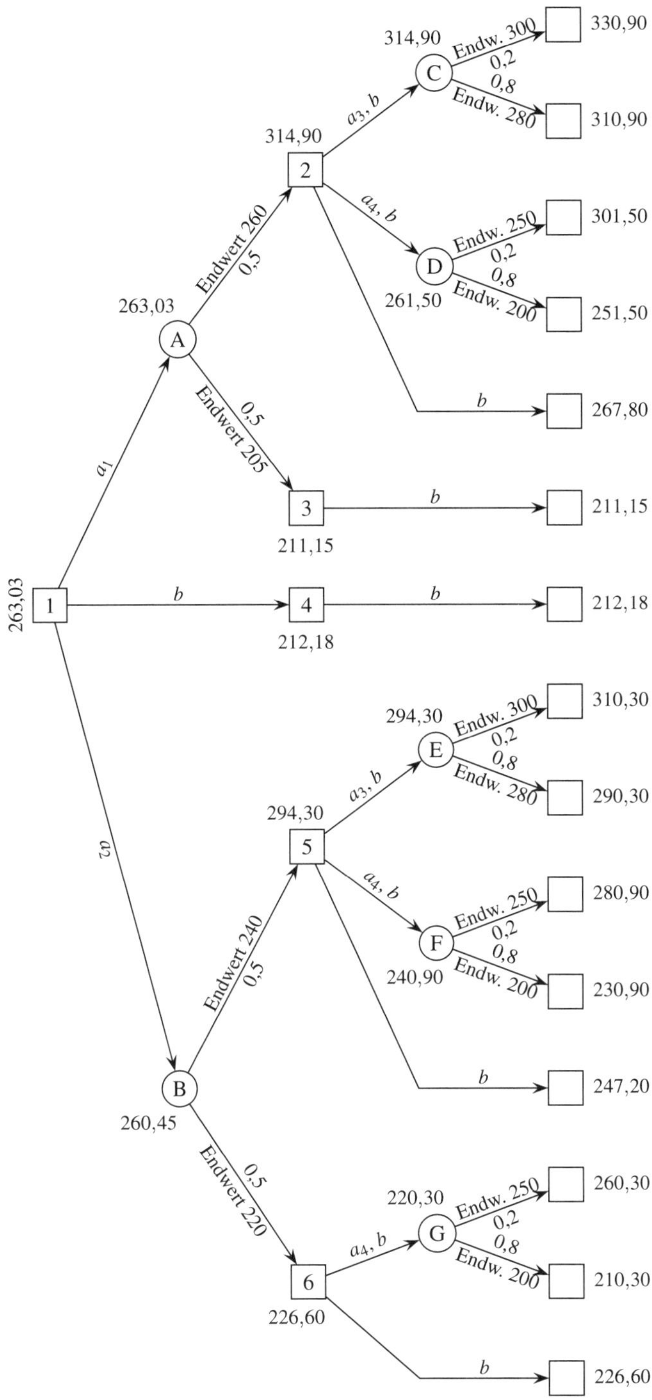

263,03
1
a_1
a_2
b
263,03
A
Endwert 260
0,5
Endwert 205
0,5
314,90
2
a_3, b
314,90
C
Endw. 300
0,2
0,8
Endw. 280
330,90
310,90
a_4, b
D
261,50
Endw. 250
0,2
0,8
Endw. 200
301,50
251,50
b
267,80
3
211,15
b
211,15
4
212,18
b
212,18
B
260,45
Endwert 240
0,5
Endwert 220
0,5
294,30
5
a_3, b
294,30
E
Endw. 300
0,2
0,8
Endw. 280
310,30
290,30
a_4, b
F
240,90
Endw. 250
0,2
0,8
Endw. 200
280,90
230,90
b
247,20
6
226,60
a_4, b
220,30
G
Endw. 250
0,2
0,8
Endw. 200
260,30
210,30
b
226,60

$$
\begin{aligned}
E_2 &= \max\{E_C; E_D; 267{,}80\} = \max\{314{,}90; 261{,}50; 267{,}80\} = 314{,}90\ \text{T€}\\
E_3 &= \qquad\qquad\qquad\qquad\qquad\qquad\qquad\qquad\qquad\quad = 211{,}15\ \text{T€}\\
E_4 &= \qquad\qquad\qquad\qquad\qquad\qquad\qquad\qquad\qquad\quad = 212{,}18\ \text{T€}\\
E_5 &= \max\{E_E; E_F; 247{,}20\} = \max\{294{,}30; 240{,}90; 247{,}20\} = 294{,}30\ \text{T€}\\
E_6 &= \max\{E_G; 226{,}60\} = \max\{220{,}30; 226{,}60\} = 226{,}60\ \text{T€}
\end{aligned}
$$

Sofern sich Robert T. Offline zu Beginn des zweiten Jahres Wertpapier 3 leisten kann, sollte er dieses erwerben (Knoten [2] und [5]); ansonsten sollte er sich für die Geldanlage auf dem Sparbuch entscheiden.

Nun ist noch die Anlageentscheidung zu Beginn des ersten Jahres zu klären. Hierzu bestimmt Robert T. Offline zunächst die Erwartungswerte für die Zufallsknoten (A) und (B):

$$
\begin{aligned}
E_A &= 314{,}90 \cdot 0{,}5 + 211{,}15 \cdot 0{,}5 = 263{,}03\ \text{T€}\\
E_B &= 294{,}30 \cdot 0{,}5 + 226{,}60 \cdot 0{,}5 = 260{,}45\ \text{T€}
\end{aligned}
$$

Wegen $E_A > E_B$ sollte sich Robert T. Offline zu Beginn des ersten Jahres für den Kauf von Wertpapier 1 entscheiden. Damit ergibt sich seine optimale Politik wie folgt: Zu Beginn des ersten Jahres sollte Robert T. Offline Wertpapier 1 erwerben und zu Beginn des zweiten Jahres – sofern möglich – Wertpapier 3 (und den Restbetrag auf das Sparbuch einzahlen). Ansonsten, falls der Rückfluss von Wertpapier 1 für den Kauf von Wertpapier 3 zu gering ist, sollte im zweiten Jahr die Geldanlage auf dem Sparbuch gewählt werden. Verfolgt Robert T. Offline diese Politik, so beträgt sein erwartetes Endkapital 263,03 T€.

Lösung zu Aufgabe 9.9

a) Im Entscheidungsbaum auf der nächsten Seite steht „Erfolg“ für „zielgruppengerechte Vermarktung“ und „k. Erfolg“ für „nicht zielgruppengerechte Vermarktung“.

b) Wir beginnen wieder mit der Rückwärtsrechnung und bestimmen zunächst die Erwartungswerte für die Zufallsknoten (B), (C), (D):

$$
\begin{aligned}
E_B &= 500\,000 \cdot 0{,}75 + 250\,000 \cdot 0{,}25 = 437\,500\ \text{€}\\
E_C &= 500\,000 \cdot 0{,}1 + 250\,000 \cdot 0{,}9 = 275\,000\ \text{€}\\
E_D &= 500\,000 \cdot 0{,}5 + 250\,000 \cdot 0{,}5 = 375\,000\ \text{€}.
\end{aligned}
$$

Subtrahiert man davon noch die Einführungskosten in Höhe von 150 000 € und vergleicht man diese Differenzen mit dem alternativen Wert 0, der bei Nicht-Einführung resultieren würde, so ergeben sich daraus folgen-

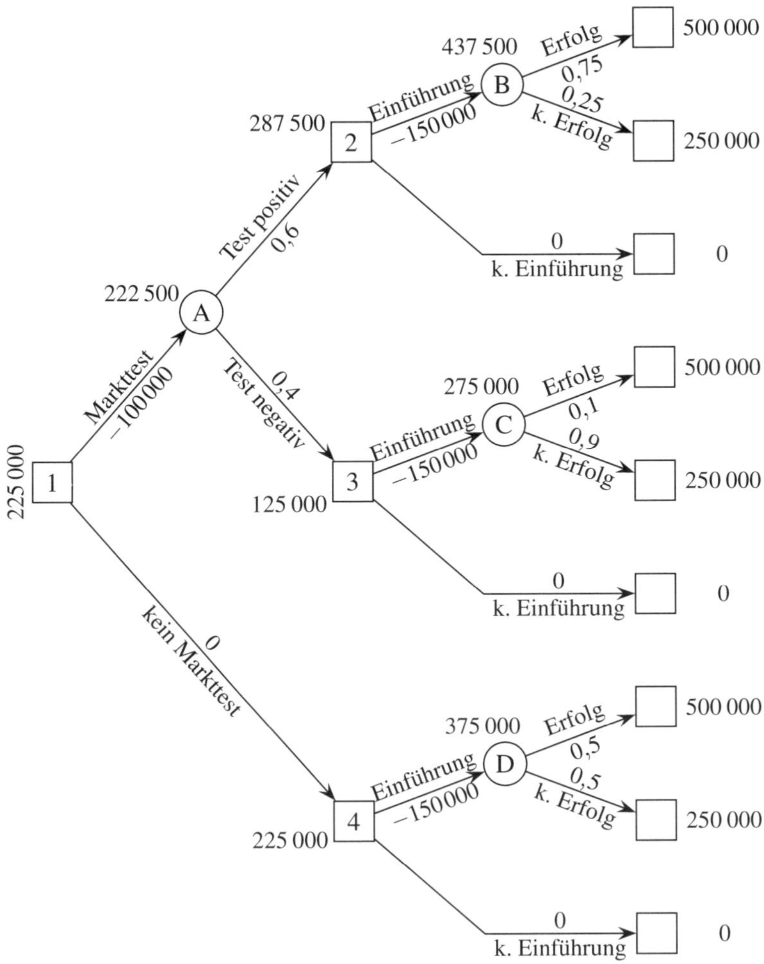

de, über den Entscheidungsknoten [2], [3], [4] im Entscheidungsbaum eingetragenen (Maximal-)Werte:

$$E_2 = \max\{437\,500 - 150\,000; 0\} = 287\,500$$
$$E_3 = \max\{275\,000 - 150\,000; 0\} = 125\,000$$
$$E_4 = \max\{375\,000 - 150\,000; 0\} = 225\,000$$

Die biosensorische Alarmanlage sollte also auf jeden Fall (egal ob ein Markttest durchgeführt wird beziehungsweise zu welchem Ergebnis er gegebenenfalls führt) eingeführt werden. Um noch zu klären, ob ein Markttest durchgeführt werden sollte, muss als nächstes der Erwartungswert E_4 (für den Fall, dass der Test nicht durchgeführt wird) mit dem Erwartungswert im Zufallsknoten Ⓐ (für den Fall, dass der Markttest durchgeführt wird), abzüglich der Kosten für den Markttest in Höhe von 100 000 €, verglichen werden. Wegen

$$E_A = 287\,500 \cdot 0{,}6 + 125\,000 \cdot 0{,}4 = 222\,500$$

gilt offensichtlich

$$E_1 = \max\{E_A - 100000; E_4\} = \{222\,500 - 100000; 225\,000\} = 225\,000.$$

Die Schall & Rauch Alarmtechnik GmbH sollte demnach die biosensorische Alarmanlage einführen, auf den Markttest jedoch verzichten.

c) Um die a priori Wahrscheinlichkeit für ein positives Ergebnis des Markttests zu bestimmen, die mindestens erforderlich ist, damit die Durchführungs des Markttests sinnvoll erscheint, ersetzen wir im Entscheidungsbaum die Übergangswahrscheinlichkeit Ⓐ → [2] (die in den Teilen a) und b) den Wert 0,6 hat) durch p (mit $p \in [0;1]$) und ihre Gegenwahrscheinlichkeit durch $1-p$. Für den Zufallsknoten Ⓐ gilt dann

$$E_A = 287\,500 \cdot p + 125\,000 \cdot (1-p) = 125\,000 + 162\,500 \cdot p,$$

woraus sofort

$$\begin{aligned} E_1 &= \max\{125\,000 + 162\,500 \cdot p - 100000; 225\,000\} \\ &= \max\{\;25\,000 + 162\,500 \cdot p; 225\,000\} \end{aligned}$$

folgt. Damit der Markttest im Rahmen der optimalen Politik durchgeführt wird, müsste also gelten

$$25\,000 + 162\,500 \cdot p > 225\,000 \quad (\Longleftrightarrow \; p > \tfrac{200\,000}{162\,500} > 1),$$

was offensichtlich im Widerspruch zu $p \in [0;1]$ steht. Der Markttest wird also *nie* durchgeführt, egal wie hoch die a priori Wahrscheinlichkeit für ein positives Ergebnis ist!

Lösung zu Aufgabe 9.10

a) Die im Entscheidungsbaum (Seite 194) verwendeten Wahrscheinlichkeiten ergeben sich wie folgt aus der Problemstellung: Bei einem Preis von 10 € beträgt die Wahrscheinlichkeit für einen Übergang des Absatzes von 1 000 nach 2 000 Stück 0,75, weshalb die Gegenwahrscheinlichkeit, und damit die Wahrscheinlichkeit dafür, dass der Absatz auch im Folgejahr 1 000 Stück ist, 0,25 beträgt (vergleiche zum Beispiel die in Ⓒ beginnenden Pfeile). Des Weiteren soll (nach wie vor für einen Verkaufspreis von

10 €) die Absatz-Übergangswahrscheinlichkeit 2000 → 2000 im Vergleich zur Absatz-Übergangswahrscheinlichkeit 1000 → 2000 um fünf Prozentpunkte höher – und damit gleich $0{,}75 + 0{,}05 = 0{,}8$ – sein; für die Gegenwahrscheinlichkeit 2000 → 1000 verbleibt somit 0,2 (vergleiche etwa die in (E) beginnenden Pfeile).

Setzt die Eder OHG dagegen einen Verkaufspreis in Höhe von 12 € fest, so ist nach Problemstellung die Absatz-Übergangswahrscheinlichkeit 1000 → 1000 gleich 0,8 und damit die Gegenwahrscheinlichkeit (für 1000 → 2000) 0,2 (vergleiche etwa die in (D) beginnenden Pfeile). Und im letzten denkbaren Fall (Preis 12 €, Vorjahresabsatz 2000) sind die beiden Fälle 2000 → 1000 und 2000 → 2000 gleich wahrscheinlich, weshalb ihnen jeweils die Wahrscheinlichkeit 0,5 zugewiesen wird (vergleiche etwa die in (F) beginnenden Pfeile).

Des Weiteren ist bei der Konstruktion des Entscheidungsbaumes zu berücksichtigen, dass der aktuelle Absatz 2 000 Stück beträgt, weshalb die Bewertung der im Knoten (A) (beziehungsweise (B)) beginnenden Pfeile der in Knoten (E) (beziehungsweise (F)) beginnenden Pfeile entspricht.

Die an den Endknoten notierten Zahlen ergeben sich schließlich aus der Problemstellung nach folgendem Muster: Der Stückpreis im ersten Jahr, abzüglich der Produktionskosten in Höhe von 4 € pro Stück, wird mit der im ersten Jahr abgesetzten Menge multipliziert und so der anteilige Gewinn im ersten Jahr berechnet; analog wird der Gewinn im zweiten Jahr bestimmt und sodann die beiden anteiligen Gewinne addiert. Zum Beispiel errechnet sich der Gesamtgewinn in Höhe von 32 000 € im Knoten „rechts unten" (das heißt für den Fall, dass in beiden Jahren der Preis 12 € und der Absatz 2000 Stück beträgt) als: $(12-4)\cdot 2000 + (12-4)\cdot 2000 = 32000$.

b) Wieder werden zunächst im Rahmen der Rückwärtsrechnung die Erwartungswerte für die Zufallsknoten (C),...,(J) bestimmt.

$$
\begin{aligned}
E_C &= 12000\cdot 0{,}25 + 18000\cdot 0{,}75 = 16500\,€\\
E_D &= 14000\cdot 0{,}8 + 22000\cdot 0{,}2 = 15500\,€\\
E_E &= 18000\cdot 0{,}2 + 24000\cdot 0{,}8 = 22800\,€\\
E_F &= 20000\cdot 0{,}5 + 28000\cdot 0{,}5 = 24000\,€\\
E_G &= 14000\cdot 0{,}25 + 20000\cdot 0{,}75 = 18500\,€\\
E_H &= 16000\cdot 0{,}8 + 24000\cdot 0{,}2 = 17600\,€\\
E_I &= 22000\cdot 0{,}2 + 28000\cdot 0{,}8 = 26800\,€\\
E_J &= 24000\cdot 0{,}5 + 32000\cdot 0{,}5 = 28000\,€.
\end{aligned}
$$

Die möglichen Preisentscheidungen zu Beginn des zweiten Jahres – also in den Knoten [2],...,[5] – lassen sich durch Auswahl des größeren der

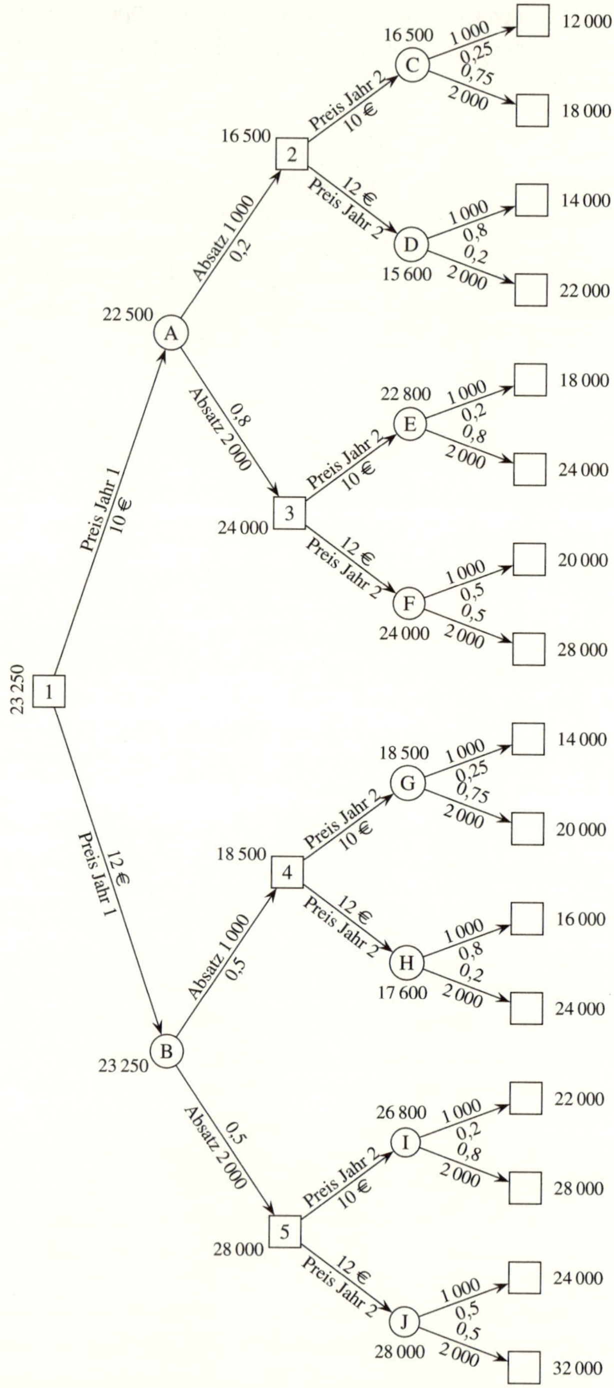

23 250
1
Preis Jahr 1 10 €
Preis Jahr 1 12 €
22 500
A
23 250
B
Absatz 1 000 0,2
Absatz 2 000 0,8
Absatz 1 000 0,5
Absatz 2 000 0,5
16 500
2
24 000
3
18 500
4
28 000
5
Preis Jahr 2 10 €
Preis Jahr 2 12 €
16 500
C
15 600
D
22 800
E
24 000
F
18 500
G
17 600
H
26 800
I
28 000
J
1 000
2 000
0,25
0,75
0,8
0,2
0,5
12 000
18 000
14 000
22 000
18 000
24 000
20 000
28 000
14 000
20 000
16 000
24 000
22 000
28 000
24 000
32 000

an den beiden jeweiligen Folgeknoten notierten Erwartungswerte bestimmen:

$$\begin{aligned}
E_2 &= \max\{E_C; E_D\} = \max\{16\,500; 15\,600\} = 16\,500 \text{ €}\\
E_3 &= \max\{E_E; E_F\} = \max\{22\,800; 24\,000\} = 24\,000 \text{ €}\\
E_4 &= \max\{E_G; E_H\} = \max\{18\,500; 17\,600\} = 18\,500 \text{ €}\\
E_5 &= \max\{E_I; E_J\} = \max\{26\,800; 28\,000\} = 28\,000 \text{ €}
\end{aligned}$$

Ist im ersten Jahr der Absatz 1 000 (egal bei welchem Preis), sollte die Eder OHG im zweiten Jahr also 10 € pro Stück verlangen, ansonsten (wenn also der Absatz im ersten Jahr 2 000 Stück beträgt), sollte der Stückpreis im zweiten Jahr auf 12 € fixiert werden. Nun ist noch der Preis für das erste Jahr zu klären. Hierzu bestimmt man zunächst die Erwartungswerte für die Zufallsknoten (A) und (B):

$$\begin{aligned}
E_A &= 16\,500 \cdot 0{,}2 + 24\,000 \cdot 0{,}8 = 22\,500 \text{ €}\\
E_B &= 18\,500 \cdot 0{,}5 + 28\,000 \cdot 0{,}5 = 23\,250 \text{ €}
\end{aligned}$$

Wegen $E_B > E_A$ sollte die Eder OHG im ersten Jahr einen Preis von 12 € verlangen. Damit ist die optimale Politik der Eder OHG vollständig beschrieben: Der Stückpreis sollte im ersten Jahr 12 € betragen. Im zweiten Jahr ist dagegen eine Fallunterscheidung notwendig: War der Absatz im ersten Jahr 1 000, so sollte der Preis im zweiten Jahr auf 10 € festgesetzt werden, sonst auf 12 €.

c) Der erwartete Gesamtgewinn der Eder OHG entspricht dem Erwartungswert $E_1 = \max\{E_A; E_B\} = \max\{22\,500; 23\,250\} = 23\,500$ €.

Lösung zu Aufgabe 9.11

a) Die im Entscheidungsbaum auf der nächsten Seite verwendeten Wahrscheinlichkeiten ergeben sich wie folgt aus der Problemstellung: Wird die Inspektion nicht durchgeführt, beträgt die Wahrscheinlichkeit für den Übergang Nicht-Ausfall → Nicht-Ausfall 0,2 und damit die Gegenwahrscheinlichkeit (Nicht-Ausfall → Ausfall) 0,8. (vergleiche zum Beispiel die in (A) beginnenden Pfeile). Des Weiteren sollen (nach wie vor für den Fall ohne Inspektion) die Übergangswahrscheinlichkeiten Ausfall → Nicht-Ausfall und Ausfall → Ausfall gleich groß und damit jeweils 0,5 sein (vergleiche etwa die in (D) beginnenden Pfeile).

Sieht Walter Wurm dagegen eine Inspektion vor, so fällt nach Problemstellung die Sägemaschine, wenn sie zuvor nicht ausgefallen ist, mit Sicherheit (also mit Wahrscheinlichkeit 1) nicht aus, das heißt die Übergangswahrscheinlichkeit Nicht-Ausfall → Nicht-Ausfall ist gleich 1 und damit die relevante Gegenwahrscheinlichkeit für den Übergang Nicht-Ausfall → Ausfall gleich 0 (vergleiche den direkten Pfeil zwischen den

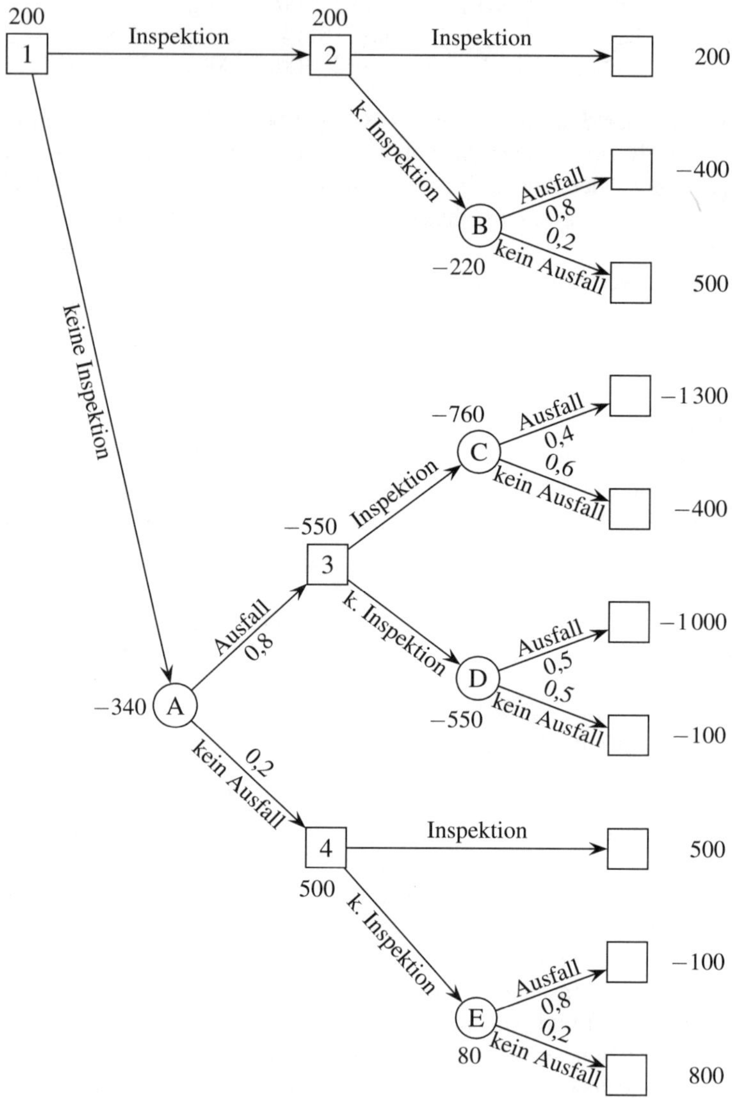
200
1
Inspektion
200
2
Inspektion
200
k. Inspektion
Ausfall
0,8
B
0,2
kein Ausfall
−220
−400
500
keine Inspektion
−760
Ausfall
0,4
C
0,6
kein Ausfall
−1 300
−400
Inspektion
−550
3
k. Inspektion
Ausfall
0,5
D
0,5
kein Ausfall
−550
−1 000
−100
Ausfall
0,8
−340
A
0,2
kein Ausfall
4
500
Inspektion
500
k. Inspektion
Ausfall
0,8
E
0,2
kein Ausfall
80
−100
800

Entscheidungsknoten [1] und [2] , der einem Übergang Nicht-Ausfall → Nicht-Ausfall entspricht; Pfeile mit Wahrscheinlichkeitsbewertung 0 wurden in den Entscheidungsbaum nicht eingezeichnet). Und im letzten denkbaren Fall (Inspektion, Sägemaschine in der Vorwoche ausgefallen) beträgt die Übergangswahrscheinlichkeit Ausfall → Ausfall 0,4 und folglich die Gegenwahrscheinlichket für den Übergang Ausfall → Nicht-Ausfall 0,6 (vergleiche etwa die in (C) beginnenden Pfeile).

Des Weiteren ist bei der Konstruktion des Entscheidungsbaumes zu berücksichtigen, dass die Maschine in der letzten Woche vor Beginn des Planungszeitraumes nicht ausgefallen ist, weshalb sich die Bewertungen der in den Knoten (A), (B) und (E) beginnenden Pfeile jeweils entsprechen.

Die an den Endknoten notierten Zahlen ergeben sich aus der Angabe wie folgt: Je nachdem, ob die Sägemaschine in der jeweils betrachteten Periode ausfällt oder nicht, werden entweder −500 € (bei Ausfall) oder +400 € (sonst) für diese Periode angesetzt. Dieses Kalkül wird für beide Perioden durchgeführt, die beiden Werte addiert und sodann davon die Summe der gegebenenfalls angefallenen Inspektionskosten (0 € falls keine Inspektion, 300 € bei Inspektion in genau einer der beiden Perioden und 600 € bei zwei Inspektionen) subtrahiert. Zum Beispiel errechnet sich der Gesamtgewinn in Höhe von 800 € im Knoten „rechts unten“ (das heißt für den Fall, dass in beiden Perioden keine Inspektion durchgeführt wird und trotzdem die Sägemaschine in keiner Periode ausfällt) als: $400+400-0-0=800$.

b) Es werden wieder zunächst die Erwartungswerte für die Zufallsknoten (B),...,(E) bestimmt:

$$\begin{aligned}
E_B &= -\ \ 400\cdot 0{,}8 + 500\cdot 0{,}2 = -220\text{ €}\\
E_C &= -1\,300\cdot 0{,}4 - 400\cdot 0{,}6 = -760\text{ €}\\
E_D &= -1\,000\cdot 0{,}5 - 100\cdot 0{,}5 = -550\text{ €}\\
E_E &= -\ \ 100\cdot 0{,}8 + 800\cdot 0{,}2 = 80\text{ €}
\end{aligned}$$

Die möglichen Inspektionsentscheidungen zu Beginn der zweiten Woche – [2],..., [4] – lassen sich durch Auswahl der größeren der an den beiden jeweiligen Folgeknoten notierten Bewertungen bestimmen:

$$\begin{aligned}
E_2 &= \max\{E_B;200\} = \max\{-220;\ 200\} = 200\text{ €}\\
E_3 &= \max\{E_C;E_D\} = \max\{-760;-550\} = -550\text{ €}\\
E_4 &= \max\{E_E;500\} = \max\{\ 80;\ 500\} = 500\text{ €}
\end{aligned}$$

Fällt also die Sägemaschine in der ersten Woche nicht aus, so sollte Walter Wurm zu Beginn der zweiten Woche eine Inspektion vorsehen (Knoten [2] und [4]), sonst sollte er auf die Inspektion verzichten (Knoten [3]).

Nun ist noch zu klären, ob Walter Wurm zu Beginn der ersten Woche eine Inspektion vorsehen sollte. Hierzu bestimmt man zunächst die Erwartungswerte für den Zufallsknoten (A):

$$E_A = -550 \cdot 0{,}8 + 500 \cdot 0{,}2 = -340\text{ €}$$

Wegen $E_A < 200$ sollte zu Beginn der ersten Woche eine Inspektion durchgeführt werden. Damit sieht die optimale Politik der Holz-Wurm KG zu Beginn beider Wochen jeweils eine Inspektion vor; die Sägemaschine wird dann im gesamten zweiwöchigen Planungshorizont nie ausfallen.

c) Der erwartete Gesamtgewinn entspricht dem Erwartungswert $E_1 = 200$ €.

Lösung zu Aufgabe 9.12

a) Der Entscheidungsbaum auf der nächsten Seite wurde nach den gleichen Prinzipien wie der Entscheidungsbaum in der Lösung zu Aufgabe 9.11 a) konstruiert; die unterschiedliche Gestalt beruht rein auf der Tatsache, dass die Sägemaschine nunmehr in der relevanten Vorwoche ausgefallen ist.

b) Wie in der Lösung zu Aufgabe 9.11 werden zunächst die Erwartungswerte für die Zufallsknoten (C),...,(H) bestimmt:

$$\begin{aligned}
E_C &= -1\,600 \cdot 0{,}4 - 700 \cdot 0{,}6 = -1\,060\text{ €}\\
E_D &= -1\,300 \cdot 0{,}5 - 400 \cdot 0{,}5 = -850\text{ €}\\
E_E &= -\;400 \cdot 0{,}8 + 500 \cdot 0{,}2 = -220\text{ €}\\
E_F &= -1\,300 \cdot 0{,}4 - 400 \cdot 0{,}6 = -760\text{ €}\\
E_G &= -1\,000 \cdot 0{,}5 - 100 \cdot 0{,}5 = -550\text{ €}\\
E_H &= -\;100 \cdot 0{,}8 + 800 \cdot 0{,}2 = 80\text{ €}
\end{aligned}$$

Die möglichen Inspektionsscheidungen zu Beginn der zweiten Woche – [2],..., [5] – lassen sich wieder durch Auswahl des größeren der an den beiden jeweiligen Folgeknoten notierten Bewertungen bestimmen:

$$\begin{aligned}
E_2 &= \max\{E_C; E_D\} = \max\{-1\,060; -850\} = -850\text{ €}\\
E_3 &= \max\{E_E; 200\} = \max\{-220; 200\} = 200\text{ €}\\
E_4 &= \max\{E_F; E_G\} = \max\{-760; -550\} = -550\text{ €}\\
E_5 &= \max\{E_H; 500\} = \max\{80; 500\} = 500\text{ €}
\end{aligned}$$

Fällt also die Sägemaschine in der ersten Woche nicht aus, so sollte Walter Wurm zu Beginn der zweiten Wochen eine Inspektion vorsehen (Knoten [3] und [5]), sonst sollte er auf die Inspektion verzichten (Knoten [2] und [4]). Dies entspricht der in Teil a) bestimmten optimalen Politk für die zweite Woche.

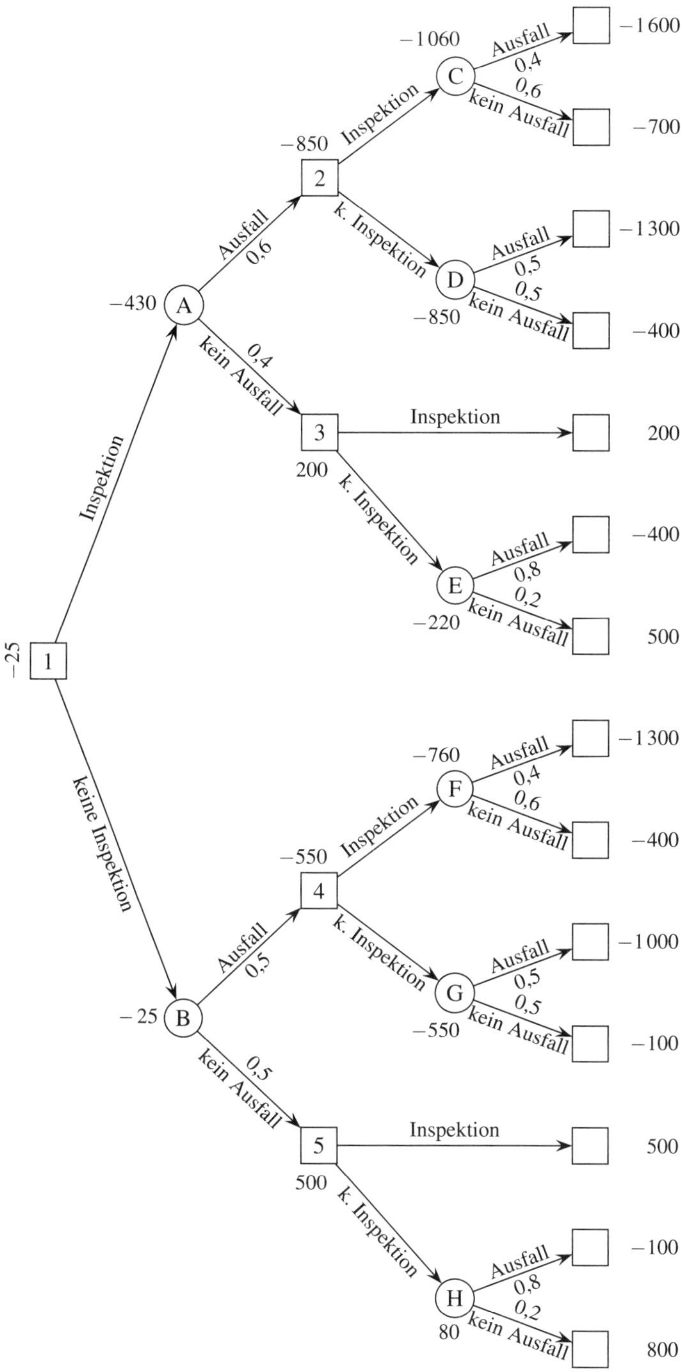

−25
1
Inspektion
keine Inspektion
−430
A
−25
B
Ausfall
0,6
0,4
kein Ausfall
Ausfall
0,5
0,5
kein Ausfall
−850
2
3
200
−550
4
5
500
Inspektion
k. Inspektion
Inspektion
k. Inspektion
Inspektion
k. Inspektion
Inspektion
k. Inspektion
−1060
C
−850
D
−220
E
−760
F
−550
G
80
H
Ausfall
0,4
0,6
kein Ausfall
Ausfall
0,5
0,5
kein Ausfall
Ausfall
0,8
0,2
kein Ausfall
Ausfall
0,4
0,6
kein Ausfall
Ausfall
0,5
0,5
kein Ausfall
Ausfall
0,8
0,2
kein Ausfall
−1600
−700
−1300
−400
200
−400
500
−1300
−400
−1000
−100
500
−100
800

Nun ist noch zu klären, ob Walter Wurm zu Beginn der ersten Woche eine Inspektion vorsehen sollte. Hierzu bestimmt man zunächst den Erwartungswerte für die Zufallsknoten (A) und (B):

$$E_A = -850 \cdot 0{,}6 + 200 \cdot 0{,}4 = -430\ €$$
$$E_B = -550 \cdot 0{,}5 + 500 \cdot 0{,}5 = -\ \ 25\ €$$

Wegen $E_A < E_B$ sollte Walter Wurm – anders als in Teil a) – zu Beginn der ersten Woche auf die Durchführung einer Inspektion verzichten. Damit ergibt sich die optimale Politik der Holz-Wurm KG wie folgt: In der ersten Woche ist auf eine Inspektion zu verzichten; gleiches gilt für die zweite Woche, sofern die Sägemaschine in der ersten Woche ausfällt, sonst (wenn also die Sägemaschine in der ersten Woche nicht ausfällt) sollte eine Inspektion eingeplant werden.

c) Aus der in Teil b) bestimmten Politik ergibt sich ein erwarteter Verlust in Höhe von 25 € (entspricht $E_1 = -25$ €).

Lösung zu Aufgabe 9.13

a) Zunächst sei festgehalten, dass der Angebotspreis 100 000 € für Harmlos nicht infrage kommt, da dieser nicht seine Kosten in Höhe von 120 000 € decken kann und der resultierende Gewinn in Höhe von −20 000 € den Alternativgewinn in Höhe von null bei Verzicht auf den Auftrag unterschreitet. Somit kann der Aktionenraum von Harry Harmlos auf die Angebotspreise 150 000 € und 200 000 € eingeschränkt werden.

Aus der angegebenen Information bezüglich der (a priori) Wahrscheinlichkeiten für den Angebotspreis des Wettbewerbers ergibt sich eine Wahrscheinlichkeit von $\frac{0{,}4}{2} = 0{,}2$ für die Preise 100 000 € beziehungsweise 200 000 € und somit eine (Rest-)Wahrscheinlichkeit von $1 - 0{,}4 = 0{,}6$ für den Preis 150 000 €.

Damit wird Harry Harmlos, wenn er einen Preis von 150 000 € verlangt, mit Wahrscheinlichkeit 20 % unterboten (wenn der Wettbewerber 100 000 € anbietet), gewinnt mit Wahrscheinlichkeit von ebenfalls 20 % ohne Losentscheid (wenn der Wettbewerber 200 000 € fordert); und mit 60 % Wahrscheinlichkeit kommt es zum Losentscheid, bei dem die Gewinnchancen von Harry Harmlos 50 % betragen. Gewinnt Harry Harmlos in dieser Situation die Ausschreibung, so wird er einen Gewinn in Höhe von $150000 - 120000 = 30000$ € realisieren.

Fordert Harmlos dagegen 200 000 €, so besteht eine Wahrscheinlichkeit von 80 %, dass er unterboten wird (Summe der Wahrscheinlichkeiten für die Konkurrenzangebote 100 000 € und 150 000 €). Sonst, also mit Wahrscheinlichkeit 20 % (mit der auch der Konkurrent 200 000 € fordert), kommt es zu einem Patt mit Losentscheid (und Gewinnchancen

50 %). Liegt diese Konstellation vor, so wird Harmlos bei Zuschlag einen Gewinn von 200 000 − 120 000 = 80 000 € realisieren.

Damit ergibt sich insgesamt der folgende Entscheidungsbaum:

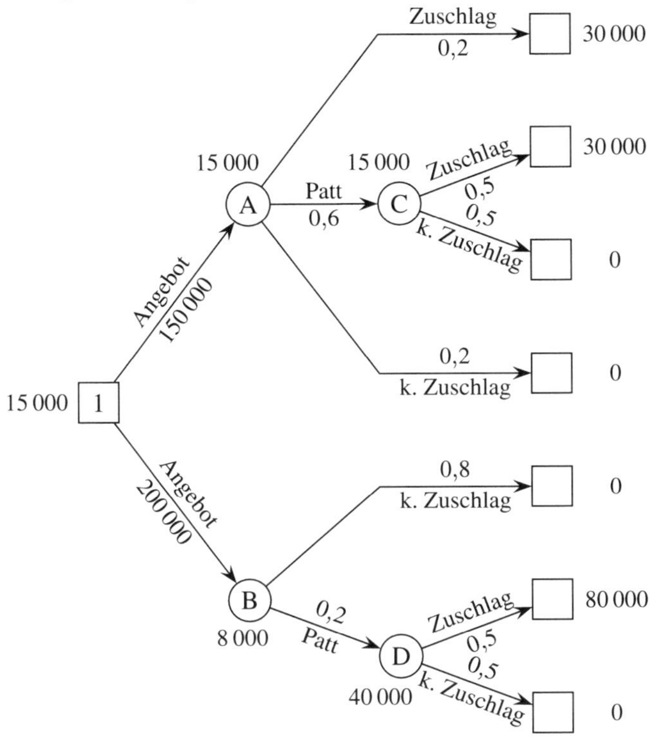

Die sukzessive Berechnung der Erwartungswerte für die Zufallsknoten ergibt

$$E_C = 30000 \cdot 0{,}5 + 0 \cdot 0{,}5 = 15000 \text{ €}$$
$$E_D = 80000 \cdot 0{,}5 + 0 \cdot 0{,}5 = 40000 \text{ €}$$

für die Pattsituationen (C) und (D), in denen per Los entschieden wird, und

$$E_A = 30000 \cdot 0{,}2 + 15000 \cdot 0{,}6 + 0 \cdot 0{,}2 = 15000 \text{ €}$$
$$E_B = 0 \cdot 0{,}8 + 40000 \cdot 0{,}2 = 8000 \text{ €}$$

in den Zuständen (A) und (B). Aus $E_A > E_B$ folgt, dass sich Harry Harmlos optimalerweise mit einer Preisforderung in Höhe von 150 000 € an der Ausschreibung beteiligen sollte. Sein erwarteter Gewinn ist dann $E_1 = 15000$ €.

b) Wenn sich Harry Harmlos dafür entscheidet, Siegfried Schmierig die „gewissen Gefälligkeiten“ zukommen zu lassen, so resultiert durch die im Gegenzug von Schmierig erhaltene Information eine Situation, in der Harry Harmlos stets in der Lage ist, den jeweils optimalen Angebotspreis zu bestimmen: Hat der Mitbewerber 100 000 € angeboten, so solllte sich Harmlos nicht an der Ausschreibung beteiligen (da er sie nur mit einem nicht kostendeckenden Angebot gewinnen kann); hat der Konkurrent 150 000 € geboten, so wird Harmlos ebenfalls 150 000 € fordern, den dann erfolgenden (manipulierten) Losentscheid mit Sicherheit gewinnen (wählt Harmlos dagegen 200 000 €, so würde der Konkurrent den Zuschlag erhalten) und einen Gewinn in Höhe von 30 000 € realisieren; fordert schließlich der Wettbewerber 200 000 €, so kann auch Harmlos 200 000 € verlangen und einen Gewinn in Höhe von 80 000 € erzielen.

Unter Verwendung der a priori Wahrscheinlichkeiten für die alternativen Angebotsbeträge des Konkurrenten ergibt sich dann ein erwarteter Gewinn von Harry Harmlos in Höhe von

$$0 \cdot 0{,}2 + 30000 \cdot 0{,}6 + 80000 \cdot 0{,}2 = 34000 \,€.$$

Subtrahiert man davon den erwarteten Gewinn aus Teil a), $\mathrm{E}_1 = 15000\,€$, so erhält man $34000 - 15000 = 19000$. Die „gewissen Gefälligkeiten“ dürfen demnach Harry Harmlos bis zu 19 000 € kosten.

Lösung zu Aufgabe 9.14*

Entscheidet sich Daniel Dreistein gegen die Einholung einer Expertise, so muss er die Entscheidung für oder gegen eine Vermarktung auf Basis der von ihm geschätzten a priori Wahrscheinlichkeitsverteilung $\varphi = (\varphi_1, \varphi_2)$ treffen. Hierbei bezeichnet φ_1 die a priori Wahrscheinlichkeit für eine hohe Nachfrage (Zustand 1) und $\varphi_2 = 1 - \varphi_1$ die a priori Wahrscheinlichkeit für eine geringe Nachfrage (Zustand 2). Laut Problemstellung gilt $\varphi_1 = 2\,\varphi_2 = 2\,(1 - \varphi_1)$ und damit $\varphi_1 = \frac{2}{3}$. Somit ist $\varphi = (\frac{2}{3}, \frac{1}{3})$.

Schaltet Daniel Dreistein die Unternehmensberatung Schlau & Berger ein, so erhält er in Form der Experise eine der beiden Nachrichten 1 („Nachfrage hoch“) oder 2 („Nachfrage gering“). Bezeichnet man mit p_{ij} die bedingte Wahrscheinlichkeit für Nachricht j, wenn für die tatsächliche Nachfrage i gilt (wobei $i,\ j \in \{1;2\}$), so resultiert aus den Angaben bezüglich der Zuverlässigkeit von Schlau & Berger folgende Likelihoodfunktion:

$$\mathbf{P} = (p_{ij})_{2,2} = \begin{pmatrix} \frac{9}{10} & \frac{1}{10} \\ \frac{3}{10} & \frac{7}{10} \end{pmatrix}$$

Unter Verwendung dieser Likelihoodfunktion, der a priori Wahrscheinlichkeitsverteilung φ sowie des bayesschen Theorems (vergleiche zum Beispiel Bamberg / Coenenberg, 2002, S. 160) kann Daniel Dreistein die in dieser Situation entscheidungsrelevanten a posteriori Wahrscheinlichkeiten berechnen.

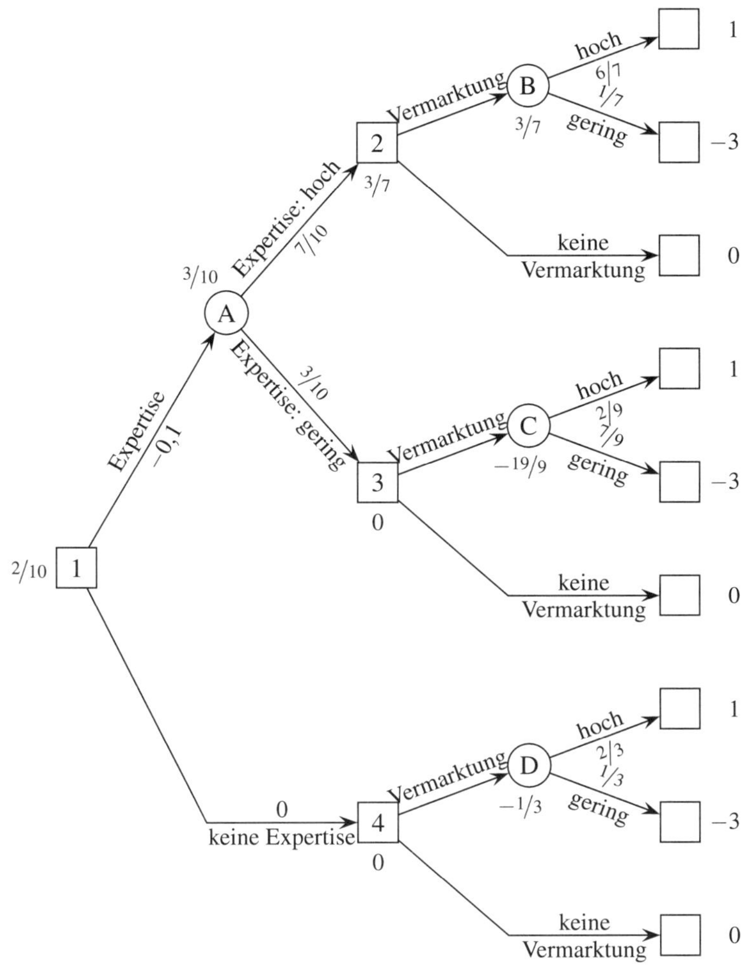

Hierfür bestimmt man zweckmäßigerweise zunächst die totalen Wahrscheinlichkeiten $P(j)$ für die beiden Nachrichten $j = 1, 2$. Es gilt

$$(P(1), P(2)) = \varphi\,\mathbf{P} = (\tfrac{7}{10}, \tfrac{3}{10}),$$

das heißt, die totale Wahrscheinlichkeit, dass Schlau & Berger eine hohe Nachfrage prognostizieren, beträgt 70 % und die totale Wahrscheinlichkeit für die Prognose einer geringen Nachfrage 30 %. Das bayessche Theorem liefert dann folgende a posteriori Wahrscheinlichkeiten ψ_{ij} für die tatsächliche Nachfrage i bei gegebener Nachricht j:

$$\psi_{11} = \frac{\frac{9}{10} \cdot \frac{2}{3}}{\frac{7}{10}} = \frac{6}{7} \quad \text{sowie} \quad \psi_{12} = \frac{\frac{1}{10} \cdot \frac{2}{3}}{\frac{3}{10}} = \frac{2}{9}$$

Unter Ausnutzung von $\psi_{2j} = 1 - \psi_{1j}$ erhält man folgende Matrix $\mathbf{\Psi}$ der a posterori Wahrscheinlickeiten:

$$\mathbf{\Psi} = (\psi_{ij})_{2,2} = \begin{pmatrix} \frac{6}{7} & \frac{2}{9} \\ \frac{1}{7} & \frac{7}{9} \end{pmatrix}$$

Der erste Spaltenvektor dieser Matrix enthält die a posteriori Wahrscheinlichkeiten bezüglich der tatsächlichen Marktnachfrage für den Fall, dass Schlau & Berger eine hohe Nachfrage vorhersagen; analog enthält der zweite Spaltenvektor die für den Fall einer pessimistischen Expertise einschlägigen a posteriori Wahrscheinlichkeiten für die tatsächliche Nachfrage.

Mit diesen Daten ist es nun möglich, den Entscheidungsbaum von Daniel Dreistein zu konstruieren: Zuerst (Stufe 1) trifft er die Entscheidung, ob er Schlau & Berger hinzuzieht, und sodann (Stufe 2), ob er seinen Picknick-Toaster vermarktet. Die Erfolgswahrscheinlichkeiten der Vermarktung werden entweder der a priori Verteilung φ (falls auf die Expertise verzichtet wird) oder den beiden Spalten von $\mathbf{\Psi}$ (in Abhängigkeit des Ergebnisses der Expertise, sofern Dreistein Schlau & Berger beauftragt hat) entnommen. Die Wahrscheinlichkeiten für die beiden denkbaren Ergebnisse der Experise sind dem Vektor $(P(1), P(2))$ der totalen Wahrscheinlichkeiten zu entnehmen. An den Endknoten des Entscheidungsbaumes auf der vorherigen Seite ist der jeweilige Gewinn (in Mio. €) notiert, von dem jedoch unter Umständen noch die Kosten der Expertise (0,1 Mio. €) abzuziehen sind.

Zur Bestimmung der optimalen Politik von Daniel Dreistein wird zunächst der erwartete Gewinn in den Zuständen Ⓑ bis Ⓓ, also für Fälle, in denen sich Dreistein für die Vermarktung entscheidet, berechnet.

$$\begin{aligned} E_B &= 1 \cdot \tfrac{6}{7} - 3 \cdot \tfrac{1}{7} = \tfrac{3}{7} \\ E_C &= 1 \cdot \tfrac{2}{9} - 3 \cdot \tfrac{7}{9} = -\tfrac{19}{9} \\ E_D &= 1 \cdot \tfrac{2}{3} - 3 \cdot \tfrac{1}{3} = -\tfrac{1}{3} \end{aligned}$$

Wegen $E_B > 0$, $E_C < 0$, $E_D < 0$ sollte Herr Dreistein eine Markteinführung grundsätzlich nur erwägen, wenn er zuvor eine Expertise in Auftrag gegeben hat und diese eine hohe Nachfrage prognostiziert. Um zu klären, ob die Expertise in Auftrag gegeben werden soll, ist nun noch der Erwartungswert im Zustand Ⓐ zu berechnen und abzüglich der Kosten der Expertise in Höhe von 0,1 Mio. € mit dem Ergebnis 0 bei Verzicht auf die Expertise zu vergleichen:

$$E_A - \tfrac{1}{10} = \tfrac{3}{7} \cdot \tfrac{7}{10} + 0 \cdot \tfrac{3}{10} - \tfrac{1}{10} = \tfrac{3}{10} - \tfrac{1}{10} = \tfrac{2}{10} > 0$$

Folglich sollte Daniel Dreistein die Unternehmensberatung Schlau & Berger mit der Erstellung der Expertise beauftragen. Sagt diese eine hohe Nachfrage vorher, ist eine Vermarktung des Picknick-Toasters ratsam, ansonsten nicht. Verfolgt Daniel Dreistein diese Politik, beträgt sein erwarteter Gewinn $\frac{2}{10}$ Mio. € = 200 000 €.

Bemerkung zu Aufgabe 9.14*

Die geschilderte Entscheidungssituation ist vom Typ „Informationsbeschaffung bei unvollkommenen Informationssystemen“, vergleiche Bamberg / Coenenberg (2002, Kapitel 6, S. 154 ff.). Deshalb lässt sich Aufgabe 9.14* auch mit den Konzepten dieses Kapitels lösen. Insbesondere ist es möglich, den *EWSI* zur Klärung der Frage, ob die Expertise in Auftrag gegeben werden sollte, heranzuziehen.

Dieser kann, da die Matrix $\mathbf{\Psi}$ der a posteriori Wahrscheinlichkeiten und der Vektor $(P(1), P(2))$ der totalen Wahrscheinlichkeiten bereits errechnet wurden, leicht nach der (im Anschluss an die Lösung zu Aufgabe 6.6* formulierten) Bemerkung 2 ermittelt werden.

Aus der zu Grunde liegenden Entscheidungsmatrix

U	z_1	z_2
a_1	1	−3
a_2	0	0

(mit a_1: Vermarktung, a_2: keine Vermarktung und mit z_1: Nachfrage hoch, z_2: Nachfrage niedrig) ergibt sich die Opportunitätskostenmatrix

$$\mathbf{S} = \begin{pmatrix} 0 & 3 \\ 1 & 0 \end{pmatrix}.$$

Hieraus (in Verbindung mit der a priori Verteilung $\varphi = (\frac{2}{3}, \frac{1}{3})$) erhält man den Erwartungswert der vollkommenen Information

$$EWVI = \min\{0 \cdot \tfrac{2}{3} + 3 \cdot \tfrac{1}{3}; 1 \cdot \tfrac{2}{3} + 0 \cdot \tfrac{1}{3}\} = \tfrac{2}{3}$$

sowie die Matrix

$$\mathbf{S\Psi} = \begin{pmatrix} \frac{3}{7} & \frac{7}{3} \\ \frac{6}{7} & \frac{2}{9} \end{pmatrix},$$

in der die Spaltenminima grau unterlegt sind.

Folglich gilt

$$EWSI = \tfrac{2}{3} - (P(1) \cdot \tfrac{3}{7} + P(2) \cdot \tfrac{2}{9}) = \tfrac{2}{3} - (\tfrac{3}{10} + \tfrac{1}{15}) = \tfrac{2}{3} - \tfrac{11}{30} = \tfrac{3}{10},$$

und da der Wert höher ist als die Kosten 0,1 der Expertise, sollte die Expertise eingeholt werden.

Lösung zu Aufgabe 9.15*

Konrad Knobels Problem lässt sich auf verschiedene Arten lösen. Nachfolgend sowie in der anschließenden Bemerkung zu Aufgabe 9.15* werden zwei auf Entscheidungsbäumen basierende Ansätze präsentiert. Daneben können auch andere wahrscheinlichkeitstheoretische Überlegungen angestellt werden, die keine Entscheidungsbäume verwenden.

a) Bei der im Folgenden durchgeführten Möglichkeit gehen wir zunächst ohne Beschränkung der Allgemeinheit davon aus, dass

- Herr Knobel einen Gewinn in Höhe von x (mit $x > 0$) erhält, falls er sich (gegebenenfalls nach Revision seiner Nennung) für die richtige Alternative entschieden hat, und ansonsten einen Gewinn in Höhe von 0.
- sofern Herr Knobel bei seiner ersten Entscheidung die richtige Antwort nennt (und somit der Quizmaster eine von zwei verbleibenden falschen Alternativen streicht), stets – ohne dass Herr Knobel dies weiß – diejenige falsche Alternative gestrichen wird, deren Buchstabe weiter vorne im Alphabet steht. (Hat also Herr Knobel zum Beispiel *a* gewählt und ist dies die richtige Antwort, so wird der Quizmaster *b* streichen und Knobel den Wechsel zu *c* anbieten.) Im Entscheidungsbaum (in dem der Startknoten Herrn Knobels primäre Entscheidungssituation darstellt) sind somit in der Reihe der Entscheidungsknoten $\boxed{1}$ bis $\boxed{9}$ jeweils nur noch die beiden angegebenen Alternativen möglich.

Der hieraus resultierende Entscheidungsbaum ist auf der nächsten Seite zu finden. Man beachte, dass die drei in den Zufallsknoten Ⓐ, Ⓑ, Ⓒ beginnenden Teilbäume jeweils die gleiche Struktur besitzen: Es folgen auf die Zufallsknoten, von denen jeder Herrn Knobels Wahrscheinlichkeitseinschätzung bezüglich der Richtigkeit der angebotenen Antwortmöglichkeiten *a*, *b*, *c* beschreibt, jeweils drei Entscheidungsknoten (nach Ⓐ die Entscheidungsknoten $\boxed{1}$, $\boxed{2}$, $\boxed{3}$; nach Ⓑ die Entscheidungsknoten $\boxed{4}$, $\boxed{5}$, $\boxed{6}$; nach Ⓒ die Entscheidungsknoten $\boxed{7}$, $\boxed{8}$, $\boxed{9}$). Da Herr Knobel die korrekte Antwort *nicht* kennt, bilden diese Dreiergruppen von Entscheidungsknoten jeweils eine so genannte *Informationsmenge*. Das ist eine Menge durch den Entscheidungsträger nicht unterscheidbarer Zustände, die von ihm als *eine* Entscheidungssituation wahrgenommen wird und in der er dementsprechend nur *eine* Entscheidung trifft (die dann für alle Zustände der Informationsmenge gültig ist).

In dem der Informationsmenge entsprechenden Zustand kann Konrad Knobel de facto aus zwei Alternativen wählen, nämlich die ursprüngliche Entscheidung revidieren (*r*; für den in Ⓐ beginnenden Teilbaum würde

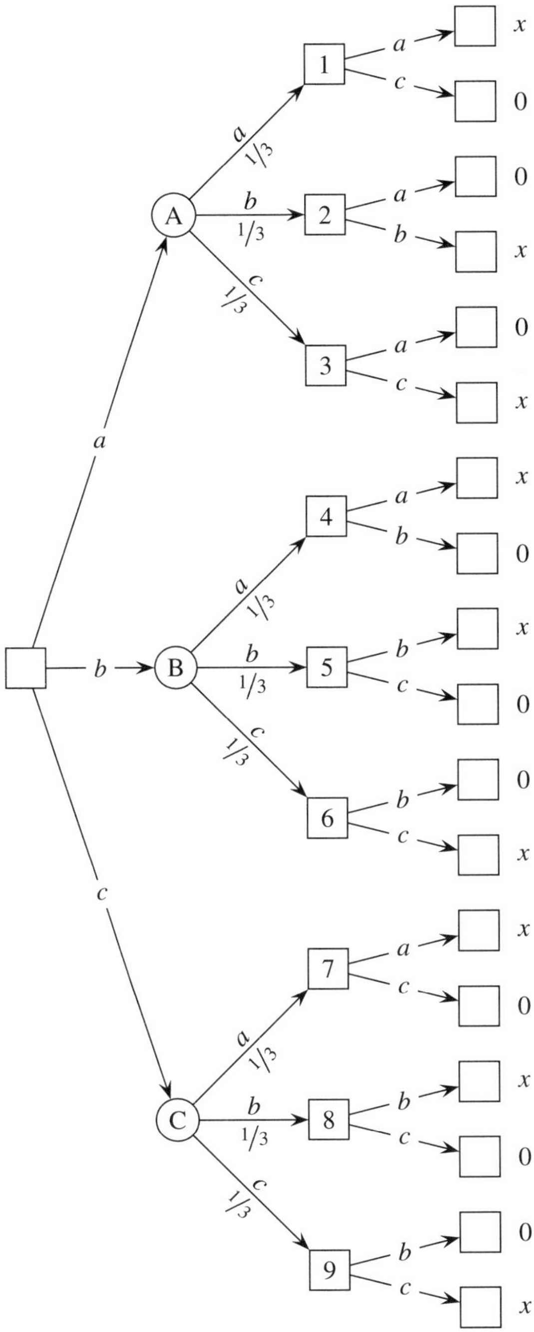

A
B
C
a
b
c
1/3
1
2
3
4
5
6
7
8
9
x
0

das bedeuten, zu Alternative b oder c zu wechseln) oder die ursprüngliche Entscheidung beizubehalten ($\bar{r}$). Für jede dieser drei Informationsmengen gilt, dass eine Revision in zwei der drei in der Informationsmenge enthaltenen Fälle zum Gewinn in Höhe von x führt.

Auf Grund der Strukturgleichheit der drei Teilbäume genügt es, im Folgenden einen, zum Beispiel den mit (A) beginnenden, Teilbaum zu untersuchen; ersetzt man darin die Strategie a durch $\bar{r}$ (ursprüngliche Wahl beibehalten) und die Strategien b, c durch r (Entscheidung revidieren), so erhält man:

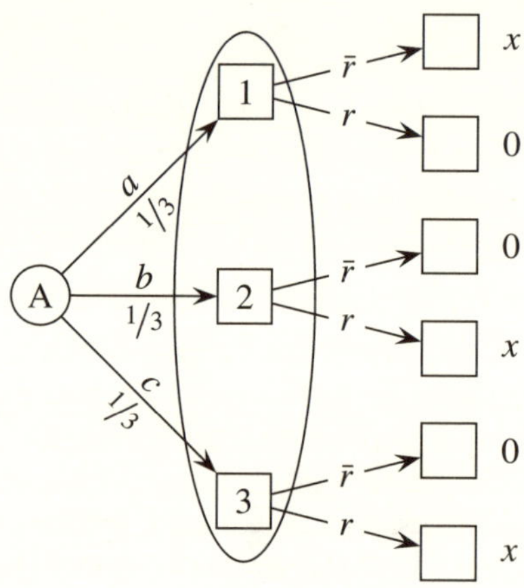

Zur Kennzeichnung, dass die Dreiergruppe [1], [2], [3] eine Informationsmenge bildet, wurde sie eingekreist. (Auf eben diese Weise haben wir Informationsmengen auch in der Spieltheorie dargestellt; siehe etwa die Lösung von Aufgabe 7.1).

Würde Herr Knobel in dieser Situation seine Entscheidung beibehalten (und mithin $\bar{r}$ wählen), so ergäbe sich ein Gewinnerwartungswert in Höhe von

$$\mathrm{E}_{\bar{r}} = x \cdot \tfrac{1}{3} + 0 \cdot \tfrac{1}{3} + 0 \cdot \tfrac{1}{3} = \tfrac{1}{3}x;$$

würde er dagegen seine Entscheidung revidieren, wäre der erwartete Gewinn

$$\mathrm{E}_{r} = 0 \cdot \tfrac{1}{3} + x \cdot \tfrac{1}{3} + x \cdot \tfrac{1}{3} = \tfrac{2}{3}x.$$

Da offenkundig $\mathrm{E}_r > \mathrm{E}_{\bar{r}}$ gilt, ist es für Herrn Knobel vorteilhaft, seine ursprüngliche Antwort zu revidieren. Dies gilt in gleicher Weise für alle drei Zufallsknoten (A), (B), (C). Weil darüber hinaus alle Erwartungswerte dieser Zufallsknoten (bei Wahl von r) gleich sind, ist Herrn Knobels Entscheidung in der ersten Stufe (der primären Entscheidungssituation) ohne Belang. Demnach besteht die optimale Politik von Herrn Knobel darin, zunächst (Stufe 1) eine beliebige Alternative zu wählen und diese Wahl sodann (in der zweiten Stufe) zu revidieren.

b) Herr Knobel entscheidet sich nun wegen $p > \frac{1}{3}$ für Antwort a. Im damit relevanten, mit Ⓐ beginnenden Teilbaum ist lediglich die Wahrscheinlichkeit für Alternative a durch p und die Wahrscheinlichkeiten für b und c durch $\frac{1}{2}(1-p)$ zu ersetzen. Dann sind

$$\begin{aligned} \mathrm{E}_{\bar{r}} &= x \cdot p + 0 \cdot \tfrac{1}{2}(1-p) + 0 \cdot \tfrac{1}{2}(1-p) = xp \qquad \text{und} \\ \mathrm{E}_{r} &= 0 \cdot p + x \cdot \tfrac{1}{2}(1-p) + x \cdot \tfrac{1}{2}(1-p) = x(1-p). \end{aligned}$$

Herr Knobel wird somit wegen

$$\mathrm{E}_{\bar{r}} > \mathrm{E}_r \iff p > 1-p \iff p > \tfrac{1}{2}$$

seine ursprüngliche Entscheidung nicht revidieren, wenn er dieser eine Wahrscheinlichkeit p von mehr als 50 % zuordnet. Bei $p < 50\,\%$ wird er revidieren; bei $p = 50\,\%$ ist er indifferent.

Bemerkung zu Aufgabe 9.15*

Auch gemäß der bei Aufgabe 9.14* angewandten Vorgehensweise kann Herr Knobel sein Problem mithilfe eines Entscheidungsbaumes lösen. Der Startknoten stellt wieder seine Erstentscheidungssituation dar, in der er auf die Quizfrage hin eine der Antwortalternativen a, b oder c auszuwählen hat. Das beschriebene Streichen einer falschen Antwortmöglichkeit kann Herr Knobel dann als eine Nachricht auffassen und (unter Berücksichtigung seiner Erstentscheidung) in Abhängigkeit davon, ob Antwortalternative a, b oder c richtig ist, die Wahrscheinlichkeiten für das Eintreten dieser Nachricht bestimmen.

Für den Fall, dass die Erstentscheidung auf a gefallen ist, führen wir diese Bestimmung nun durch. Da a als Alternative, die der Quizmaster streichen könnte, ausfällt, sind die Wahrscheinlichkeiten $P(y \mid z)$, nämlich dass der Quizmaster die Antwortmöglichkeit y streicht, wenn z die korrekte Antwort darstellt, für $y \in \{b;c\}$ und $z \in \{a;b;c\}$ festzulegen. Im Einzelnen ergibt sich:

- $$P(b \mid a) = \tfrac{1}{2}, \quad P(c \mid a) = \tfrac{1}{2};$$

  denn wenn a richtig ist, hat der Quizmaster für das Streichen einer falschen Alternative freie Auswahl zwischen b und c, was aus Herrn Knobels Sicht $P(b \mid a) = P(c \mid a)$ bedeutet.
- $$P(b \mid b) = 0, \quad P(c \mid b) = 1;$$

  denn wenn b richtig ist, kann nur c gestrichen werden. Entsprechend folgt
- $$P(b \mid c) = 1, \quad P(c \mid c) = 0.$$

Stellen wir nun die a priori Wahrscheinlichkeiten $\varphi(z)$ für die Richtigkeit der einzelnen Antwortmöglichkeiten $z \in \{a;b;c\}$ für beide Aufgabenteile a), b) gemeinsam dar gemäß $(\varphi(a), \varphi(b), \varphi(c)) = (p, \frac{1-p}{2}, \frac{1-p}{2})$ (mit $p = \frac{1}{3}$ beziehungsweise $p > \frac{1}{3}$ bei Aufgabenteil a) beziehungsweise b)), so ergeben sich folgende totale Wahrscheinlichkeiten $P(y)$ dafür, dass die Antwortalternative $y \in \{b; c\}$ gestrichen wird:

$$\begin{aligned} P(b) &= P(b \mid a) \cdot P(a) + P(b \mid b) \cdot P(b) + P(b \mid c) \cdot P(c) \\ &= \tfrac{1}{2} \cdot p + 0 \cdot \tfrac{1-p}{2} + 1 \cdot \tfrac{1-p}{2} = \tfrac{1}{2}, \end{aligned}$$

und entsprechend

$$P(c) = \tfrac{1}{2} \cdot p + 1 \cdot \tfrac{1-p}{2} + 0 \cdot \tfrac{1-p}{2} = \tfrac{1}{2}.$$

Indem man die einzelnen Summanden dieser Berechnung durch das Summationsergebnis dividiert, erhält man schließlich die a posteriori Wahrscheinlichkeiten $\psi(z \mid y)$ dafür, dass Anwortmöglichkeit z korrekt ist, wenn der Quizmaster die Alternative y gestrichen hat, also

$$\psi(a \mid b) = \frac{\frac{1}{2}p}{\frac{1}{2}} = p, \qquad \psi(b \mid b) = 0, \qquad \psi(c \mid b) = 1 - p,$$

und entsprechend

$$\psi(a \mid c) = p, \qquad \psi(b \mid c) = 1 - p, \qquad \psi(c \mid c) = 0.$$

Für die beiden anderen (in Aufgabenteil a) relevanten) Fälle, dass die Erstentscheidung auf b beziehungsweise c gefallen ist, können die totalen und die a posteriori Wahrscheinlichkeiten analog bestimmt werden. Bei der graphischen Darstellung beschränken wir uns auf den die Erstentscheidung a repräsentierenden Teilbaum auf der nächsten Seite.

Die Verzweigung in (A) beschreibt dabei das Eintreten der Nachricht $y \in \{b; c\}$ (das heißt Alternative y wird gestrichen); zugeordnet sind die totalen Wahrscheinlichkeiten $P(y)$. In [1], [2] wird die Situation, in der Herr Knobel seine Erstentscheidung revidieren (r) oder sie beibehalten kann ($\bar{r}$), dargestellt. Die Zufallsknoten (B) bis (E) schließlich halten fest, mit welchen (a posteriori) Wahrscheinlichkeiten die Antwortalternativen a, b oder c richtig sind, wobei Pfeile mit Wahrscheinlichkeit 0 weggelassen wurden; die damit verbundenen Auszahlungen x (bei Gewinn) oder 0 stehen an den Endknoten.

Da hier keine mehrknotigen Informationsmengen vorliegen, kann wieder von rechts nach links Erwartungswertbildung (bei ◯) beziehungsweise Maximumsbestimmung (bei □) durchgeführt werden. Man erhält $E_B = E_D = px$, $E_C = E_E = (1 - p)x$.

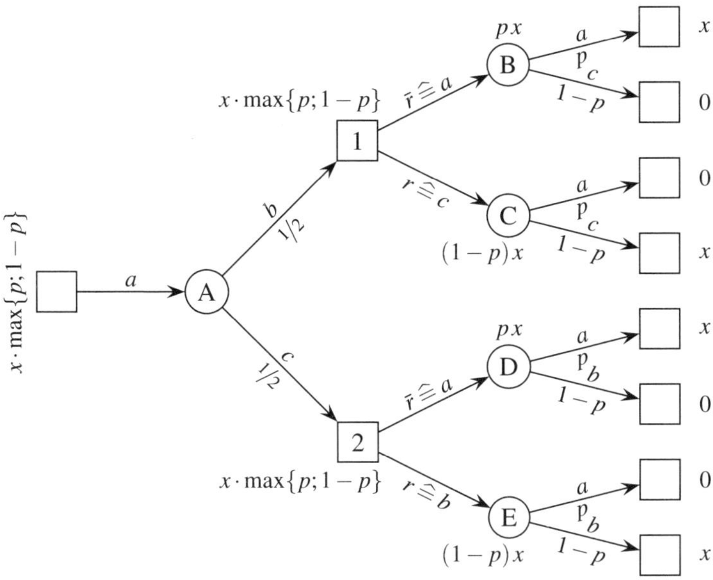

Sowohl in [1] als auch in [2] ist also das Maximum aus px, $(1-p)x$ zu bilden, welches für $p > \frac{1}{2}$ durch $\bar{r}$, für $p < \frac{1}{2}$ durch r (und für $p = \frac{1}{2}$ durch beide) erreicht wird. Da die Maximalwerte in [1] und [2] übereinstimmen, sind sie automatisch gleich dem Erwartungswert E_A.

Auch bei diesem Lösungsansatz zeigt sich insgesamt, dass Herr Knobel bei $p < \frac{1}{2}$ (also insbesondere im Aufgabenteil a)) seine Erstentscheidung stets revidieren und sie bei $p > \frac{1}{2}$ stets beibehalten sollte; bei $p = \frac{1}{2}$ ist er indifferent.

Lösung zu Aufgabe 9.16*

Auf Grund des konstanten Kilopreises in Höhe von 9 € ergibt sich der jährliche Umsatz als $y_t = 9x_t$. Substituiert man dies in die Zielfunktion

$$U = \sum_{t=1}^{3} \sqrt{y_t} = \sum_{t=1}^{3} \sqrt{9x_t} = 3 \cdot \sum_{t=1}^{3} \sqrt{x_t},$$

so erkennt man, dass die Maximierung von U und von

$$\tilde{U} = \sum_{t=1}^{3} \sqrt{x_t}$$

trivialerweise zur gleichen Politik führen. Daher wird im Folgenden $\tilde{U}$ als Zielfunktion verwendet. Sie ist zu maximieren durch geeignete Festlegung der Fangmengen x_1, x_2, x_3. Offenkundig dürfen diese nicht negativ gewählt werden. Darüber hinaus sind einige weitere Bedingungen zu beachten: Bezeichnet man mit z_t den Fischbestand im Zeitpunkt t in kg (wobei für den Anfangsbestand $z_0 = 840$ gilt), so wird die Bestandsveränderung im Jahr t beschrieben durch die Transformationsfunktion

$$z_t = g_t(z_{t-1}, x_t) = 2\,(z_{t-1} - x_t),$$

wobei für die Fangmenge in t gelten muss

$$x_t \in [0; z_{t-1}].$$

Da diese Steuerbereiche stetig sind, scheidet der Einsatz von Entscheidungsbäumen zur Lösung der insgesamt resultierenden dynamischen Optimierungsaufgabe

$$\tilde{U} = \sum_{t=1}^{3} \sqrt{x_t} \to \max \quad \text{unter Beachtung von} \quad \begin{cases} z_0 = 840 \\ z_t = 2\,(z_{t-1} - x_t) \\ x_t \in [0; z_{t-1}] \end{cases}$$

aus. Stattdessen ist das Optimalitätsprinzip von Bellman im Rahmen der dynamischen Programmierung zu verwenden. Beginnen wir nun mit der Rückwärtsrechnung. Da Herr Ring einen Endbestand $z_3 = 0$ zulässt, wird das dritte Stufenergebnis $\tilde{u}_3(z_2, x_3) = \sqrt{x_3}$ trivialerweise maximiert durch Wahl der größten Fangmenge

$$x_3(z_2) = z_2$$

(interpretiert als Funktion, die die optimale Reaktion auf den Fischbestand z_2 beschreibt), woraus das Stufenergebnis

$$\tilde{u}_3(z_2, x_3(z_2)) = \sqrt{z_2}$$

resultiert. Als nächstes berücksichtigt man, dass der Fischbestand nach zwei Jahren durch die Transformationsfunktion $z_2 = g_2(z_1, x_2) = 2\,(z_1 - x_2)$ gegeben ist und somit

$$\tilde{u}_3(z_2, x_3) = \sqrt{2\,(z_1 - x_2)}$$

gelten muss. Addiert man hierzu das Stufenergebnis in $t = 2$, $\tilde{u}_2(z_1, x_2) = \sqrt{x_2}$, so erhält man die im nächsten Schritt bezüglich x_2 zu maximierende Funktion

$$\tilde{u}_2(z_1, x_2) + \tilde{u}_3(z_2, x_3) = \sqrt{x_2} + \sqrt{2\,(z_1 - x_2)}.$$

Nullsetzen der ersten Ableitung dieser Funktion nach x_2 führt zu

$$\frac{\partial}{\partial x_2}\left[\tilde{u}_2(z_1, x_2) + \tilde{u}_3(z_2, x_3)\right] = \frac{1}{2\sqrt{x_2}} - \frac{1}{\sqrt{2\,(z_1 - x_2)}} \overset{!}{=} 0 \iff x_2(z_1) = \tfrac{1}{3} z_1.$$

Wie man sich leicht überzeugen kann, ist die hinreichende Bedingung zweiter Ordnung für ein Maximum erfüllt: Die zweite Ableitung nach x_2,

$$\frac{\partial^2}{\partial x_2{}^2}\left[\tilde{u}_2(z_1,x_2)+\tilde{u}_3(z_2,x_3)\right] = -\frac{1}{4\sqrt{x_2{}^3}} - \frac{1}{2\sqrt{2\,(z_1-x_2)^3}},$$

ist offenkundig negativ für alle $x_2 \in (0;z_1)$ – und damit insbesondere auch für $x_2(z_1) = \frac{1}{3}z_1$. Setzt man in $x_2(z_1)$ wiederum die Transformationsbeziehung

$$z_1 = g_1(z_0,x_1) = 2\,(z_0-x_1) = 2\,(840-x_1)$$

ein, so erhält man mit

$$x_2(z_1) = x_2(g_1(z_0,x_1)) = \tfrac{1}{3}\cdot 2\,(840-x_1) = \tfrac{2}{3}\,(840-x_1)$$

die optimale Stufenentscheidung in $t=2$ in Abhängigkeit von der Stufenentscheidung in $t=1$. Die im zweiten Schritt maximierte Summe $\tilde{u}_2+\tilde{u}_3$ lässt sich dann wie folgt ausdrücken:

$$\begin{aligned}\tilde{u}_2+\tilde{u}_3 &= \sqrt{x_2}+\sqrt{2\,(z_1-x_2)}\\ &= \sqrt{\tfrac{2}{3}\,(840-x_1)}+\sqrt{\tfrac{8}{3}\,(840-x_1)}\\ &= \sqrt{6}\cdot\sqrt{840-x_1}\end{aligned}$$

Addiert man hierzu das Stufenergebnis in $t=1$, $\tilde{u}_1(z_0,x_1)=\sqrt{x_1}$, so resultiert folgende Darstellung der Zielfunktion $\tilde{U}$:

$$\tilde{U} = \tilde{u}_1(z_0,x_1)+\tilde{u}_2(z_1,x_2)+\tilde{u}_3(z_2,x_3) = \sqrt{x_1}+\sqrt{6}\cdot\sqrt{840-x_1},$$

die nunmehr nur noch bezüglich x_1 zu maximieren ist. Nullsetzen der ersten Ableitung nach x_1 ergibt

$$\frac{\partial\tilde{U}}{\partial x_1} = \frac{1}{2\sqrt{x_1}} - \frac{\sqrt{6}}{2\sqrt{840-x_1}} \overset{!}{=} 0 \iff x_1^* = \frac{840}{7} = 120.$$

Dass $x_1^*=120$ die Zielfunktion maximiert (und nicht etwa minimiert) ist unmittelbar anhand der zweiten Ableitung

$$\frac{\partial^2\tilde{U}}{\partial x_1{}^2} = -\frac{1}{4\sqrt{x_1{}^3}} - \frac{\sqrt{6}}{4\sqrt{(840-x_1)^3}}$$

zu erkennen: Ihr Vorzeichen ist für alle $x_1 \in (0;840)$ negativ – und somit auch an der Stelle $x_1^*=120$.

Damit ist die Rückwärtsrechnung abgeschlossen, und wir können im Rahmen der Vorwärtsrechnung – die nun nur noch aus systematischem Einsetzen in die oben ermittelten Beziehungen besteht – die optimale Politik von Herrn Ring bestimmen:

$$\begin{aligned}
x_1^* &= & &= 120 \\
z_1^* &= g_1(\ 840,\ 120) = 2(\ 840 - \ 120) &&= 1\,440 \\
x_2^* &= x_2(1\,440) \quad = \tfrac{1}{3} \cdot 1\,440 &&= 480 \\
z_2^* &= g_2(1\,440,\ 480) = 2(1\,440 - \ 480) &&= 1\,920 \\
x_3^* &= x_3(1\,920) &&= 1\,920 \\
z_3^* &= g_3(1\,920, 1\,920) = 2(1\,920 - 1\,920) &&= 0
\end{aligned}$$

Verfolgt Herr Ring die optimale Politik $\delta^* = (x_1^*, x_2^*, x_3^*) = (120, 480, 1\,920)$, entnimmt er also im Dezember 2003 insgesamt 120 kg, im Dezember 2004 insgesamt 480 kg und im Dezember den verbleibenden Restbestand in Höhe von 1 920 kg, so wird er die Umsätze $(y_1^*, y_2^*, y_3^*) = 9 \cdot (120, 480, 1\,920) = (1\,080, 4\,320, 17\,280)$ und damit einen Zielfunktionswert in Höhe von

$$U^* = \sqrt{1\,080} + \sqrt{4\,320} + \sqrt{17\,280} = 42\sqrt{30} = 230{,}04$$

erzielen.

Literaturverzeichnis

Die Literaturhinweise beschränken sich auf die (im Anschluss an einige Lösungen erwähnte) Spezialliteratur, auf einige deutschsprachige Lehrbücher zur Entscheidungstheorie und zur entscheidungsorientierten Betriebswirtschaftslehre und ferner auf einige einschlägige Übungs- und Arbeitsbücher.

Bamberg, G. (1991): Extended Contractual Incentives to Reduce Project Cost, Operations Research Spektrum 13, 95–98.

Bamberg, G.; Baur, F. (2002): Statistik, München, Wien, 12. Aufl.

Bamberg, G.; Coenenberg, A. G. (2002): Betriebswirtschaftliche Entscheidungslehre, München, 11. Aufl.

Bartels, H. G. (1984): Übungen zur quantitativen Betriebswirtschaftslehre, München.

Bitz, M. (1999): Übungen in Betriebswirtschaftslehre, München, 5. Aufl.

Dinkelbach, W.; Kleine, A. (1996): Elemente einer betriebswirtschaftlichen Entscheidungslehre, Berlin et al.

Dinkelbach, W.; Lorscheider, U. (1994): Übungsbuch zur Betriebswirtschaftslehre: Entscheidungsmodelle und lineare Programmierung, München, Wien, 3. Aufl.

Domschke, W.; Drexl, A.; Klein, R.; Scholl, A.; Voss, S. (2002): Übungen und Fallbeispiele zum Operations Research, Berlin et al., 4. Aufl.

Domschke, W.; Scholl, A. (2000): Grundlagen der Betriebswirtschaftslehre, Berlin et al.

Eisenführ, F.; Langer, T.; Weber, M. (2001): Fallstudien zu rationalem Entscheiden, Berlin et al.

Eisenführ, F.; Weber, M. (2002): Rationales Entscheiden, Berlin et al., 4. Aufl.

Ernst, C.; Riegler, C.; Schenk, G. (2002): Übungen zur Internen Unternehmensrechnung, Berlin et al., 2. Aufl.

Ewert, R.; Wagenhofer, A. (2002): Interne Unternehmensrechnung, Berlin et al., 5. Aufl.

Gibbard, A. (1973): Manipulation of voting schemes: A general result, Econometrica 41, 587–601.

Guthoff, A.; Pfingsten, A.; Wolf, J. (1998): Der Einfluß einer Begrenzung des Value at Risk oder des Lower Partial Moment One auf die Risikoübernahme, in *Oehler, A.* (Hrsg.), *Credit Risk und Value at Risk Alternativen*, Stuttgart, 111–153.

Homburg, C. (2000): Quantitative Betriebswirtschaftslehre, Wiesbaden, 3. Aufl.

Laux, H. (2002): Entscheidungstheorie, Berlin et al., 5. Aufl.

Meyer, R. (2000): Entscheidungstheorie, Wiesbaden, 2. Aufl.

Neus, W. (2001): Einführung in die Betriebswirtschaftslehre, Tübingen, 2. Aufl.

Pfingsten, A. (1989): Der Einsatz von monetären Anreizsystemen in der Planung, Zeitschrift für Betriebswirtschaft 59, 1285–1296.

Selten, R.; Nagel, R. (1998): Das Zahlenwahlspiel: Ergebnisse und Hintergrund, Spektrum der Wissenschaft (Februar 1998) 16, 16–22.